Bach

Ein biografischer Bilderbogen

A Biographical Kaleidoscope

Texte von / *Texts by*
Detmar Huchting

Johann Sebastian Bach, Komponist composer (1685–1750)
Kopie des Gemäldes von Copy of the painting by Elias Gottlob Haussmann von from 1746 (Künstler unbekannt, anonymous, 1848)

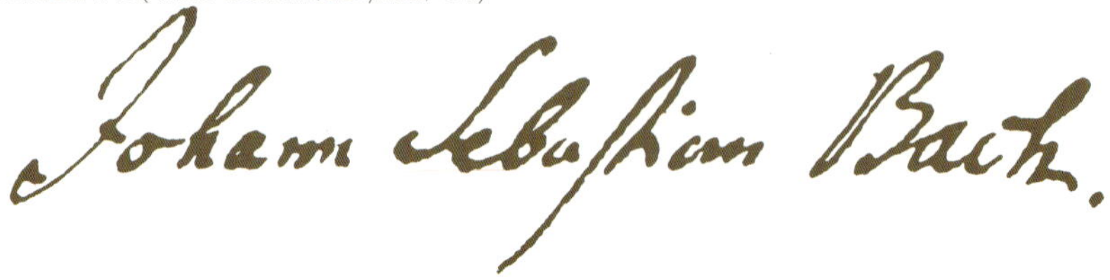

Johann Sebastian Bach – ein Porträt

Johann Sebastian Bach—a portrait

Johann Sebastian Bach – Thomaskantor und Musikdirektor in Leipzig sowie königlich polnischer und kurfürstlich sächsischer Hofkomponist – war 61 Jahre alt, als er sich 1746 vom Leipziger Ratsmaler Elias Gottlob Haussmann malen ließ. Dieses einzig überlieferte authentische Porträt von J. S. Bach ist vier Jahre vor seinem Tod entstanden, er hat es für die *Correspondierende Societät der musicalischen Wissenschaften* seines ehemaligen Schülers Lorenz Christoph Mizler anfertigen lassen, der er 1747 beitrat.

Streng schaut er drein unter den dichten Locken seiner weißgepuderten Perücke. Die Hand hält dem Betrachter ein Notenblatt entgegen, das in einfacher Notenschrift ein verzwicktes Rätsel enthält, ein eindrucksvolles Beispiel für die Kunst des Kontrapunkts, die keiner seiner Zeitgenossen so virtuos beherrscht wie er. Der selbstbewusste Bach überreicht anlässlich seines Beitritts jedem der 13 anderen Mitglieder der Sozietät – Händel und Telemann sind auch unter ihnen – ein gedrucktes Blatt dieses Rätselkanons.

Herr Bach ist kein Kostverächter, das Doppelkinn verrät es; eine steile Falte auf der Stirn und der angestrengte Blick sind Vorboten der Blindheit, die seine letzten Lebensjahre verdunkeln wird. Das in den Mundwinkeln angedeutete Lächeln steht in eigenartigem Kontrast zum sonst ernsten Gesichtsausdruck. Zeugt es von Freundlichkeit oder Spott, von Resignation oder Duldsamkeit?

Ein reiches Leben und eine faszinierende Persönlichkeit sind zu entdecken!

Der Verfasser und die Herausgeber

In 1746, aged 61, Johann Sebastian Bach—*Cantor* and Music Director of St Thomas' Church as well as Royal Polish and Electoral Saxon Court Composer—had his portrait painted by the Leipzig painter Elias Gottlob Haussmann. Finished four years prior to his death, it is the only surviving authentic portrait of the composer commissioned for the *Correspondierende Societät der musicalischen Wissenschaften (Society for the Musical Sciences)* which had been founded by his former pupil Lorenz Christoph Mizler and which Bach joined in 1747.

Looking at us from under the white curls of his powdered wig, the composer's expression is rather severe. He is holding out to the observer a sheet of music containing a tricky riddle in simple notation—an impressive example of the art of counterpoint which none of his contemporaries mastered as expertly as Bach. It was clearly with self-confidence that Bach presented the society's other 13 members, among them Händel and Telemann, with a printed version of this tricky canon.

As the double chin betrays, Herr Bach enjoyed his food. However, his furrowed brow and the strained look in his eyes herald the impending loss of sight which was to obscure the composer's final years. A hint of a smile, faintly suggested in the corners of his mouth, is in peculiar contrast with Bach's otherwise serious expression: a sign of friendliness or mockery, of resignation or forbearance?

Discover a full life and a fascinating personality!

The author and the editors

Der Ursprung
Origin

Vitus Bach, ein Weißbecker in Ungern, hat im 16. Seculo der lutherischen Religion halben aus Ungern entweichen müßen. Ist dannenhero, nachdem er seine Güter, soviel es sich hat wollen thun laßen, zu Gelde gemacht, in Teütschland gezogen; und da hat er in Thüringen genugsame Sicherheit vor die lutherische Religion gefunden, hat sich in Wechmar, nahe bei Gotha niedergelaßen, und seine Beckers Profeßion fortgetrieben. Er hat sein meistes Vergnügen an einem Cythringen gehabt, welches er auch mit in die Mühle genommen, und unter währendem Mahlen darauf gespielet. (Es muß doch recht hübsch zusammen geklungen haben! Wiewol er doch dabey den Tact sich hat imprimiren [einprägen] lernen.) Und dieses ist gleichsam der Anfang zur Music bey seinen Nachkommen gewesen.

Hans Bach (um c. 1555–1615)
Kupferstich Copper engraving, 1617

In the 16th century, the Hungarian baker Vitus Bach had to flee Hungary on account of his Lutheran denomination. After selling off his possessions as best he could, he moved to Germany where, in Thuringia, he felt safe enough to follow his Lutheran faith. In Wechmar near the town of Gotha, he settled down to resume his occupation as a baker. He derived the greatest pleasure from a little cister ["Cythringen"] which he used to take along to the mill. There, accompanied by the rhythmical grinding of the millstones, he played on it. (The result must have sounded quite harmonious! At the same time, he had the opportunity to practise his sense of time and have it imprinted on his mind.) This marked, as it were, the musical beginnings in his family.

Music began to gain in importance in the following generation, and Veit Bach's grandchildren eventually became full-time musicians.

This is how in 1735, Johann Sebastian Bach portrayed his oldest traceable ancestor Veit Bach in his family chronicle *Ursprung der musicalisch-Bachischen Familie (Origin of the Musical Bach Family),* assigning to him the role of progenitor. Veit Bach played the cister ["Cythrinchen" or, in Bach's Saxon orthography, "Cythringen"]—a little lute with metal strings. It is with evident pleasure that Johann Sebastian is evoking the millstones' beating time to his ancestor's lute play.

Music began to gain in importance in the following generation, and Veit Bach's grandchildren eventually became full-time musicians. In the course of the 17th century, the Bach family spread all over Thuringia and Saxony working either as secular council or court musicians or as organists in the church's service. Consequently, the name Bach had a good ring to it even before the clan's most famous son was born in 1685. Moreover, one of the remarkable features of the Bachs was a distinct sense of family.

The "Lutheran faith" was the family's spiritual backbone and determining horizon in life. Veit Bach's flight from the persecution of the Protestants in Hungary became, for his descendant Johann Sebastian, the family's foundation myth. In recent research, a lot of energy was devoted to identifying the exact place in the vast Hungarian kingdom—of which Slovakia formed a part at that time—from which the Bach family had fled and how they had got there in the first place. Besides being a hint at the baker's trade, the name Bach is, after all, undoubtedly German. However, Johann Sebastian Bach himself didn't seem particularly interested in penetrating his own family history, nor did he have the means to do so. In his view, it was the steadfast Lutheran faith which elevated Veit Bach to the level of progenitor of a new family—a faith no less important to Johann Sebastian's sons, particularly Carl Philipp Emanuel. It was he who most honoured his father's memory and who was not at all pleased when his youngest brother converted to Catholicism in order to take up the post of organist at the Milan Cathedral.

So schildert Johann Sebastian Bach 1735 in seiner Familienchronik *Ursprung der musicalisch-Bachischen Familie* den ältesten ihm erreichbaren Vorfahren Veit Bach, den er als Stammvater seines Geschlechts empfand. Das Cythrinchen („Cythringen" schreibt Bach in seiner sächsischen Orthographie) hat Veit Bach gespielt – die Cister, eine kleine Laute mit Metallsaiten, und man merkt Johann Sebastian das Vergnügen an der Vorstellung deutlich an, wie das Mahlwerk dem Spiel des Ahnherrn den Takt vorgegeben hat.

Schon eine Generation später gewinnt die Musik an Bedeutung und die Enkel von Veit Bach werden hauptberufliche Musiker. Die Familie Bach verbreitet sich im Laufe des 17. Jahrhunderts als Musikerdynastie in Thüringen und Sachsen, sie stehen entweder als Rats- oder Hofmusiker in weltlichen Diensten oder dienen der Kirche als Organisten. Noch ehe der berühmteste Sohn dieser Sippe 1685 zur Welt kommt, hat der Name Bach im Wirkungsbereich der Familie einen guten Klang gewonnen, überdies zeichnen sich die „Bache" durch einen ausgesprochenen Familiensinn aus.

Die „lutherische Religion" bildete das geistige Rückgrat der Familie, sie ist ihr bestimmender Lebenshorizont. Die Flucht des Veit Bach vor der Protestantenverfolgung in Ungarn ist für seinen Nachkommen Johann Sebastian gleichbedeutend mit einem Gründungsmythus der Familie. Die Forschung hat in jüngerer Zeit viel Energie darauf verwendet zu ergründen, aus welchem Teil des weiten ungarischen Königreiches, zu dem damals auch noch die Slowakei gehörte, die Familie Bach vertrieben wurde und wie sie dorthin gekommen war. Bach ist doch zweifellos ein deutscher Name, der obendrein auf den Bäckerberuf hinweist. Johann Sebastian Bach scheint weder Möglichkeiten noch ein besonderes Interesse daran gehabt zu haben, tiefer in der Familiengeschichte zu graben. Die Treue zur „lutherischen Religion" erhob Veit Bach in seinen Augen zum Stammvater einer neuen Familie, und diese Treue spielte auch bei Johann Sebastians Söhnen eine gewichtige Rolle: Carl Philipp Emanuel, derjenige unter seinen Söhnen, der das Andenken an den Vater am höchsten hielt, hat es dem jüngsten Bruder Johann Christian sehr verübelt, dass er für den Posten des Domorganisten in Mailand zum Katholizismus konvertiert ist.

Schon eine Generation später gewinnt die Musik an Bedeutung und die Enkel von Veit Bach werden hauptberufliche Musiker.

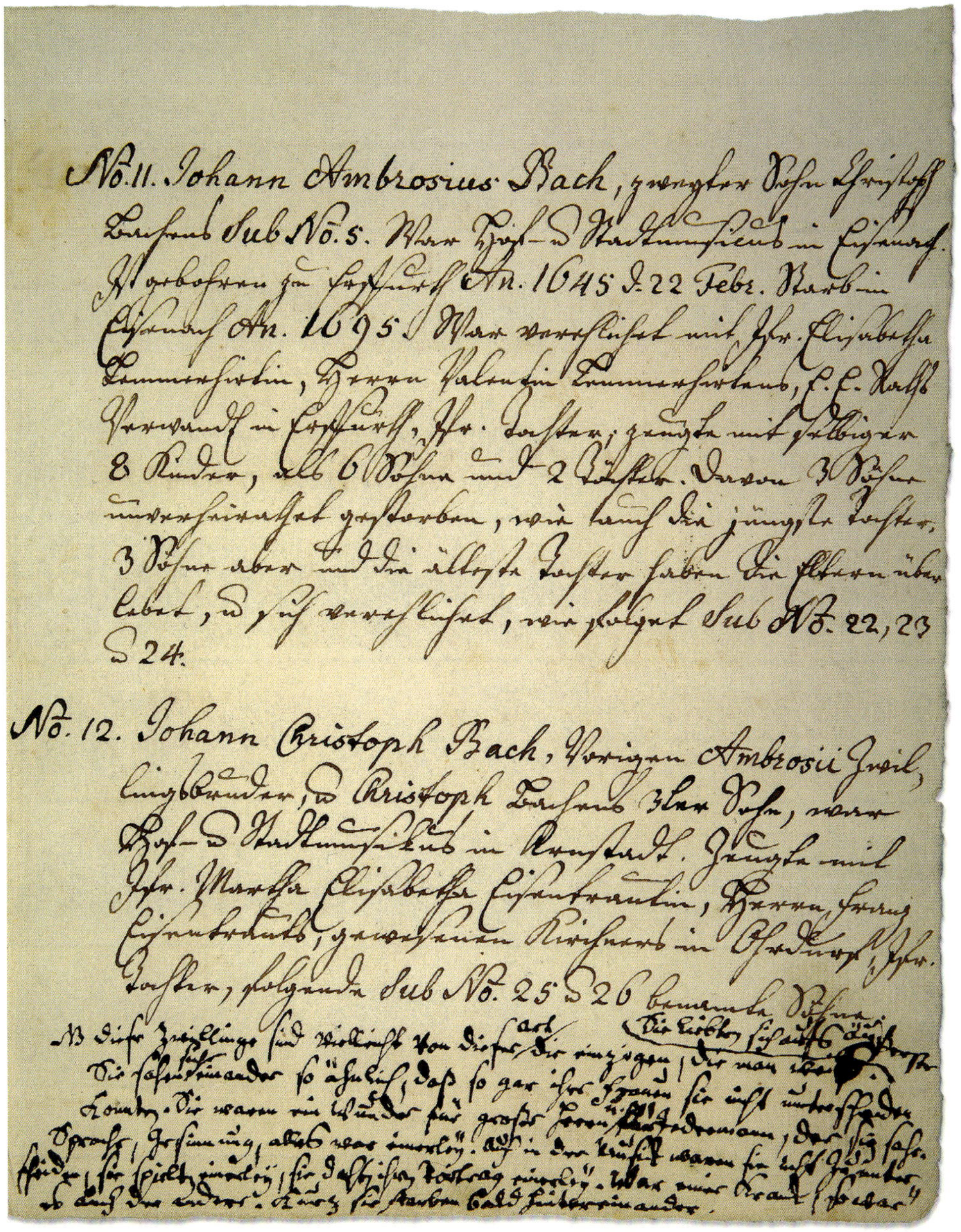
No. 11. Johann Ambrosius Bach, ...

No. 12. Johann Christoph Bach, ...

„Ursprung der musicalisch-Bachischen Familie". Einträge über J.S. Bachs Vater Johann Ambrosius und dessen Zwillingsbruder Johann Christoph (1753) **"Origin of the Musical Bach Family". Entries on J. S. Bach's father Johann Ambrosius and his twin brother Johann Christoph (1753)**

Stammbaum der Bach-Familie

Genealogy of the Bach family

Johannes (Hans)
ca. · *approx.* 1580–1626
Musikant und Teppichwirker
musician and carpet manufacturer

Johannes
1604–1673
Organist · *organist*
in Erfurt

„Erfurter Linie“
“Erfurt line”

Christoph
1613–1661
Stadtpfeifer und Hofmusiker in Erfurt und Arnstadt
town and court musician in Erfurt and Arnstadt

„Fränkische Linie“
“Franconian line”

Johann Christian
1640–1682
Direktor der Ratsmusik
director of the council musicians
in Erfurt

Johann Egydius
1645–1716
Organist, Direktor der Ratsmusik
organist, director of the council musicians
in Erfurt

Johann Nicolaus
1653–1682
(Gambist) Ratsmusiker
(violist) council musician
in Erfurt

Georg Christoph
1642–1697
Kantor · *cantor*
in Schweinfurt

Johann Christoph
1645–1693
Stadtpfeifer
town musician
in Arnstadt

Johann Ambrosius
1645–1695
Stadtpfeifer
town musician
in Eisenach

⚭ 1668

Johann Bernhard d. Ä.
1676–1749
Organist und Hofmusiker
organist and court musician
in Eisenach

Johann Christoph
1685–1740
Direktor der Stadtmusik
director of the town musicians
in Eisenach

Johann Valentin
1669–1720
Stadtmusiker und Obertürmer
town musician and head watchman
in Schweinfurt

Johann Ernst
1683–1749
Organist · *organist*
in Arnstadt

Johann Christoph
1689–1740
Organist und Lehrer
organist and teacher
in Keula und · *and* Blankenhain

Johann Christoph
1671–1721
Organist · *organist*
in Ohrdruf

Johann Jacob
1682–1722
Hofmusiker
court musician
in Stockholm

Johann Ernst
1722–1777
Organist · *organist*
in Eisenach,
Hofkapellmeister
director of the court musicians
in Weimar

Johann Lorenz
1695–1773
Organist und Kantor
organist and cantor
in Lahm/Itzgrund

Johann Elias
1705–1755
Privatsekretär Johann Sebastians, Kantor
Johann Sebastian's private secretary, cantor
in Schweinfurt

Johann Bernhard d. J.
1700–1743
Organist · *organist*
in Ohrdruf

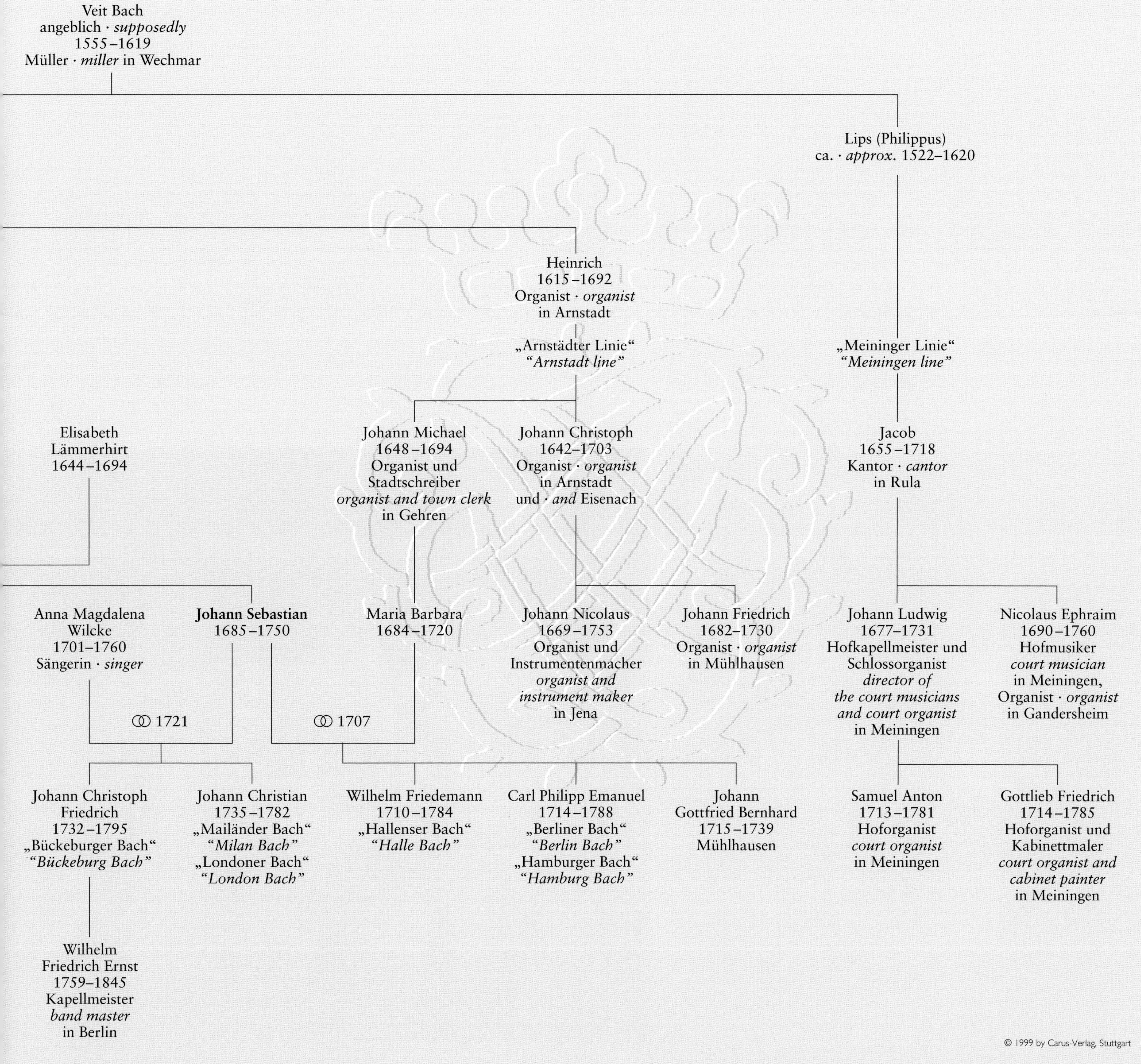
Veit Bach
angeblich · *supposedly*
1555–1619
Müller · *miller* in Wechmar
Lips (Philippus)
ca. · *approx.* 1522–1620
Heinrich
1615–1692
Organist · *organist*
in Arnstadt
„Arnstädter Linie“
“Arnstadt line”
„Meininger Linie“
“Meiningen line”
Elisabeth
Lämmerhirt
1644–1694
Johann Michael
1648–1694
Organist und
Stadtschreiber
organist and town clerk
in Gehren
Johann Christoph
1642–1703
Organist · *organist*
in Arnstadt
und · *and* Eisenach
Jacob
1655–1718
Kantor · *cantor*
in Rula
Anna Magdalena
Wilcke
1701–1760
Sängerin · *singer*
Johann Sebastian
1685–1750
Maria Barbara
1684–1720
Johann Nicolaus
1669–1753
Organist und
Instrumentenmacher
organist and
instrument maker
in Jena
Johann Friedrich
1682–1730
Organist · *organist*
in Mühlhausen
Johann Ludwig
1677–1731
Hofkapellmeister und
Schlossorganist
director of
the court musicians
and court organist
in Meiningen
Nicolaus Ephraim
1690–1760
Hofmusiker
court musician
in Meiningen,
Organist · *organist*
in Gandersheim
ⓞ 1721
ⓞ 1707
Johann Christoph
Friedrich
1732–1795
„Bückeburger Bach“
“Bückeburg Bach”
Johann Christian
1735–1782
„Mailänder Bach“
“Milan Bach”
„Londoner Bach“
“London Bach”
Wilhelm Friedemann
1710–1784
„Hallenser Bach“
“Halle Bach”
Carl Philipp Emanuel
1714–1788
„Berliner Bach“
“Berlin Bach”
„Hamburger Bach“
“Hamburg Bach”
Johann
Gottfried Bernhard
1715–1739
Mühlhausen
Samuel Anton
1713–1781
Hoforganist
court organist
in Meiningen
Gottlieb Friedrich
1714–1785
Hoforganist und
Kabinettmaler
court organist and
cabinet painter
in Meiningen
Wilhelm
Friedrich Ernst
1759–1845
Kapellmeister
band master
in Berlin

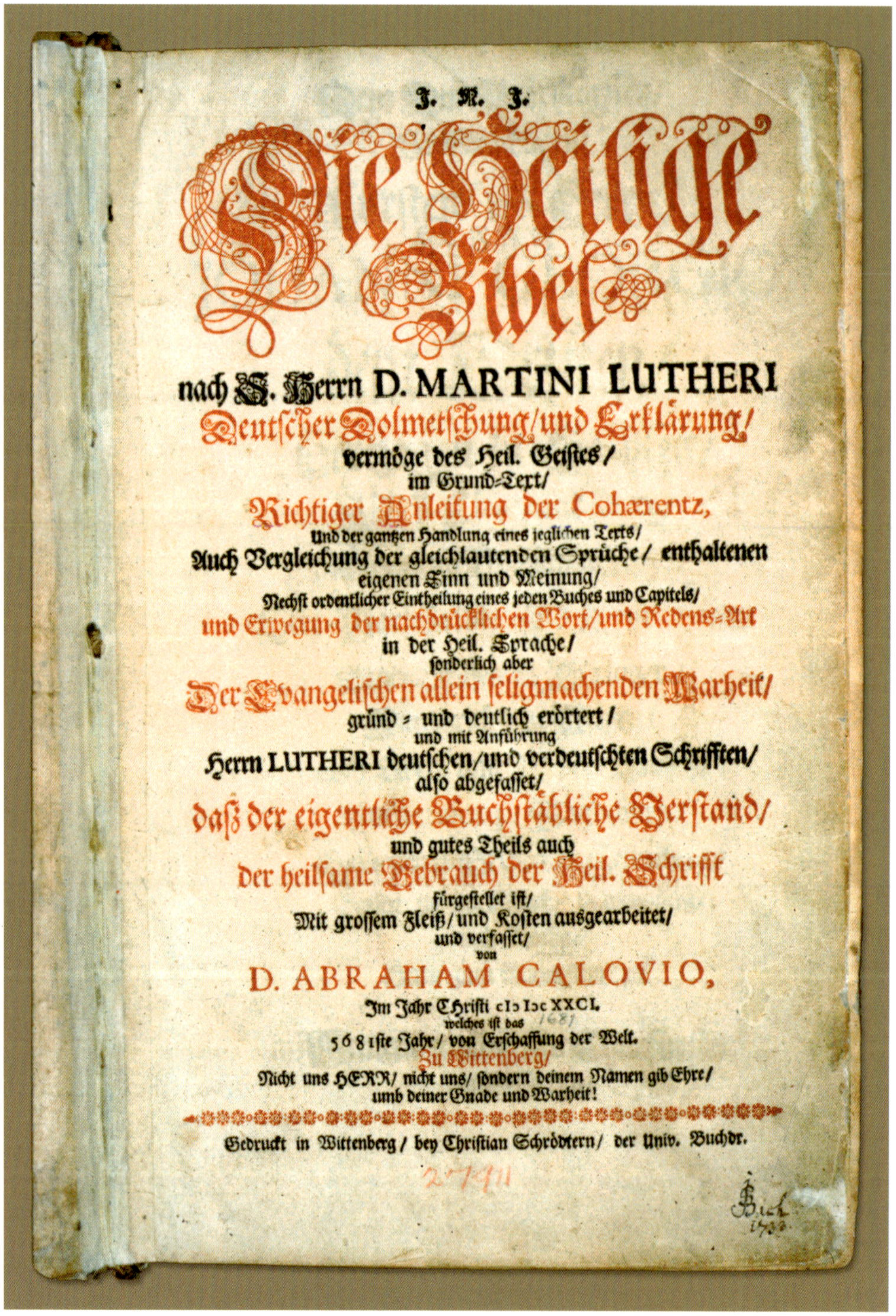

J. N. J.

Die Heilige Bibel

nach S. Herrn D. MARTINI LUTHERI
Deutscher Dolmetschung/ und Erklärung/
vermöge des Heil. Geistes/
im Grund-Text/
Richtiger Anleitung der Cohærentz,
Und der gantzen Handlung eines jeglichen Texts/
Auch Vergleichung der gleichlautenden Sprüche/ enthaltenen
eigenen Sinn und Meinung/
Nechst ordentlicher Eintheilung eines jeden Buches und Capitels/
und Erwegung der nachdrücklichen Wort/ und Redens-Art
in der Heil. Sprache/
sonderlich aber
Der Evangelischen allein seligmachenden Warheit/
gründ- und deutlich erörtert/
und mit Anführung
Herrn LUTHERI deutschen/ und verdeutschten Schrifften/
also abgefasset/
daß der eigentliche Buchstäbliche Verstand/
und gutes Theils auch
der heilsame Gebrauch der Heil. Schrifft
fürgestellet ist/
Mit grossem Fleiß/ und Kosten ausgearbeitet/
und verfasset/
von
D. ABRAHAM CALOVIO,
Im Jahr Christi CIↃ IↃC XXCI.
welches ist das
5681ste Jahr/ von Erschaffung der Welt.
Zu Wittenberg/
Nicht uns HERR/ nicht uns/ sondern deinem Namen gib Ehre/
umb deiner Gnade und Warheit!

Gedruckt in Wittenberg/ bey Christian Schrödtern/ der Univ. Buchdr.

Bachs Familienbibel (Titelseite) **Bach's family bible (title page)**

Stammbaum der Familie Bach
Genealogy of the Bach family
Zeichnung, nicht datiert Drawing, undated

Vitus Bach
Johannes Bach

Eisenach – Die ersten 10 Jahre

Eisenach—the first 10 years

Am 21. März 1685 wird Johann Sebastian als jüngstes Kind des Eisenacher Stadtpfeifers Johann Ambrosius Bach geboren. Zwei Tage später wird er in der Georgenkirche getauft, wo Johann Christoph Bach, ein Vetter von Johann Ambrosius, als Organist wirkt und wohl auch die Orgel zum Taufgottesdienst gespielt hat. Das Verhältnis der beiden Vettern war, nicht zuletzt aufgrund der zu cholerischen Ausbrüchen neigenden Persönlichkeit Johann Christophs, nicht besonders herzlich; es ist daher wenig wahrscheinlich, dass der Knabe Sebastian bei seinem Onkel erste Unterweisungen erhalten habe, wie es eine fromme Bach-Biografie wissen will und dabei der Wunschvorstellung zum Opfer fällt, der Organist habe den späteren Organisten die ersten Schritte seiner Kunst gelehrt.

Der Beruf des Stadtpfeifers ist im Übrigen keinesfalls gering zu schätzen: Ein solcher gehörte am Ende des 17. Jahrhunderts in die erste Riege der Handwerksberufe eines städtischen Gemeinwesens. Er stand dem städtischen Bläserkollegium vor, das zu offiziellen Gelegenheiten feierliche Klänge lieferte und die Feste der Bürger, die sich solchen Luxus leisten konnten, musikalisch untermalte. Darüber hinaus war der Stadtpfeifer ein Meister seiner Kunst und als solcher befugt, Lehrlinge in sein Haus aufzunehmen. Johann Sebastian war also von früher Kindheit an von Musik umgeben. 1693 beginnt der Knabe den Besuch der Eisenacher Lateinschule, an der zwei Jahrhunderte zuvor der junge Martin Luther gelernt hatte. Johann Sebastian ist ein guter Schüler; stets gehört er in die Reihe der Besten, auch wenn in den Jahren 1694 und 95 der Schulbesuch infolge familiärer Schwierigkeiten sporadisch wird.

Der Beruf des Stadtpfeifers ist im Übrigen keinesfalls gering zu schätzen: Ein solcher gehörte am Ende des 17. Jahrhunderts in die erste Riege der Handwerksberufe eines städtischen Gemeinwesens.

Denn lange währt das Leben im Elternhaus nicht: 1694 stirbt seine Mutter, der Vater heiratet bald wieder, wie es der Sitte der Zeit entsprach, die einer schnellen Reorganisation des Familienlebens Priorität vor Trauerzeiten einräumte. Bald trifft ihn erneut ein in damaligen Zeiten freilich häufiges Schicksal: 1695 stirbt auch der Vater. Dass die Stiefmutter, Witwe ohne Anbindung an die Familie durch eigene Kinder aus dieser Ehe, die unmündigen Kinder weiter erzieht, ist damaligen Vorstellungen zufolge nicht üblich; man überlässt die (nach einer vorhergehenden Witwenschaft und dem jetzigen Erbe von Johann Ambrosius nicht unversorgte) Frau ihrem weiteren Schicksal und organisiert die Erziehung der unmündigen Waisen innerhalb des Familienverbandes. So kommen der zehnjährige Johann Sebastian und sein drei Jahre älterer Bruder Johann Jacob zu ihrem ältesten Bruder Johann Christoph in die thüringische Kleinstadt Ohrdruf, wo jener als Organist an der Michaeliskirche seine berufliche Laufbahn begonnen hat.

On 1685 March 21, Johann Sebastian Bach was born the youngest child of the Eisenach town musician Johann Ambrosius Bach. The baptism took place two days later at St George's Church where Johann Christoph, a cousin of Johann Ambrosius, held the post of organist and presumably provided the music for the baptismal service. The relationship of the two cousins was not a particularly warm one, not least owing to Johann Christoph's tendency towards choleric outbursts. The young lad is therefore unlikely to have received his first instructions from his uncle as is related by an upright biographer who—probably in a fit of wishful thinking—claims that the organist was Johann Sebastian's first real teacher.

Incidentally, the profession of town musician ought not to be underrated. In fact, it ranked among the leading trades of a late 17th century municipal community. A town musician presided over the town's wind players who used to provide the musical background for solemn occasions and celebrations organised by citizens wealthy enough to be able to afford such luxury. Moreover, the town player was a master of his art and, in that capacity, authorised to train apprentices at his own house. Thus, Johann Sebastian Bach had been surrounded by music from early childhood. In 1693, he entered the Eisenach *Lateinschule* where, two centuries earlier, the young Martin Luther had gone to school. A diligent schoolboy, Johann Sebastian always ranked among the best pupils although between 1694 and 1695, he didn't have a very good attendance record owing to problems in the family.

His parental home was severely shaken by the death of his mother in 1694. According to the standards of the time, his father remarried soon after, giving a speedy reorganisation of his family life priority over undergoing an extensive mourning period. Soon after, the family was afflicted by yet another great misfortune not at all uncommon in Bach's time: the somewhat premature death of the father in 1695. It was not customary for a widow to bring up her under-age stepchildren. As there were no children of her own to connect her with the remaining family, she was left on her own. (Owing to a previous widow's pension and Johann Ambrosius' inheritance she was, however, not unprovided for.) The orphans' further upbringing was left to other family members. Johann Sebastian, aged ten, and his thirteen-year-old brother Johann Jacob were passed on to their oldest brother Johann Christoph who had just embarked on a career as organist at St Michael's Church in the small Thuringian town of Ohrdruf.

Incidentally, the profession of town musician ought not to be underrated. In fact, it ranked among the leading trades of a late 17th century municipal community.

Johann Ambrosius Bach (1645–1695), Vater von father of Johann Sebastian Bach
Gemälde von Painting by Johann David Herlicius, 1685

Ohrdruf – Erste Lehrjahre

Ohrdruf—first years of apprenticeship

Johann Christoph Bach, der 1671 geborene älteste Sohn von Johann Ambrosius Bach, gehört für Johann Sebastian schon in die Welt der Erwachsenen: 1690 wird Johann Christoph Organist der Michaeliskirche in Ohrdruf, das Elternhaus hatte er schon drei Jahre früher verlassen und war nach Erfurt bei dem berühmten Organisten Johann Pachelbel in die Lehre gegangen. An ein familiäres Zusammenleben mit dem ältesten Bruder wird Sebastian sich kaum erinnert haben, war er doch ein zweijähriges Kleinkind, als dieser aus dem Haus ging. Der Umzug von Eisenach nach Ohrdruf in den frisch gegründeten Hausstand des Bruders war für den zehnjährigen Waisen Johann Sebastian ein Aufbruch aus der Geborgenheit in die Fremde. Wenigstens ging er nicht allein: Sein drei Jahre älterer Bruder Johann Jacob begleitete ihn in das neue Heim.

Ohrdruf – auf halbem Weg zwischen Eisenach und Arnstadt gelegen – ist zwar eine kleine Stadt, aber kein Nest ohne Kultur. Da ist die Hauptkirche St. Michaelis mit einem *chorus musicus,* was damals nicht nur Kirchenchor bedeutet, sondern ein aus Sängern und Instrumentalisten bestehendes Ensemble (wie bescheiden dieses auch immer ausgesehen haben mag). Und es gibt ein städtisches Lyzeum, das weit über die Grenzen der kleinen Stadt hinaus bekannt ist und mit seinem Abschlusszeugnis den Weg an die Universitäten eröffnet. Die Schule ist pädagogisch vom Geist des großen Johann Comenius (1592–1670) geprägt, eines frühen Vorkämpfers der allgemeinen Schulpflicht und des systematischen Unterrichts, dessen 1654 veröffentlichtes, reich bebildertes Lehrwerk *Orbis sensualium pictus* für lange Zeit das am weitesten verbreitete Buch im deutschen Sprachraum war.

Wie an den Lateinschulen allgemein üblich, verfügte das Ohrdrufer Lyzeum über einen Chor von Currendeknaben, der die Musik an der Kirche verstärken konnte, besonders allerdings auf Beerdigungen sang und auch auf privaten Festlichkeiten als Gesangsensemble auftrat. Als ein solcher Currendeknabe erhält Sebastian eine Freistelle am Lyzeum, das andernfalls selbstverständlich Schulgeld gekostet hätte. Ein solches Schulgeld aufzubringen wäre dem verwaisten Zehnjährigen unmöglich gewesen, und

Born the oldest son of Johann Ambrosius Bach in 1671, Johann Christoph Bach was probably perceived by Johann Sebastian as belonging to the world of the grown-ups. In 1690, Johann Christoph took up the post of organist at St Michael's Church in Ohrdruf after having left his parental home three years earlier to serve his apprenticeship with the famous organist Johann Pachelbel in Erfurt. As Sebastian was only two when his oldest brother left home he probably had no memories of living together with Johann Christoph. For the ten-year-old, the move from Eisenach to his brother's newly founded household in Ohrdruf meant giving up security for a new life in foreign parts. At least, he wasn't alone. His brother Johann Jacob, three years his senior, moved with him to the new home.

Situated halfway between Eisenach and Arnstadt, Ohrdruf may indeed have been a small place; it was, however, not a one-horse town lacking culture. Its main church, St Michael's, had its own *chorus musicus,* which at the time, constituted not only a simple church choir, but an ensemble consisting of singers and instrumentalists (however modest in size and quality). Moreover, Ohrdruf's grammar school *(Lyzeum)* was well-known beyond the bounds of the town, entitling its graduates to enter university. The school's educational concept was characterised by the spirit of the great mind Johann Comenius (1592–1670), a pioneer of compulsory school attendance for all children and inventor of a systematic curriculum. Published in 1654, his extensively illustrated textbook *Orbis sensualium pictus* was, for a long time, the most widely circulated book within the German-speaking area.

As was common practice in all grammar schools at that time, the Ohrdruf *Lyzeum* had its own choristers—so-called *Currendeknaben*—who not only supported the church choir, but frequently sang at funerals and private festivities. As such a chorister, Sebastian was granted free admission to the *Lyzeum* which would otherwise have charged school fees.

Bachs Geburtshaus („Bachhaus") in Eisenach (Thüringen), Rittergasse, Blick von der Gartenseite. Seit 1906 Bach-Gedenkstätte
House where Bach was born ("Bach House") in Eisenach (Thuringia), Rittergasse, view from the garden. Bach memorial place since 1906

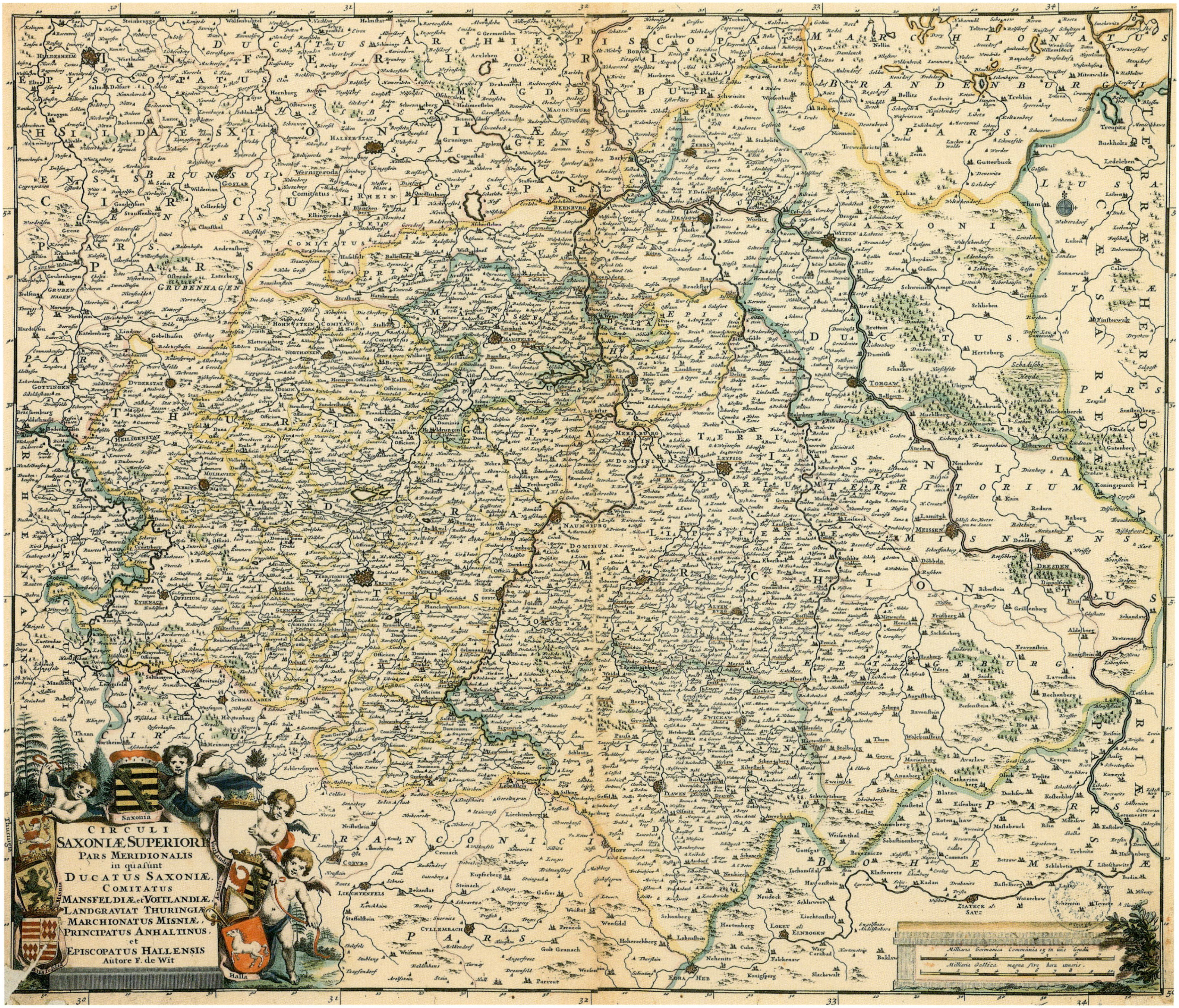

Landkarte von Sachsen und Thüringen mit angrenzenden Gebieten **Map of Saxony and Thuringia with bordering areas**

Kupferstich, koloriert *Copper engraving, coloured*, um *c.* 1650

Innenansicht der Taufkirche Bachs in Eisenach (Georgenkirche, um 1515 erbaut)
Interior view of the church in Eisenach where Bach was baptised (St George's Church, built c. 1515)

Stadtansicht von View of Ohrdruf (Thüringen Thuringia)
Kupferstich Copper engraving, 1680

der Bruder hatte von seinem keinesfalls üppigen Verdienst zunächst einmal die eigene schnell wachsende Familie zu versorgen. Im Ohrdrufer Organistenhaus wurde es also zunehmend eng, noch im Jahr 1695 verließ Johann Jacob das brüderliche Haus, um bei dem Nachfolger des Vaters in Eisenach eine Lehre zum Stadtpfeifer zu beginnen.

Für musikalische Unterweisung des jüngsten Bruders hat Johann Christoph indes gesorgt. Mit seiner Lehre bei Pachelbel war er selbst bei einem der bedeutendsten süddeutschen Musiker des 17. Jahrhunderts ausgebildet worden, zweifellos erkannte er die außerordentliche Begabung seines jüngsten Bruders und nahm ihn in eine systematische Schule. Eine Anekdote veranschaulicht den neugierigen Eifer des Jungen und die kompromisslose Strenge des Lehrers: Ein mit einer Gittertür verschlossener Schrank barg Noten mit Claviermusik von Froberger, Kerll und Pachelbel, die Christoph für einen späteren Zeitpunkt in der Unterweisung des kleinen Bruders vorgesehen hatte. Da hat er nicht mit Sebastians Ungeduld gerechnet: Im Schutz der Nacht stiehlt sich der Kleine zum Schrank, klaubt die begehrten Noten mit geschickten Fingern durch das Gitternetz heraus und schreibt sie im Kerzenlicht ab. Doch auch der Kleine hat sich verrechnet: Kaum hat Christoph das nächtliche Abenteuer entdeckt, nimmt er ihm die Abschriften mit konsequenter Strenge ab – alles zu seiner Zeit!

To summon up these fees would of course have been impossible for the ten-year-old whose brother needed every penny of his—by no means lavish—income to support his rapidly growing family. As conditions at the organist's house in Ohrdruf became increasingly cramped Johann Jacob left in 1695 to serve his apprenticeship as town musician with his father's successor in Eisenach.

However, Johann Christoph made sure that his youngest brother received musical instruction. Having himself been trained by Pachelbel, one of the leading southern German musicians of the 17th century, he undoubtedly recognised his youngest brother's extraordinary talent and gave him systematic schooling. The following anecdote graphically illustrates the youngster's fervour and enthusiasm as well as his teacher's uncompromising strictness: Christoph kept some piano music by Froberger, Kerll and Pachelbel—which he intended to use at some later stage of his little brother's instruction—locked up behind the grilled doors of a cabinet. Obviously, he had underrated Sebastian's impatience: under cover of night, the boy sneaked up to the closet and picked the sheets deftly out through the grille to copy them in the candlelit room. The boy's nocturnal venture, however, didn't go unnoticed. No sooner had Christoph found him out, than he took the music from him with unyielding stringency. All in good time!

Lüneburg – Aufbruch in die Selbstständigkeit

Lüneburg—first steps towards independence

Die Comenius-Pädagogik des Ohrdrufer Lyzeums beflügelt Johann Sebastian, stets gehört er zu den besten Schülern. Und beim Bruder wächst die Familie, es wird also langsam Zeit, auf eigenen Füßen zu stehen. Johann Christoph war selbst mit 16 Jahren nach Erfurt zu Pachelbel gegangen, Sebastian ist jetzt 15 und seine Situation als Kostgänger ohne Elternhaus bedeutend unbequemer. Das Ohrdrufer Schulregister verzeichnet „ob defectum hospitiorum“ als Grund dafür, dass Bach die Schule verließ; das heißt, es hat am Geld für den täglichen Mittagstisch gefehlt. Was für ein Glück, dass der junge Ohrdrufer Kantor Elias Herda selbst Schüler an der Lüneburger Michaelisschule gewesen war, die ein vergleichbares Freistellensystem hat wie das Ohrdrufer Lyzeum. Herda vermittelt, Lüneburg sagt einen Freiplatz zu, und Johann Sebastian Bach macht sich auf Schusters Rappen nach Norden auf, begleitet von seinem Schulkameraden Georg Erdmann, mit dem ihn eine lebenslange Freundschaft verbinden wird. Im Gepäck hat er weitere Empfehlungsschreiben Herdas an den Lüneburger Organisten der Johanneskirche, Georg Böhm, vielleicht auch an Dietrich Buxtehude in Lübeck und Johann Adam Reincken in Hamburg. Das ist die zeitgenössische norddeutsche Elite der Organisten.

Lüneburg, das ist etwas anderes als die thüringische Provinz, die selbstbewusste Handelsstadt ist durch das Salz reich geworden. Der Herzog von Braunschweig und Lüneburg residiert zwar in seinem

Spurred on by Comenius' pedagogical spirit which reigned at the Ohrdruf *Lyzeum,* Johann Sebastian always ranked among the best pupils. Yet, with the family at his brother's house growing, time had come for him to stand on his own two feet. While Johann Christoph had set out to study with Pachelbel in Erfurt at the age of 16, for Sebastian, now 15, the situation as orphaned boarder was much more inconvenient. The school register gave "ob defectum hospitiorum" as the reason for Bach's leaving the Ohrdruf *Lyzeum*—referring to the fact that he could no longer afford his lunch there. What a stroke of luck that Elias Herda, the young cantor from Ohrdruf, had himself been a pupil at the Lüneburg school of St Michael's which had a similar scholarship system! On Herda's recommendation, Johann Sebastian was granted the scholarship and set out northwards by shanks's pony, accompanied by his schoolmate Georg Erdmann who was to remain his lifelong friend. Bach was forearmed with several other letters of recommendation from Herda: one was addressed to Georg Böhm, organist at St John's church in Lüneburg, others possibly to Dietrich Buxtehude in Lübeck and Johann Adam Reincken in Hamburg—at the time the elite of organists in northern Germany.

Compared to the Thuringian provinces, Lüneburg was quite something else, having developed into a self-confident trading centre thanks to its salt mines. While the Duke of Brunswick and Lüneburg resided

Stadtansicht von View of Lüneburg mit Stadt- und Landeswappen with coat of arms
Kupferstich von Copper engraving by Conrad Buno, 1654

prachtvollen „Klein-Versailles“ in Celle, doch befindet sich im Lüneburger Michaeliskloster auch eine Ritterakademie, an der junge Adlige ausgebildet werden. Hochmütig schauen die *Messieurs* auf die Freiköstler des *Mettenchores* herab, zu denen Johann Sebastian gehört. Das Erleben der Arroganz der jungen Aristokraten hat prägende Spuren hinterlassen: Zeit seines Lebens wird Bach großen Wert auf prestigeträchtige Titel legen und später, mitten im Ärger mit der Leipziger Obrigkeit, nicht ruhen und rasten, bis er sich mit dem Titel eines *Königlich Polnischen und Kurfürstlich Sächsischen Hof-Compositeurs* schmücken kann – oder vielleicht auch wappnen gegen den Hochmut sozial überlegener Gegner, die er geistig kaum als ebenbürtig empfinden kann. Da ist der Kampf eines Mozart oder Beethoven um künstlerische Anerkennung über die sozialen Schranken hinweg zwei Generationen früher und in einer anderen Ausprägung schon gegenwärtig!

In erster Linie wartet Lüneburg allerdings mit großen Erlebnissen auf: Da ist Georg Böhm (1661–1733), weitberühmter Organist an der Johanniskirche. Da ist Thomas de la Selle, französischer Tanzmeister und Schüler Lullys, der am herzoglichen Hof in Celle angestellt ist und sich häufig in Lüneburg aufhält; er bahnt dem jungen Bach den Weg zur französischen Musik. Die Michaelisschule hat eine beeindruckende Musikalienbibliothek, die nicht hinter Gittertüren verschlossen ist und Sebastian reichlich Gelegenheit bietet, sich mit der deutschen und der italienischen Musik bis zurück zu Monteverdi und Palestrina vertraut zu machen. Und dann lockt Hamburg, die große Handels- und Kulturmetropole des Nordens, nicht nur mit großartigen Orgeln, auch mit einem für jedermann zugänglichen Opernhaus, dem ersten in Deutschland. Ob der junge Mann in der berühmten Oper am Gänsemarkt gewesen ist, muss fraglich bleiben, trotz seiner späteren Begeisterung für die von

Michaeliskirche St Michael's Church, Lüneburg
Gemälde von Painting by Joachim Burmester, nach after 1700

in his splendid “Little Versailles” in Celle, the Lüneburg monastery of St Michael's housed a knight's academy where young aristocrats were educated. It was with arrogance that these *Messieurs* looked down on the choristers who received their free meals at St Michael's. Experiencing such arrogance on the part of the aristocratic academicians left its mark on Bach: all his life, Johann Sebastian was to attach great importance to prestigious titles. For instance, during the time of his later quarrels with the Leipzig authorities, he did not rest until he could officially adorn himself with the title of *Royal Polish and Electoral Saxon Court Composer.* Perhaps Bach also used this title to brace himself for arrogant opponents whom he could not possibly have regarded as intellectual equals, but who were, after all, higher-ranking in social status. What we have here is an early—albeit slightly different—example of a struggle for artistic acknowledgement across all social barriers as fought by Mozart or Beethoven two generations later!

First and foremost, however, Lüneburg had some great people and opportunities to offer: Georg Böhm (1661–1733), organist at St John's, was widely famous. Thomas de la Selle, the French ballet master and pupil of Lully, was employed at the ducal court in Celle, but spent a lot of time in Lüneburg and introduced the young Bach to French music. The music library of St Michael's school was impressive and, not being locked up behind grilles, gave Sebastian ample opportunity to familiarise himself with German and Italian music dating back to Monteverdi and Palestrina. Furthermore, Bach felt the call of Hamburg, the big economic and cultural capital of the north with its great organs and an opera house accessible to everyone—the first of its kind in Germany. Whether the young man ever frequented the famous opera house on *Gänsemarkt* remains uncertain—despite the enthusiasm he later showed ihm liebevoll als „Dresdner Liederchen" bezeichneten Arien der Hofoper in Dresden. Die Hauptattraktion in Hamburg war für ihn der Organist an St. Katharinen Johann Adam Reincken (1623?/43?–1722), der durch seinen Lehrer Heinrich Scheidemann in der Tradition von Jan Pieterszoon Sweelinck (1562–1621) stand, dem Urvater der norddeutschen Orgelschule. Zu Reincken ist Bach nach Hamburg gewandert, das ist so sicher, wie die immer wieder gern erwähnten Reisen an den Celler Hof ungewiss sind. Schließlich ist die Strecke von Lüneburg nach Celle um ein Drittel länger als die nach Hamburg, und Thomas de la Selle, der Einzige, der Bach in Celle interessieren konnte, kam ohnehin nach Lüneburg an die Ritterakademie und wird froh gewesen sein, außer den aristokratischen Schnöseln auch noch einen jungen Mann zu treffen, der mit allen Fasern nach Musik dürstete.

Hochmütig schauen die Messieurs auf die Freiköstler des Mettenchores herab, zu denen Johann Sebastian gehört.

for the arias sung at the Dresden *Hofoper* and which he affectionately called "Dresdner Liederchen" [Little Dresden Songs]. Hamburg's main attraction for Bach was the organist at St Catherine's, Johann Adam Reincken (1623?/43?–1722).
A pupil of Heinrich Scheidemann, Reincken stood in the tradition of Jan Pieterszoon Sweelinck (1562–1621), the father of the so-called Northern German organ school. While the oft-told story of Bach's trips to the court in Celle is questionable, it is certain that he travelled on foot to Hamburg to see Reincken. After all, the distance between Lüneburg and Celle is one-third longer than that between Lüneburg and Hamburg. Thomas de la Selle, the only person Bach would

It was with arrogance that these Messieurs looked down on the choristers who received their free meals at St Michael's.

Celler Schloss The Palace of Celle

Lüneburg ist das entscheidende Bildungserlebnis im Leben Johann Sebastian Bachs, nach der Vermittlung des mittel- und süddeutschen Erbes durch seinen Bruder begegnet er hier der norddeutschen Tradition. Zeitlebens werden beide Stile für sein Schaffen bedeutsam sein. Der Schulunterricht dürfte jetzt mehr und mehr eine Nebenrolle gespielt haben. Im Frühjahr waren die beiden Jahre der Prima abgeschlossen und die Hochschulreife erlangt. Doch von Studium kann keine Rede sein, er ist auf sich selbst gestellt und muss sehen, wie er zu einer Anstellung kommt. So hat Bach im Unterschied zu manchem Kollegen (wie beispielsweise Telemann) die Universität nie besucht, was er später offensichtlich als fehlendes Statussymbol gelegentlich bereut hat. Es zieht ihn ins heimische Thüringen zurück, er bewirbt sich erfolglos um die Organistenstelle in dem Nest Sangerhausen und geht dann ein erstes Mal in die Dienste des herzoglichen Hofes in Weimar. 1717 werden seine Beziehungen zu diesem Fürstenhaus durchaus unbotmäßig im Arrest enden. Doch davon später mehr.

have been interested in meeting in Celle, taught at the knights' academy in Lüneburg and was probably glad to meet a young man who—unlike all the snotty-nosed aristocrats—thirsted for music with every fibre of his being.

The Lüneburg years constituted Bach's most formative intellectual and spiritual experience. After having been introduced to the middle and southern German musical heritage by his brother, he now encountered the northern German tradition. Both styles were to be significant for his future compositions. School education probably came to play an increasingly minor role. Having finished his two final years, Bach graduated in spring. However, there was no question of him entering university. He needed to find some sort of employment instead. Unlike other colleagues (Telemann, for instance), Bach ended up never going to university—a fact he was to regret from time to time in his later life. Bach was now drawn back to his native soil of Thuringia where he applied—to no avail—for the organist's post in the one-horse town of Sangershausen. Instead, he entered service at the ducal court in Weimar for the first time. Due to insubordination, his relations with this house were to lead to his detention in 1717. But more of that in a later chapter.

Bühnenbildentwurf für die Stage design for the Hamburger Gänsemarktoper, 1696
Tuschezeichnung von Ink drawing by J. O. Harms, 1696

Von Weimar nach Arnstadt
From Weimar to Arnstadt

Als „Lakai" wird Bach in den Besoldungslisten der Weimarer Hofhaltung geführt, doch ist nicht damit zu rechnen, dass er seine Zeit mit dem Schüren von Kaminfeuern zugebracht hat – das halbe Jahr dieser Anstellung währte ja vom März bis zum September 1703, also weitgehend außerhalb der Heizperiode. Doch Scherz beiseite, die Musiker waren zu diesen Zeiten ein Teil der Dienerschaft, auch Joseph Haydn musste als Kapellmeister des Fürsten Esterházy eine Hofuniform tragen, und noch fast 80 Jahre später fand sich W. A. Mozart bei dem Besuch des Salzburger Fürstbischofs in Wien als Konzertmeister der Hofkapelle sehr zu seinem Missvergnügen an der Dienstbotentafel wieder.

Bach war Geiger am Weimarer Hof und begegnete hier dem Virtuosen Johann Paul Westhoff, der Werke für Violine solo komponierte und mittels kunstvoller Doppelgriffe mehrstimmige Effekte auf der Geige hervorbringen konnte. Bachs eigene großartige Kompositionen für Violine solo und Violoncello solo verdanken dem Zusammentreffen des Achtzehnjährigen mit dem erfahrenen Solisten einiges. Überdies erhielt der junge Mann häufig Gelegenheit, den schon älteren, vielbeschäftigten Hoforganisten Effler zu vertreten.

The payroll at the Weimar court listed Bach as "lackey". However, he probably didn't spend his time there poking open fires—not least because the six months of his employment covered the time from March until September 1703, i.e. definitely not the heating season. But joking apart: musicians at that time were generally classed with the servants. Joseph Haydn had to wear a court uniform during the time of his employment as Prince Eszterhazy's *Kapellmeister,* and almost 80 years later, W. A. Mozart—at that time *Konzertmeister* of the Hofkapelle—was utterly displeased when seated at the servants' dinner table during the Vienna visit of his employer, the prince archbishop of Salzburg.

At the Weimar court where Bach worked as a violinist, he met the virtuoso Johann Paul Westhoff who composed music for solo violin creating polyphonic effects with the help of elaborate double fingering. Bach's own compositions for solo violin and violoncello owe a great deal to these encounters with the experienced soloist. Moreover, the eighteen year-old Bach was frequently asked to stand in for the older and very busy court organist Effler.

Stadtansicht von View of Arnstadt in Thüringen Thuringia
Kupferstich von Copper engraving by Caspar Merian, 1650 (spätere Kolorierung coloured later)

Das führte in Arnstadt, wo eine neue Orgel zur Prüfung anstand, zu einem günstigen Missverständnis: Dort wird der hiermit beauftragte Johann Sebastian Bach als „fürstlich-sächsischer Hoforganist“ bezeichnet. Eine Orgelprüfung erfordert ein umfangreiches Wissen über alle Möglichkeiten und Tücken des Instruments und ist keine Aufgabe, die man einem Grünschnabel anvertraut; schließlich handelt es sich um die Abnahme eines neu erbauten Instrumentes, dessen Bezahlung dann fällig wird. Sebastian verfügte offensichtlich über profunde Kenntnisse, die hauptsächlich vom Bruder Johann Christoph und vom Lüneburger Orgelbauer Johann Held stammen dürften und die der junge Mann mit einer genialen Auffassungsgabe in ein stimmiges Gesamtbild vereinigt hat. Die Vorschusslorbeeren, die er durch seinen in der Gegend klangvollen Familiennamen und den irrigen Titel genoss, erwiesen sich jedenfalls nicht als welkes Laub: Die Arnstädter Obrigkeit war von seinem Orgelspiel hingerissen und bot ihm direkt die Stelle des Organisten für das neue Instrument an, ohne zu einem weiteren Probespiel einzuladen.

Bachkirche Bach Church in Arnstadt. Orgelprospekt mit Bach-Gedenktafel Organ prospect with plaque

This led to a lucky misunderstanding in Arnstadt where the new organ awaited testing: in charge of this job, Johann Sebastian Bach was introduced as “Princely Saxon Court Organist”. The checking of an organ requires extensive knowledge of the instrument’s capabilities and difficulties and is usually not a task entrusted to a greenhorn. After all, the new instrument needed profound inspection before it was paid for. But obviously, thanks to the influence of his brother Johann Christoph and the Lüneburg organ maker Johann Held, Sebastian was very knowledgeable and had a tremendous grasp of things, merging what he had learned into a harmonious whole. The premature laurels his fine-sounding name and misleading title had won him in the area turned out to be fully justified: authorities in Arnstadt were so enraptured by his organ playing that Bach was offered the organist’s post on the spot without any further auditions being arranged.

Feuerkopf und Virtuose – Der Zippelfagottist

Hothead and virtuoso—the greenhorn bassoonist

Der Dienst als Organist der Neuen Kirche zu Arnstadt lässt sich moderat an: Die Hauptgottesdienste der Sonn- und Festtage, die Betstunde am Montag, die Vesper am Mittwoch und der Frühgottesdienst am Donnerstag erfordern seine Anwesenheit für ein Präludium und ein Postludium, Choralvorspiele und -begleitungen sowie Orgelmusik während des Abendmahls. Darüber hinaus soll er sich noch des Schulchors annehmen, der beim Gottesdienst zu singen hat. Dieser Aufgabe kommt Bach nur widerwillig nach – Chorleitung gehört schließlich in den Amtsbereich des Kantors – und verlangt, dass ihm hierfür ein *Director Musices* beigestellt werde.

Der Grund für Bachs Unwillen, mit dem Chor zu proben, liegt nicht darin, dass es ihm zu viel Arbeit gemacht hätte – Bach ist sein Lebtag bienenfleißig gewesen! Er hat keine Lust, seine kostbare Zeit

Neue Kirche, auch Bonifatius oder Bachkirche New Church a.k.a. St Boniface's or Bach Church **in Arnstadt/Thüringen** Thuringia. **Außenansicht mit Hopfenbrunnen** Exterior view with fountain

Bach's employment as organist at the *Neue Kirche* in Arnstadt got off to a moderate start: the main Sunday and holiday services, the prayer meetings on Mondays, vespers on Wednesdays and early service on Thursdays required his presence for prelude and postlude, hymn preludes and accompaniments as well as organ playing during holy communion. He was further expected to conduct the school choir during the service—a task which Bach fulfilled only reluctantly as it was usually the cantor who functioned as choirmaster. He therefore requested that a *Director Musices* be put alongside him.

Bach was an industrious man all his life. His unwillingness to rehearse with the choir was by no means grounded in an attempt to avoid extra work. He simply did not intend to waste his time on mediocrity—"mediocre" presumably being a somewhat flattering epithet considering the musical qualifications of the Arnstadt grammar school pupils. Their punching power, on the other hand, was anything but mediocre: after being called a "greenhorn bassoonist" by Bach on the grounds of silly behaviour and poor performance during a rehearsal, a pupil named Geyersbach was obviously not willing to take this insult. Instead, Geyersbach together with several of his companions waylaid Bach to give him a good thrashing. But Bach—possibly in memory of the Lüneburg knights' academy—used to carry a rapier. He not only defended himself splendidly, but went on to report Geyersbach to the authorities who urged him to be patient and moderate, demanding that he resume the choir rehearsals he had called off in protest. Yet Bach staunchly refused as his contract did not include the task of choirmaster.

Four months chock-full of musical impressions surpassing all Bach had hitherto heard.

Instead, he went on an educational pilgrimage to call on the famous organist Dietrich Buxtehude at St Mary's Church in Lübeck to learn from him. (An earlier attempt to visit him had turned out to be fruitless.) Bach asked his superintendent for four weeks' leave and proposed a cousin to stand in for him. Surely, he must have been aware that four weeks were barely enough to walk to Lübeck and back, yet he accepted the fact that the seeds of disobedience had been sown. After all, hadn't he provided for due replacement by proposing a man who carried the name of his clan and whom he trusted to fulfil the contractual duties to everyone's satisfaction?

He set out in autumn 1705 not returning to Arnstadt until the beginning of February 1706: four weeks had turned into four months chock-full of musical impressions surpassing all Bach had hitherto heard! Accompanied by festive music, services on the occasion of the recent death of Emperor Leopold I and the inauguration of his successor Joseph I were held on 1 and 2 December. Possibly for the first time in his life, the traveller encountered instrumental and vocal music for several sections and choirs flooding the church's interior from different galleries. He also heard Buxtehude's famous evening musical performances known as *Abendmusiken*—music for prayers played during the season of Advent since 1646 presenting sacred cantatas from the doyen's pen. Furthermore, an Mittelmaß zu verschwenden, und „mittelmäßig“ ist vermutlich noch ein schmeichelnder Ausdruck für die musikalischen Qualitäten der Arnstädter Gymnasiasten. Aber schlagkräftig sind sie offenbar gewesen: Der Schüler Geyersbach, von Johann Sebastian während einer Probe ob seiner Albernheit und schlechter Leistungen auf dem Fagott zornig als „Zippelfagottist“ gescholten, ist nicht gewillt, das auf sich sitzen zu lassen. Er lauert ihm daraufhin mit einigen Kameraden auf, um ihn zu verprügeln. Doch Bach führt – in Erinnerung an die Lüneburger Ritterakademie – einen Degen bei sich und weiß sich zu wehren. Obendrein zeigt er Geyersbach an. Die Obrigkeit indes mahnt zu Geduld und Maßhalten. Bach wird aufgefordert, die Arbeit mit dem Chor, die er aus Protest abgebrochen hatte, wieder aufzunehmen. Doch der wehrt sich standhaft, Chorleitung steht nicht in seinem Vertrag.

Und er geht auf Bildungsreise. Dietrich Buxtehude in Lübeck hat er seinerzeit von Lüneburg aus nicht erreicht, jetzt will er zu dem berühmten Organisten der Marienkirche pilgern, um von ihm zu lernen. Vier Wochen Urlaub bedingt er sich von dem Superintendenten aus und stellt einen Vetter als Vertreter für das Organistenamt. Vier Wochen reichen gerade einmal für den Fußweg hin und zurück, das muss Bach klar sein. Er nimmt den vorprogrammierten Ungehorsam in Kauf, hat er doch für Ersatz gesorgt, der den Namen seiner Musikersippe trägt und nach seiner Ansicht die vertraglichen Leistungen wird voll gewährleisten können.

Aus den vier Wochen werden vier Monate! Im Herbst 1705 ist Bach aufgebrochen, Anfang Februar 1706 ist er wieder in Arnstadt. Dazwischen liegt ein Vierteljahr prall gefüllt mit musikalischen Eindrücken, die alles übertreffen, was Sebastian bisher gehört hat. Von festlicher Musik umrahmte Gottesdienste anlässlich des kürzlichen Todes von Kaiser Leopold I. und des Regierungsantritts seines Nachfolgers Joseph I. finden am 1. und 2. Dezember statt, hier begegnet der Reisende wohl zum ersten Mal in seinem Leben instrumentaler und vokaler Mehrchörigkeit, die den Kirchenraum von verschiedenen Emporen her durchflutet. Und er hört Buxtehudes berühmte Abendmusiken, musikalische Andachten, die seit 1646 in der Adventszeit stattfinden und geistliche Konzerte aus der Feder des Altmeisters präsentieren. Schließlich lauscht er dem Meister selbst, der trotz seiner 68 Jahre immer noch ein Virtuose auf der Orgel ist.

Ein Vierteljahr prall gefüllt mit musikalischen Eindrücken, die alles übertreffen, was Sebastian bisher gehört hat.

Buxtehude sucht nach einem Nachfolger für sein Amt, eine der besten Musikerstellen, die in Deutschland zu vergeben sind. Es gibt nur einen Haken: Der Bewerber muss die unverheiratete Tochter ehelichen, das war bei Buxtehude auch nicht anders, der die Tochter seines Vorgängers Tunder geheiratet hat. Anna Margreta Buxtehude hingegen ist bereits dreißig Jahre alt und offensichtlich wenig attraktiv. Schon Händel und Mattheson haben darauf verzichtet, in Lübeck Marienorganist zu werden. Bach hat übrigens schon eine Verlobte: seine Cousine Maria Barbara, Waise wie er.

Bachs Orgelspieltisch in der Neuen Kirche Bach's organ console at the New Church in Arnstadt

he was finally able to listen to the master himself who, despite his advanced age of 68, was still an organ virtuoso.

Buxtehude was looking for a successor to what was one of the best positions for a musician to be had in Germany. There was, however, one catch: the potential candidate would have to marry Buxtehude's daughter just as Buxtehude had been obliged to marry the daughter of his predecessor Tunder. But Anna Margreta Buxtehude was already 30 years old at that time and obviously not very attractive. Both Händel and Mattheson had declined the post of organist at St Mary's, and Bach was already engaged to his cousin Maria Barbara, like himself an orphan.

Allegorie auf die Freundschaft zwischen den Komponisten **Allegory of the friendship between** **Dietrich Buxtehude (mit Notenblatt** **with sheet of music**)**, Johann Adam Reincken (am** **on** **Cembalo) und** **and** **Johann Theile (mit Gambe** **with viola da gamba**) Gemälde von Painting by Johannes Voorhout, 1674

Jugendlicher Geniestreich

A youthful stroke of genius

Bachs berühmtestes Orgelstück ist wohl seine Toccata und Fuge in d-Moll BWV 565. Kein populäres Porträt des Orgelkomponisten Bach kommt ohne dieses Werk aus; und der Zauber der Komposition ging so weit, dass der große Dirigent Leopold Stokowski unter ihrem gewaltigen Eindruck eine Orchesterfassung anfertigte. Sie vereint alle Aspekte des Werkes, die einen Spätromantiker beeindrucken konnten, in einem großartigen Orchesterfresko zu Ehren eines Johann Sebastian Bach, den es in dieser Monumentalität nie gegeben hat und der in der heutigen Auffassung seines Schaffens eine andere Statur hat. Trotzdem gehört Leopold Stokowskis Orchestration der Toccata und Fuge BWV 565 zu den künstlerischen Höhepunkten der Bachrezeption vergangener Zeiten; noch heute beeindruckt diese Version und lenkt überdies den Blick auf den Umstand, dass auch das heutige Bachbild zeitgebundenen Mythen unterworfen ist und immer wieder der Ausrichtung an den neuesten Erkenntnissen von Geschichts- und Musikwissenschaft bedarf, um populäre Vorstellungen durch erforschte Fakten bestätigen oder korrigieren zu lassen.

Eine Notenschrift von Bachs eigener Hand der Toccata und Fuge in d-Moll ist nicht überliefert. Eine einzige Abschrift des Werks zu Bachs Lebzeiten und spätere Ausgaben überlieferten das Werk der Nachwelt. Entstanden ist es vermutlich während Bachs erster Anstellung in Arnstadt, man kann es durchaus noch als einen genialen Wurf des jugendlichen Komponisten bezeichnen. Die Abwesenheit eines Autographs hat indessen in neuerer Zeit die Frage nach der Echtheit der Komposition

The Toccata and Fugue in d-minor BWV 565 is perhaps Bach's most famous organ piece. It features in practically every portrait of Bach as a composer of organ music. In fact, so compelling was the composition's charm that the great conductor Leopold Stokowski, under the spell of the piece, produced an orchestrated version which combines all aspects of the composition into a great orchestral fresco. Its monumentality, however, appears to be a reflection of Stokowski's late romanticist taste rather than of Bach's actual stature as it is seen today. Nevertheless, Stokoswki's orchestration of the Toccata and Fugue BWV 565 marks one of the artistic highlights in the history of adaptations of music written by Bach. To this day, Storkowski's version has impressed listeners, drawing attention to the fact that even today's perspective on Bach is subject to temporary myths and therefore needs to be constantly adjusted to the latest findings of historians and musicologists in order to either confirm or correct popular ideas with the help of scientific facts.

A notation in Bach's own hand of the Toccata and Fugue in d-minor has, however, not survived. In fact, only one single copy existed during Bach's lifetime so that the piece came down to posterity in the form of later editions. Composed presumably during the time of Bach's first employment in Arnstadt, the piece may well be called a "big hit" of a young genius. Recently, however, the lack of an autograph has raised the question whether the piece actually *was* written by J. S. Bach.

als Werk J. S. Bachs aufgeworfen. Weiterhin wurden Zweifel laut, ob es sich hier um eine Originalkomposition für Orgel handelt; es entstand die These, das Werk sei ursprünglich für Violine solo geschrieben. Der englische Barockgeiger Andrew Manze fertigte eine Rückbearbeitung des Stückes an und präsentierte sie in einer eindrucksvollen Einspielung. Andere Forscher vertreten die Ansicht, dass es sich bei der Toccata und Fuge in d-Moll um die Notation einer Improvisation handele, mit der Bach eine Orgel „auf Herz und Nieren" geprüft und dabei zugleich seiner reichen musikalischen Phantasie freien Lauf gelassen hat.

Erstaunlich ist bei allen Zweifeln und Erwägungen, dass dieses Werk in den vielfältigsten Versionen und Interpretationen sich eng mit dem Namen Johann Sebastian Bach verbunden hat und so zu dem vielleicht populärsten Emblem des Komponisten geworden ist.

Moreover, as doubts arose as to whether the piece had actually been composed for organ, a theory was developed according to which the Toccata and Fugue in d-minor had originally been written for solo violin. The English baroque violinist Andrew Manze came up with a readaptation of the piece and presented an impressive recording of it. In the opinion of other musicologists, the Toccata and Fugue in d-minor is simply the notation of an improvisation used by Bach to thoroughly examine and test an organ while giving free rein to his abundant imagination.

Amazingly, and despite all remaining doubts and speculation, the piece in its many versions and interpretations has been closely associated with the name of Johann Sebastian Bach, having perhaps become the composer's most popular emblem.

Ansicht der Stadt View of the city of Lübeck
Kupferstich von Copper engraving by Matthäus Merian, 1653 (koloriert coloured)

Feuerkopf und Virtuose – Wunderliche Variationes

Hothead and virtuoso—odd variations

Als Bach mit dreimonatiger Verspätung nach Arnstadt zurückkehrt, herrscht zunächst einmal Ruhe an der disziplinarischen Front. Das Arnstädtische Konsistorium beherzigt die eigenen Ratschläge zur Geduld und schreitet erst ein, als die Folgen der Lübecker Pilgerreise der Gemeinde in der Neuen Kirche über den Kopf wachsen. Statt einer schlichten Orgelmusik, die den Gottesdienst und den (vermutlich bescheidenen) Gemeindegesang begleitet, bekommt sie jetzt Kunstmusik erster Güte zu hören, die nicht nur den Horizont der Gemeindemitglieder überschreitet, sondern sie beim Singen der Kirchenlieder auch noch aus dem Takt bringt!

Das ist zu viel! Also schreitet die Behörde ein und legt gleich auch noch die Urlaubsüberschreitung auf den Tisch. Er habe doch für professionelle Vertretung gesorgt, antwortet der Beklagte, in heutiges Deutsch übersetzt. Ja, warum überhaupt habe er so lange fortbleiben müssen? „Um ein oder anderes in meiner Kunst zu begreiffen", erwidert Bach vage – das ist eine patzige Antwort, die heute etwa „ja, wenn ihr keinen guten Organisten haben wollt!" lauten würde. Aber gerade das ist das Problem: Die Gemeinde kann zu der Begleitung des „guten Organisten" ihre Kirchenlieder nicht singen! Doch das Gemeindelied ist auch damals ein unverzichtbarer Teil des Gottesdienstes.

„Um ein oder anderes in meiner Kunst zu begreiffen", erwidert Bach vage – das ist eine patzige Antwort, die heute etwa „ja, wenn Ihr keinen guten Organisten haben wollt!" lauten würde.

Und da gibt es noch etwas, das die Gemüter der braven Arnstädter erregt: Bach hat „eine frembde Jungfer" auf die Empore gelassen! Frauen hatten damals bestenfalls auf ihrer Seite des Kirchenschiffes etwas zu suchen. Und außer beim Singen der Kirchenlieder ihre Stimme nicht zu erheben. Man bezichtigt Sebastian keinesfalls, mit einer Frau auf der Empore poussiert zu haben; der einfache Umstand, dass er ein weibliches Wesen (vermutlich seine Cousine und Verlobte Maria Barbara) dorthin gelassen hat, wohin sie nicht gehört, erfüllt schon den Tatbestand des Frevels.

Mit seinen 21 Jahren ist Johann Sebastian Bach gewiss kein weltläufiger Mann, aber er ist zielbewusst, und er weiß, dass Kleinstadtmief à la Arnstadt ihn nicht voranbringt. An der Kirche Divi Blasii in der freien Reichsstadt Mühlhausen ist die Organistenstelle frei. Ostern 1707 ist Bachs Probespiel, die Mühlhäuser sind begeistert, und alles scheint unter Dach und Fach. Ein verheerender Brand in Mühlhausen einige Tage später, von dem Divi Blasii glücklicherweise verschont bleibt, verzögert die Ausfertigung des Vertrages bis Mitte Juni, doch Bach kann eine erhebliche Gehaltsverbesserung aushandeln, und zwar sowohl im Vergleich zu seinem bisherigen Einkommen in Arnstadt als auch an dem gemessen, was sein Vorgänger Johann Ahle, kein unbekannter unter den deutschen Barockkomponisten, bezogen hatte.

Im Frühherbst wird umgezogen und kurze Zeit später die Familie gegründet: Am 17. Oktober 1707 heiraten Johann Sebastian und Maria Barbara Bach in der Dorfkirche des nahe bei Arnstadt gelegenen Ortes Dornheim. 1708 kommt ihr erstes Kind, Catherina Dorothea, zur Welt.

At first, all was quiet on the disciplinary front when Bach returned to Arnstadt three months late. The town's consistory kept to its self-imposed policy of patience until the consequences of Bach's pilgrimage to Lübeck began to get beyond the control of the parish. Accustomed to simple organ music accompanying both the service and the (presumably modest) singing, the congregation now found themselves confronted with highly elaborate organ playing of the first order which not only went beyond the parishioners' comprehension but, to make matters worse, caused them to lose the beat!

That was just too much! Eventually, authorities intervened and brought up the issue of Bach's exceedingly long absence. The defendant's reply amounted to something like: "But have I not provided for adequate replacement?"—but then, why did he have to stay away for so long in the first place?—"To be able to understand one thing or another about my art", retorted Bach vaguely—a somewhat snotty reply that could be translated into modern language as: "Well, if you don't want a good organist [. . .]!". But that was exactly the problem: the congregation just could not sing to this "good organist's" playing! However, singing hymns was, then as now, an indispensable part of any service.

There was another thing that caused a stir among Arnstadt's good parishioners: Bach had brought a maiden up to the gallery! At that time, women had no business being anywhere else but on their side of the transept. And they were not meant to raise their voices except for singing hymns as part of the congregation. Bach was by no means accused of having spooned with a woman on the gallery; the mere fact that he had allowed a young lady up there (presumably his cousin and fiancée Maria Barbara) constituted sin.

At the age of 21, Johann Sebastian Bach was certainly not a cosmopolitan. However, he was determined and knew that there was no progress to be made in the claustrophobic atmosphere of the provinces. In the free imperial city of Mühlhausen, the organist's post at Divi Blasii Church was vacant. Bach's audition there at Easter 1707 was met with enthusiasm, and all seemed signed and sealed. However, the finalisation of his contract was protracted until mid-June due to a devastating fire which, luckily, spared Divi Blasii. Bach succeeded in negotiating a substantial salary increase in relation to both his previous income in Arnstadt as well as that of his predecessor Ahle, a figure by no means unknown among Germany's baroque composers.

"To be able to understand one thing or another about my art", retorted Bach vaguely—a somewhat snotty reply that could be translated into modern language as: "Well, if you don't want a good organist [. . .]!".

Bach moved house in early autumn and started a family soon after: on 17 October 1707, Johann Sebastian and Maria Barbara Bach were married in the church of Dornheim, a village not far from Arnstadt. Their first child, Catherina Dorothea, was born in 1708.

Mühlhäuser Intermezzo
Mühlhausen intermezzo

Die Hauptkirche Divi Blasii zu Mühlhausen ist mit ihren zwei Türmen und der hohen gotischen Halle ein schöner, repräsentativer Kirchenraum. Voll Energie widmet sich Bach an seiner neuen Wirkungsstätte der Arbeit; es ist keine Rede mehr davon, was Aufgabe des Organisten sei und was nicht, alle Gebiete der Kirchenmusik stehen in seinem Blick. Zunächst einmal wendet er sich der Orgel zu, deren Zustand ihm „defect" erscheint. Er fordert besonders neue Blasebälge, um dem „Mangel des Windes" abzuhelfen. Von Bachs Orgelprüfungen ist überliefert, dass er besonders darauf achtete, ob die Orgel eine „gute Lunge" habe. Also zog er zunächst einmal alle Register, um sicherzustellen, dass das Instrument auch unter hohen Anforderungen

St. Divi Blasii-Kirche Divi Blasii Church in Mühlhausen/Thüringen Thuringia, um c. 1910

With its two steeples and the high Gothic hall Divi Blasii, Mühlhausen's main church, was a beautiful and prestigious sacred building. In his new domain, Bach devoted all his energies to his work. The various responsibilities associated with the post of organist were no longer under discussion here—Bach was now in charge of all fields of church music. At first, he turned to the organ which appeared "defective" to him. He therefore ordered new bellows to remedy the "lack of wind". Bach is on record as having paid particular attention to the state of the "lungs" of any organ he inspected. Consequently, he began his testing by pulling out all the stops in order to make sure that the instrument satisfied even the highest demands. He then presented the council with a list of repairs he deemed necessary in order to get the organ of Divi Blasii shipshape. The list was approved, and the local organ maker Johann Friedrich Wender carried out the repairs. Bach knew him from his Arnstadt days—Wender had built the organ of the *Neue Kirche* which Bach had tested before playing on it for several years.

In Mühlhausen, Bach wrote his first cantatas, among them the earliest to survive named *Gott ist mein König* BWV 71. It was first performed on 4 February 1708 on the occasion of the inauguration of the new Mühlhausen council, which is why it is also known as *Ratswechselkantate* [Cantata for the Inauguration of the new City Council]. The piece must have made a strong impression on the council which promptly arranged—and paid—for it to be printed. Owing to its diversity and creative skilfulness, this cantata has captivated listeners ever since.

The free imperial city of Mühlhausen was not just any provincial one-horse town; it reflected, in a nutshell, the major problems of the time like, for instance, the theological dispute between the orthodox Lutherans with their erudite stiffness and followers of a new devout Pietism which emphasised the individual experience of God. Consequently, for the Pietists, solemn church music did not have top priority. To Bach, however, music in praise of the Almighty was of utmost importance as it provided an idiom that could express what was generally beyond words. Unfortunately, the parish priest of Divi Blasii, Johann Adolph Frohne, adhered to Pietism while Georg Christian Eilmar, priest of St Mary's Church, was a committed orthodox Lutheran very much in favour of church music. So Eilmar invited Bach to perform his cantatas at St Mary's. He even wrote the words to them as can be seen in Bach's annotation to the cantata *Aus der Tiefe rufe ich zu dir, Herr* BWV 131 which reads: "Set to Music at the Request of D. Georg Christ. Eilmar, Esq.".

There are no records of altercations between Frohne and "his organist" over the latter's activities at the rivalling church. Nevertheless, Bach terminated his services in Mühlhausen after only one year. This prompt break-up has often been interpreted as a result of the two priests' theological differences although no written evidence has survived to support this theory. The reason for Bach's premature change of employment may in fact have been a much simpler one: the Weimar court organist Effler, meanwhile an old and infirm man, needed to be replaced.

nicht schlappmachte. Für die Orgel an Divi Blasii präsentierte Bach dem Rat eine Liste mit den Reparaturen, die er für nötig hielt. Sie wurde gebilligt, und der ortsansässige Orgelbauer Johann Friedrich Wender führte die Arbeiten aus. Bach war mit Wender schon von Arnstadt her vertraut, wo dieser die Orgel der Neuen Kirche gebaut hatte, die Bach seinerzeit geprüft und jahrelang als Organist gespielt hatte.

In Mühlhausen entstanden auch die ersten Kantaten Bachs, so auch „Gott ist mein König" BWV 71, die früheste der bis heute erhaltenen Kantaten. Aufgeführt wurde sie am 4. Februar 1708 anlässlich der Amtseinführung des neuen Mühlhäuser Rats, daher ihr Beiname „Ratswechselkantate". Das Werk machte Eindruck, der Rat ließ die Kantate auf eigene Kosten drucken, und noch heute besticht sie durch die Vielfalt ihrer Gestaltungsmittel.

Die freie Reichsstadt Mühlhausen war nicht irgendein Provinznest, sie spiegelte im Kleinen die großen Probleme der Zeit – und so fand auch hier der Theologenstreit zwischen lutherischer Orthodoxie mit ihrer steifen Gelehrsamkeit und der neuen pietistischen Frömmigkeit, die besonders auf das individuelle Gotteserlebnis abhebt, seinen Widerhall. Eine feierliche Kirchenmusik stand nicht an vorderer Stelle in der Prioritätenliste der Pietisten, für Johann Sebastian Bach kommt der Musik zum Lob des Allerhöchsten indes größte Bedeutung zu, lässt sich doch in ihrer Sprache zum Ausdruck bringen, was kein Wort sagen kann. Leider war Johann Adolph Frohne, der Pastor an Divi Blasii, ein Anhänger des Pietismus, während Georg Christian Eilmar, Pastor der Marienkirche, eingeschworener orthodoxer Lutheraner war, dem obendrein die gottesdienstliche Musik selbst noch viel bedeutete. Eilmar lud Bach ein, in seiner Kirche Kantaten aufzuführen, zu denen er selbst den Text lieferte; belegt ist das beispielsweise durch die Kantate „Aus der Tiefe rufe ich zu dir, Herr" BWV 131, die Bachs Vermerk trägt: „Auff Begehren Tit: Herrn D. Georg Christ. Eilmar in die Musik gebracht".

Es sind keine Auseinandersetzungen mit Pastor Frohne anlässlich der Aktivitäten seines Organisten an der Konkurrenzkirche überliefert, doch quittiert Bach schon nach einem Jahr den Dienst in Mühlhausen. Dieses schnelle Ende wird gern, wenn auch ohne dokumentarisch belegten Nachweis, mit den theologischen Differenzen zwischen den beiden Pastoren in Zusammenhang gebracht. Die Begründung für den schnellen Stellungswechsel ist vermutlich viel einfacher: Der Weimarer Hoforganist Effler, den Bach schon als Geiger und „Lakai" gelegentlich vertreten hatte, ist mittlerweile so alt und schwach geworden, dass für ihn ein Nachfolger gesucht wird. Der gerade einmal 23-jährige Bach wittert seine Chance, nach fünf Jahren als Respektsperson an seine erste Wirkungsstätte zurückzukehren. Er absolviert ein Probespiel und wird augenblicklich verpflichtet. Und abermals gelingt ihm eine wesentliche Verbesserung seiner Einkünfte: Jetzt verdient er 150 Gulden pro Jahr, damit fast doppelt so viel wie bisher.

Der Abschied von Mühlhausen gestaltet sich harmonisch: Bach verspricht, die Reparaturarbeiten an der Orgel weiterhin zu überwachen, und die Organistenstelle an Divi Blasii bleibt in der Familie – Vetter Johann Friedrich Bach, der Sohn des Eisenacher Organisten Johann Christoph Bach, wird auf die Stelle berufen.

Having stood in for him on previous occasions, the 23-year-old Bach, formerly violinist and "lackey", probably fancied the prospect of returning to his former place of work and grasped the opportunity with both hands. Now a person of some authority, Bach was auditioned and employed on the spot, succeeding yet again in negotiating a substantial rise in salary. Having almost doubled, his income now amounted to 150 gulden per annum.

Bach's departure from Mühlhausen went off smoothly: while he promised to continue to supervise the repairs on the organ, a member of the Bach family—his cousin Johann Friedrich, son of the Eisenach organist Johann Christoph—was appointed to the organist's post at Divi Blasii.

Innenansicht der St. Divi Blasii-Kirche mit Chorgitter Interior view of Divi Blasii Church with choir grille, um c. 1937

Weimar zum Zweiten – Harmonie

Weimar second time round—harmony

Mit seinem neuen Arbeitsplatz schien Johann Sebastian Bach dem Himmel ein gutes Stück näher gekommen zu sein: „Himmelsburg" wurde die Schlosskapelle in der Weimarer Wilhelmsburg genannt, der Residenz der Herzöge von Sachsen-Weimar. Die Orgelempore war in schwindelerregender Höhe oberhalb des Kirchenschiffes angebracht, und ein Durchbruch in der Decke sorgte dafür, dass die Orgel wohl in der Kirche zu hören, aber nur von wenigen Stellen aus zu sehen war. Die Musik schien also direkt aus dem Himmel zu kommen – ein architektonischer Trick, der Bachs Vorstellungen von der Rolle der Kirchenmusik bestens entsprach. Als Hoforganist und „Cammermusicus" tritt er 1708 zum zweiten Mal in den Dienst der Weimarer Herzöge. Die Mehrzahl des Herrschertitels ist hier wörtlich zu verstehen, denn der kleine Staat wurde nicht nur von dem in der Wilhelmsburg residierenden Herzog regiert, auch die Angehörigen einer

With his new job in Weimar, Bach seemed to have made some headway on his "move to Heaven": the chapel of the Wilhelmsburg residence of the Dukes of Saxe-Weimar was nicknamed "Himmelsburg" [Heaven's Castle]. Soaring at a giddy height above the transept was the organ which, through an opening in the ceiling, could be heard, though not seen, from everywhere inside the church. Thus—thanks to an architectonic trick which fitted in very well with Bach's idea of sacred music—the sounds seemed to be coming straight from Heaven. In 1708, Bach entered the Weimar Dukes' services for the second time, now under the title of court composer and *Cammermusicus*. The plural "Dukes" is to be taken literally here as the small state was ruled not only by the Duke himself (who resided at Wilhelmsburg), but also by members of a collateral line who, on the basis of an agreement signed in 1629, were entitled to have some say

Der Schlossgarten zu The palace garden of Weimar
Kupferstich von Copper engraving by Matthäus Merian d. Ä. the Elder, um c. 1650

Nebenlinie hatten aufgrund einer Übereinkunft aus dem Jahre 1629 ein Wort mitzureden. Diese Nebenlinie war im „Roten Schloss“ ansässig, hier hatte Bach 1703 als Geiger und „Lakai“ in Diensten des 1707 verstorbenen Mitherzogs Johann Ernst gestanden. Für ihn rückte der 1688 geborene Sohn Ernst August nach und musste sich mit dem Onkel in der Wilhelmsburg vertragen, was sich schnell als schwierig – wenn nicht unmöglich – erwies. Bach sollte noch zwischen die Mühlen dieses Familienstreits geraten.

Herzog Wilhelm Ernst von Sachsen-Weimar (1662–1728), zwei Jahre älter als sein Bruder im Roten Schloss, machte seinem Namensteil „Ernst“ (der zur Bezeichnung für die so genannte „Ernestinische Linie“ des sächsischen Fürstenhauses wurde) alle Ehre. Der studierte Theologe lebte nach unglücklicher und kinderloser, schließlich geschiedener Ehe allein. Strenge Religiosität und Kulturbeflissenheit kennzeichnen diesen für sein Volk unnahbaren Herrscher, der für die Nachwelt doch bedeutsam wurde, indem er die Grundlagen der Kulturförderung legte, die Weimar später zur Hauptstadt der deutschen Klassik machen sollte. Wilhelm Ernst war ein standhafter Vertreter der lutherischen Orthodoxie und seine Wilhelmsburg die Stätte eines gottgefälligen Lebenswandels. Theateraufführungen, Bälle, Maskeraden kommen nicht in Frage, stattdessen gab es tägliches Bibellesen und Examinierungen nach der Predigt, ob der ganze Hof auch verständig zugehört hat. Der Musik ist Wilhelm Ernst durchaus zugetan, besonders der geistlichen und der Instrumentalmusik, Oper und Tanz scheiden natürlich aus.

in government matters. This collateral line resided at the “Red Palace” where Bach had worked for the co-Duke Johann Ernst (†1707) as a violinist and “lackey” in 1703. Johann Ernst had been succeeded by his first-born son Ernst August (*1688) who was forced to get along with his uncle at Wilhelmsburg which soon turned out to be difficult, if not impossible. Bach himself was later to be drawn into this family dispute.

Wilhelm Ernst Duke of Saxe-Weimar (1662–1728) was two years older than his brother at the “Red Palace” and certainly lived up to his name “Ernst” [stern] (after which the so-called “Ernestine branch” of the royal house was later named). A university-bred theologian and divorced man, Wilhelm Ernst lived a solitary life after an unhappy and childless marriage. Inaccessible to his people, he was a ruler characterised by a strict religiosity and cultural zeal. Posterity was to remember him for laying the foundations for a system of cultural promotion that was later to make Weimar the capital of German classicism. Wilhelm Ernst was a steadfast advocate of Lutheran orthodoxy, his Wilhelmsburg a stronghold of godliness: theatre performances, balls or masquerades were out of the question. Instead, there was daily Bible study, and examinations after the sermons were to make sure the court had listened carefully. At the same time, Wilhelm Ernst was quite fond of music, especially sacred and instrumental pieces. Opera and dance were of course ruled out.

Weimarer Schlosskirche, sog. Palace Church of Weimar so-called Himmelsburg
Gemälde von Painting by Christian Richter I., um c. 1660

Wilhelm Ernst, Herzog von Sachsen-Weimar
Duke of Saxe-Weimar (1662–1728)
Gemälde (Künstler unbekannt), nicht datiert
Painting by anonymous, undated

Bach kann sich in diesem strengen, aber hoch geistigen Umfeld durchaus Hoffnung machen, seine Vorstellungen einer „wohl bestallten“ Kirchenmusik, wie er sie als klingendes Gotteslob schaffen möchte, zu verwirklichen. Wie seine eigene Bibliothek, die er später in Leipzig hinterlassen hat, beweist, stand er dem strengen Luthertum von Herzog Wilhelm Ernst selbst durchaus nahe.

Der Doppeltitel Hoforganist und „Cammermusicus“ bedeutet, dass Bach in Weimar erstmals in seinem Leben für die drei großen musikalischen Bereiche seines Schaffens verantwortlich zeichnet, die ihn unsterblich gemacht haben: Orgelmusik, geistliche Vokalmusik und Instrumentalmusik. Überdies kann er seinen bereits verbreiteten Ruf als Orgelvirtuose und -sachverständiger in Weimar auf einer noch breiteren Basis festigen, der Titel eines Hofmusikers an einer zwar kleinen, aber renommierten Residenz wiegt natürlich mehr als das Prädikat des Hauptkirchenorganisten einer vergleichsweise wenig bedeutenden Reichsstadt von bescheidener Größe.

Zunächst bedeutete Weimar für Bach die Stätte beruflichen Erfolgs und persönlichen Glücks.

Zunächst war Bach in seiner Eigenschaft als „Cammermusicus“ Geiger und Cembalist in der Hofkapelle, die 1708 aus 22 Musikern bestand: Hofkapellmeister Johann Samuel Drese samt Sohn Johann Wilhelm als Vizekapellmeister, ferner der Konzertmeister, vier Violinisten, ein Fagottist, sieben Sänger (zwei Diskantisten, ein Altist, zwei Tenöre und zwei Bässe), zu repräsentativen Anlässen kamen noch 6 Trompeter und ein Paukist hinzu. Mit diesem kleinen, aber vielgestaltigen Ensemble war ein reiches musikalisches Spektrum abzudecken, und Bach ließ seiner Kreativität freien Lauf. Der musikalisch eher bescheiden begabte Hofkapellmeister Drese wird froh darüber gewesen sein, dass ein anderer als er Hochkarätiges zu Erbauung und Amüsement des zwar asketischen, doch geistig anspruchsvollen Landesherrn beisteuerte. Und er versäumte nicht, bei Hofe die Nachfolge seines Sohnes abzusichern, der es ebenso wenig wie er mit diesem Bach aufnehmen konnte – das wird zu den unerfreulichen Überraschungen der letzten Zeit Johann Sebastians in weimarischen Diensten gehören, von denen später zu berichten sein wird.

Zunächst bedeutete Weimar für Bach die Stätte beruflichen Erfolgs und persönlichen Glücks: Hier kommen seine ersten Kinder zur Welt, darunter 1708 die älteste Tochter Catharina Dorothea und die Söhne Wilhelm Friedemann (1710), Carl Philipp Emanuel (1714) und Johann Gottfried Bernhard (1715). Dann war da noch das geistig anregende Leben in Weimar, zu dem Johann Gottfried Walther, der entfernte Vetter, Organist an der Stadtkirche in Weimar und spätere Lexikonverfasser, sowie der herzogliche Bibliothekar und als Dichter geistlicher Kantatentexte bedeutende Salomon Franck gehörten. Wilhelm Ernst wachte nicht eifersüchtig über seinen Bach; auch andere kleine Residenzen, die viele Betätigungsmöglichkeiten boten, für die an seinem streng religiösen Hof kein Raum war, durften über den schier unerschöpflichen Johann Sebastian Bach verfügen, wie beispielsweise der nahe gelegene Weißenfelser Hof, für den unter anderem weltliche Kantaten entstanden.

Und schließlich gab es noch das Rote Schloss, in den Mitherzog Ernst August und sein jüngerer, musikbegeisterter und überaus talentierter Stiefbruder Johann Ernst wohnten, die beide Bach außerordentlich zugetan waren und ebenfalls seine Dienste in Anspruch nehmen durften. Und hier liegt die Quelle der Zwistigkeiten, die Bachs spätere Jahre in Weimar vergifteten.

In this rigid yet highly spiritual atmosphere, Bach had good hopes of seeing his ideas of a “well-established” church music for the praise of God come true—and justifiably so. In fact, his private library, later left behind by him in Leipzig, proves how much he actually sympathised with Wilhelm Ernst’s strict Lutheran views.

The dual title of court organist and *Cammermusicus* bears witness to the fact that for the first time in his life, Bach was responsible for the three major genres of his musical works that have immortalised him: organ works, vocal church music and instrumental pieces. Moreover, he was able to further establish himself as a renowned organ virtuoso and expert in Weimar. After all, the title of court musician at a famous—if small—residence outweighed that of church organist in a comparatively insignificant imperial city of only modest size.

In his capacity as *Cammermusicus,* Bach played the violin and harpsichord as a member the Hofkapelle which, in 1708, consisted of 22 musicians: the *Hofkapellmeister* Johann Samuel Drese and his son Johann Wilhelm *(Vizekapellmeister)*, the *Konzertmeister,* four violinists, one bassoonist, seven singers (two trebles, one alto, two tenors and two basses), plus six trumpeters and one timpanist for more prestigious occasions. As this small but varied ensemble was able to cover a broad musical spectrum Bach gave free rein to his creativity—quite possibly to the relief of *Hofkapellmeister* Drese (a man of rather modest musical talents) who was presumably glad that someone other than himself contributed fine music for the edification and entertainment of the ascetic yet spiritually demanding sovereign. However, Drese did not fail to see to it that his son’s succession to the post of *Hofkapellmeister* was secured as the young Johann Wilhelm was, as far as his musical skills were concerned, no more a match for Bach than Drese himself. Drese’s strategic move was to be one of the unpleasant surprises for Bach during his later days at the Weimar court. But more of that in a later chapter.

For the time being, Weimar was for Bach a place marked by professional success and private happiness.

For the time being, Weimar was for Bach a place marked by professional success and private happiness: it was here his first children were born, among them his oldest daughter Catharina Dorothea (*1708) and his sons Wilhelm Friedemann (*1710), Carl Philipp Emanuel (*1714), and Johann Gottfried Bernhard (*1715). Moreover, life in Weimar was intellectually stimulating thanks to people like Bach’s remote cousin Johann Gottfried Walther, organist at the Weimar *Stadtkirche* and later author of a music encyclopaedia, or the ducal librarian and writer of sacred words for the cantatas, Salomon Franck. However, Bach was by no means kept under close and jealous guard by Wilhelm Ernst; other small residences—among them the small Weißenfels court where Bach wrote, among other pieces, several profane cantatas—were allowed to make use of the almost inexhaustible composer as they offered various opportunities for which there was no room at the strictly religious court in Weimar.

And finally, there was the “Red Palace”, home of the co-Duke Ernst August and his younger stepbrother Johann Ernst, a most talented music enthusiast. Both men were extraordinarily fond of Bach and had permission to enlist the composer’s services—another circumstance that turned out to be the source of altercations which were to poison Bach’s later years in Weimar.

Johann Sebastian Bach
Gemälde von Painting by Johann Ernst Rentsch d. Ä. the Elder, um c. 1715 (Echtheit als Bach-Porträt nicht erwiesen Authenticity as a portrait of Bach unproved)

Weimar zum Dritten – Missklang

Weimar third time round—discord

Eiferer haben einen schlechten Stand: Je verbohrter sie sind, desto einsamer werden sie auch – und je mächtiger sie sind, desto mehr haben ihre Untergebenen unter ihrer Verbohrtheit und Einsamkeit zu leiden. Diese in ihrer banalen Logik für jeden Unbeteiligten leicht einzusehende Wahrheit verdüsterte die zweite Hälfte von Bachs Weimarer Zeit und führte schließlich dazu, dass sein Dienst an dem Ort, der für die Enkelgeneration den Olymp des deutschen Geistes darstellen wird, mit einem disziplinarischen Eklat endete.

Herzog Wilhelm Ernst von Sachsen-Weimar, der Asket auf der Wilhelmsburg, verfügte neben einem wachen Geist und religiösem Eifer

Ernst August, Herzog von Sachsen-Weimar Duke of Saxe-Weimar
Stich von Engraving by J. C. Sysang, 1742

Zealots are rarely held in high regard: the more obstinate they are the lonelier they become—and the greater their power the more their underlings have to suffer under their obstinacy and loneliness. This truth, understandable for any outsider and simple in its logic as it may be, was to obscure the second half of Bach's employment in Weimar and eventually led to the disciplinary stir which put an end to his services in the very city that two generations later became the Mecca of intellectual Germany.

Wilhelm Ernst Duke of Saxe-Weimar, the ascetic at the Wilhelmsburg residence, was not only endowed with an alert mind and religious zeal, he also drew quite some self-confidence from his position of power. He tried to oust his nephew and co-ruler Ernst August (who was 24 years his junior) from power. The harassment which descended upon the inhabitants of the "Red Palace" probably amounted to what would today be called "mobbing". Of course, altercations also affected the *Hofkapelle* which had hitherto been shared by the conflicting parties. Wilhelm Ernst, categorically as well as unlawfully, prohibited the musicians from continuing their service at the "Red Palace".

Of course, the young and self-confident Ernst August couldn't have cared less and insisted on his attested right to make use of the court employees. Meanwhile, an almost friendly relationship had developed between Bach and the music enthusiast Ernst August who was the same age as Bach and a talented musician himself. Another extremely talented musician with whom Bach wished to keep in close touch was Ernst August's younger stepbrother and hereditary prince, Johann Ernst.

Bach on the other hand remained unwavering in his loyalty to the "Red Palace", but he did put out feelers.

Bach's strategy was therefore a predictable one: fulfilment of his duties to Wilhelm Ernst *and* loyalty towards his employer's co-ruling relatives at the "Red Palace" who were, after all, entitled to Bach's services. Bach reckoned that the enthusiasm he showed at the "Red Palace" could not be held against him as long as he didn't neglect his duties at the main residence. Duke Wilhelm Ernst, however, didn't care much about Bach's adherence to the letter. Determined to have his way, the autocrat was by no means willing to have his plans thwarted by a court musician.

Bach on the other hand remained unwavering in his loyalty to the "Red Palace", but he did put out feelers. And sure enough: Händel's teacher Friedrich Wilhelm Zachow had died in Halle leaving behind the vacant post of organist at the *Liebfrauenkirche*. Bach applied, took leave, gave a taste of his mastery, was convincing [. . .] but refused to take up the position for the salary offered! For Bach—who was now nearly thirty years old—every previous change of employment had meant an increase in salary; moreover, he now had to support a steadily growing family. But the gentlemen in Halle only shrugged their shoulders indicating that more money was out of the question. As Bach was determined to improve his economic position anyway, he turned to his employer Wilhelm Ernst and asked him for a promotion. And he was successful:

auch noch über ein gesundes Machtbewusstsein und versuchte, seinen 24 Jahre jüngeren Neffen und Mitregenten Ernst August von der Teilhabe an der Macht zu verdrängen. Was über die Bewohner des Roten Schlosses an Drangsalierungen hereinbrach, kann man mit einem heutigem Ausdruck nur als „Mobbing" bezeichnen. Selbstverständlich betrafen die Nadelstiche auch die bisher gemeinsam genutzte Hofkapelle. Wilhelm Ernst verbot den Musikern ebenso kategorisch wie widerrechtlich, weiterhin im Roten Schloss Dienst zu tun.

Darum scherte sich natürlich der selbstbewusste junge Ernst August einen Dreck und pochte auf seinen verbrieften Anspruch auf die gemeinsamen Hofbediensteten. Zwischen Bach und dem musikliebenden Ernst August, der sein Altersgenosse ist und überdies auch selbst ein begabter Musiker, hat sich inzwischen ein nahezu freundschaftliches Verhältnis entwickelt; und Ernst Augusts jüngerer Stiefbruder Johann Ernst, der Erbprinz für die Mitregentschaft, ist ein überaus talentierter Musiker, zu dem Bach engsten Kontakt zu halten wünscht. Es gibt also keine Frage, wie er entscheidet: Pflichterfüllung gegenüber Wilhelm Ernst, doch auch Loyalität gegenüber der mitregierenden Verwandtschaft vom Roten Schloss. Sie hat immerhin ein Anrecht auf seinen Dienst, dass er ihn mit Begeisterung versieht, ist ihm nicht zum Vorwurf zu machen, solange er seine Verpflichtungen im größeren Schloss nicht vernachlässigt. So sieht es Bach; Herzog Wilhelm Ernst kümmert solche Buchstabentreue indes wenig. Fest entschlossen, seinen Willen autokratisch durchzusetzen, ist er nicht bereit, seine Pläne von einem Hofmusicus durchkreuzen zu lassen.

Bach wiederum lässt sich in seiner Treue zum Roten Schloss nicht beirren, streckt allerdings seine Fühler aus.

Bach wiederum lässt sich in seiner Treue zum Roten Schloss nicht beirren, streckt allerdings seine Fühler aus. Und siehe da: In Halle ist Friedrich Wilhelm Zachow, Händels Lehrer, gestorben, seine Stelle als Organist an der Liebfrauenkirche ist neu zu besetzen. Bach bewirbt sich, nimmt Urlaub, spielt vor, überzeugt… und will für das gebotene Gehalt die Stelle nicht antreten. In seinem bald dreißigjährigen Leben hat sich bisher noch jeder Stellungswechsel für ihn ausgezahlt, und jetzt hat er eine stetig wachsende Familie zu versorgen. Die Herrschaften in Halle indes zucken mit den Schultern, mehr ist nicht drin. Da Bach ohnehin entschlossen ist, seine wirtschaftlichen Verhältnisse zu verbessern, wendet er sich an seinen Dienstherrn Wilhelm Ernst und bittet um Beförderung. Die wird ihm gewährt, jetzt ist er Konzertmeister mit gesteigertem Salär und hat überdies noch mit regelmäßigen Kantatenaufträgen für die Gottesdienste ein ersehntes zusätzliches Betätigungsfeld erhalten. Die Hallenser sind düpiert und fühlen sich als Mittel zum Zweck missbraucht. (Kollege Telemann wird es übrigens knapp zehn Jahre später bei der Besetzung des Leipziger Thomaskantorats genauso machen und seine Hamburger Dienstherren mit seinem Interesse für Leipzig als Druckmittel gleich mit zwei Gehaltsaufbesserungen zur Kasse bitten.)

Bachs Situation in Weimar bleibt ungemütlich: Der Lohn steigt, aber die Probleme bleiben, da der Kriegszustand zwischen der Wilhelmsburg und dem Roten Schloss unverändert andauert.

Bach was made *Konzertmeister,* his salary increased. In addition, he was given extra work in the form of regularly commissioned cantatas for the services—something he had long hoped for. Authorities in Halle felt duped and abused as a means to an end. (Incidentally, Bach's colleague Telemann was to refer to the same strategy almost ten years later: when offered the post of cantor at St Thomas' Church in Leipzig, he used this opportunity to fleece his Hamburg employers of their money.)

Bach's situation in Weimar remained uncomfortable: in spite of the increase in salary, problems persisted as the war between the Wilhelmsburg and "Red Palace" residences continued unabated.

Louis Marchand
Zeitgenössischer Kupferstich von Copper engraving (contemporary) by Charles Dupuis nach after Robert, 1720

Ein Wettstreit findet nicht statt

A competition that never took place

Die folgende Anekdote war schon zu Bachs Lebzeiten verbreitet und zeigt, welche Berühmtheit er inzwischen als Orgelvirtuose genoss. Im Herbst 1717 erreicht ihn eine Einladung, vor dem Dresdner Hof in einem Orgelwettstreit gegen Louis Marchand (1669–1732), den einstigen Hoforganisten des französischen Königs und berühmten Orgel- und Clavierspieler, anzutreten. Durch ein angeblich „zügelloses Leben“ und infolge von Hofintrigen hatte Marchand seine Ämter am Versailler Königshof verloren und reiste auf der Suche nach einer neuen Stellung durch die Welt, wobei ihm der Ruf einer phantastischen Tastenfertigkeit vorauseilte. In Dresden hatte er sich vor dem König hören lassen und solche Begeisterung erregt, dass ihm unverzüglich eine mit stattlicher Besoldung versehene Stelle als Hofmusiker angeboten worden war.

Jean-Baptiste Volumier, Konzertmeister des Dresdner Hoforchesters, verfiel auf eine glänzende Idee, welche dem höfischen Alltag eine amüsante Abwechslung zu bieten versprach: Der weltläufige Marchand sollte gegen einen heimischen Musiker ein Wettspiel bestreiten; als Gegner bot sich der Weimarer Hoforganist Bach mit virtuosen Fähigkeiten und ungewöhnlichem Einfallsreichtum geradezu an. Gesagt, getan – Herr Bach kam nach Dresden, erhielt von Volumier Gelegenheit, sich heimlich von der Kunst Marchands einen Eindruck zu verschaffen und verlor darüber keinesfalls die Courage. Ein Billett von Bachs Hand an Marchand enthielt die förmliche Aufforderung zum Duell, diese wurde angenommen.

Die Hofgesellschaft wartete voll Spannung auf das große Ereignis, Bach war bereit und wartete auch. Man wartete vergebens: Marchand war früh am Tage abgereist. Einer denkbaren Blamage hat er die Flucht vorgezogen – ob er ebenso wie Bach von Volumier in ein Versteck gebracht worden war, um dem Kontrahenten heimlich zu lauschen?

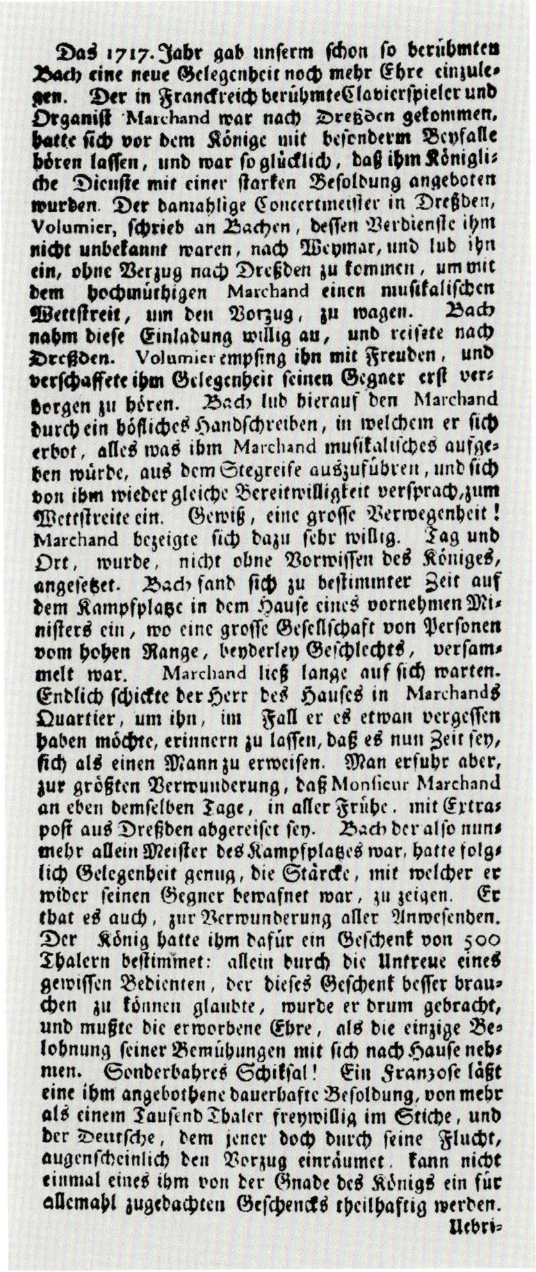

Das 1717. Jahr gab unserm schon so berühmten Bach eine neue Gelegenheit noch mehr Ehre einzulegen. Der in Franckreich berühmte Clavierspieler und Organist Marchand war nach Dreßden gekommen, hatte sich vor dem Könige mit besonderm Beyfalle hören lassen, und war so glücklich, daß ihm Königliche Dienste mit einer starken Besoldung angeboten wurden. Der damahlige Concertmeister in Dreßden, Volumier, schrieb an Bachen, dessen Verdienste ihm nicht unbekannt waren, nach Weymar, und lud ihn ein, ohne Verzug nach Dreßden zu kommen, um mit dem hochmüthigen Marchand einen musikalischen Wettstreit, um den Vorzug, zu wagen. Bach nahm diese Einladung willig an, und reisete nach Dreßden. Volumier empfing ihn mit Freuden, und verschaffete ihm Gelegenheit seinen Gegner erst verborgen zu hören. Bach lud hierauf den Marchand durch ein höfliches Handschreiben, in welchem er sich erbot, alles was ihm Marchand musikalisches aufgeben würde, aus dem Stegreife auszuführen, und sich von ihm wieder gleiche Bereitwilligkeit versprach, zum Wettstreite ein. Gewiß, eine grosse Verwegenheit! Marchand bezeigte sich dazu sehr willig. Tag und Ort, wurde, nicht ohne Vorwissen des Königes, angesetzet. Bach fand sich zu bestimmter Zeit auf dem Kampfplatze in dem Hause eines vornehmen Ministers ein, wo eine grosse Gesellschaft von Personen vom hohen Range, beyderley Geschlechts, versammelt war. Marchand ließ lange auf sich warten. Endlich schickte der Herr des Hauses in Marchands Quartier, um ihn, im Fall er es etwan vergessen haben möchte, erinnern zu lassen, daß es nun Zeit sey, sich als einen Mann zu erweisen. Man erfuhr aber, zur größten Verwunderung, daß Monsieur Marchand an eben demselben Tage, in aller Frühe, mit Extrapost aus Dreßden abgereiset sey. Bach der also nunmehr allein Meister des Kampfplatzes war, hatte folglich Gelegenheit genug, die Stärcke, mit welcher er wider seinen Gegner bewafnet war, zu zeigen. Er that es auch, zur Verwunderung aller Anwesenden. Der König hatte ihm dafür ein Geschenk von 500 Thalern bestimmet: allein durch die Untreue eines gewissen Bedienten, der dieses Geschenk besser brauchen zu können glaubte, wurde er drum gebracht, und mußte die erworbene Ehre, als die einzige Belohnung seiner Bemühungen mit sich nach Hause nehmen. Sonderbahres Schiksal! Ein Franzose läßt eine ihm angebothene dauerhafte Besoldung, von mehr als einem Tausend Thaler freywillig im Stiche, und der Deutsche, dem jener doch durch seine Flucht, augenscheinlich den Vorzug einräumet, kann nicht einmal eines ihm von der Gnade des Königs ein für allemahl zugedachten Geschencks theilhaftig werden. Uebri-

Zeitungsausschnitt: Bericht über den Wettstreit mit Marchand in Bachs Nekrolog, 1754
Newspaper clipping: Report on the competition with Marchand, from Bach's necrology, 1754

Circulated even while Bach was still alive, the following anecdote bears witness to the fame Bach had meanwhile come to enjoy as an organ virtuoso. In autumn 1717, he received an invitation to enter into competition with Louis Marchand (1669–1732), a renowned organ and piano virtuoso and the French King's former court organist. Accused of leading a "dissipated" life, and as a result of some plotting at the court, Marchand had lost his posts at Versailles and was now travelling the world in search of new employment. He was famous for his incredibly nimble-fingered play which, during a performance for the king in Dresden, had been met with such enthusiasm that Marchand was immediately offered a highly paid post as court musician.

It was Jean-Baptiste Volumier, *Konzertmeister* of the Dresden court orchestra, who had come up with the brilliant idea that promised a pleasant distraction from everyday life at the court: the cosmopolitan Marchand was to enter into competition with a local musician! With his great skills and extraordinary imaginativeness, the Weimar court organist Bach was the obvious combatant. No sooner said than done: Bach came to Dresden and was given the opportunity by Volumier to get a secret taste of Marchand's mastery—which by no means caused him to lose heart. A note from Bach addressed to Marchand contained the formal challenge to the duel—which the latter accepted.

The big event was eagerly awaited by the court society. Bach, too, was ready and waiting. But to no avail: Marchand had departed early in the morning, preferring flight to a possible disgrace. Had he too been taken to a hiding place by Volumier to listen in secret to his opponent's playing?

Weimar zum Letzten – Ende im Arrest

Weimar: the last chapter—ending up in detention

In Weimar war die Situation unverändert, Stellungskrieg zwischen der Wilhelmsburg und dem Rotem Schloss. Und nach wie vor gehörte Bach zu den Bediensteten, die den Streit auszubaden hatten. Die Jahre 1715 und 1716 brachten zwei Ereignisse, die aus Bachs Sicht das Fundament seiner Tätigkeit in Weimar irreparabel zerstört haben mögen. Zunächst starb im Alter von nur 19 Jahren Erbprinz Johann Ernst im Roten Schloss, das bedeutete für Bach den herben Verlust eines engen musikalischen Vertrauten. Im Jahr darauf folgte der Tod des Hofkapellmeisters Samuel Drese; für Bach gab es keinen Zweifel, dass er der einzige Musiker am Hof war, der für die Nachfolge die nötigen Fähigkeiten mitbrachte (mehr noch – ihm dürfte unzweifelhaft klar gewesen sein, dass er Samuel Drese weit überlegen war!). Doch Familie Drese hat vorgesorgt, der Sohn Johann Wilhelm, bereits als Vizekapellmeister in Wartestellung, rückt nach und erbt den Posten, für Bach eine herbe Enttäuschung.

Was indessen weder der neue Vorgesetzte noch die herzoglichen Kampfhähne wussten: Als ihr gemeinsamer Hoforganist und Konzertmeister siegreich, doch ohne Kampf vom Orgelwettstreit aus Dresden heimkehrte, bezog er bereits ein Gehalt als Fürstlich Anhaltisch-Köthener Hofkapellmeister. Schon 1716, anlässlich der Hochzeit Herzogs Ernst Augusts, hatten sich Bach und der junge Fürst Leopold von Anhalt-Köthen kennen gelernt und augenblicklich Sympathie füreinander empfunden. Wenn Bach je freundschaftliche Bande mit einem Dienstherrn geknüpft hat, so mit diesem musikbegeisterten Fürsten, der obendrein noch selbst ein ausgezeichneter Musiker war. Hier gab es die Hoffnung, an einen wahren

Nach wie vor gehörte Bach zu den Bediensteten, die den Streit auszubaden hatten.

Positional warfare between Wilhelmsburg and the "Red Palace" still marked the situation in Weimar. Together with the other employees, Bach had to "face the music", as it were. Two events in the years 1715 and 1716 may have irrevocably destroyed the foundations of his employment in Weimar, at least from his personal point of view: the untimely death of the hereditary prince at the "Red Palace"—Johann Ernst only lived to be 19 years old—meant the severe loss of a close musical associate. The following year brought the death of *Hofkapellmeister* Samuel Drese. Bach undoubtedly regarded himself as the only court musician skilled enough to qualify as Drese's successor (in fact, he probably realised that he was way superior to Drese!). But the Drese family had already made provisions: the *Vizekapellmeister* Johann Wilhelm was lying in wait and eventually inherited his father's post—another bitter disappointment for Bach.

Together with the other employees, Bach had to "face the music", as it were.

But there was something neither Bach's new sovereign nor the two fighting cocks were aware of: when their court organist and *Konzertmeister* Bach returned victorious (if uncontested) from the Dresden organ competition he was already receiving a *Hofkapellmeister's* salary from Prince Leopold of Anhalt-Köthen. Bach and the young Prince Leopold had first met in 1716 on the occasion of Duke Ernst August's wedding, having taken an immediate liking to each other. If Bach ever became friends with one of his employers, it was with this prince who was not only a music enthusiast but an excellent musician himself—a fact which, for Bach, gave rise to great hopes concerning his future

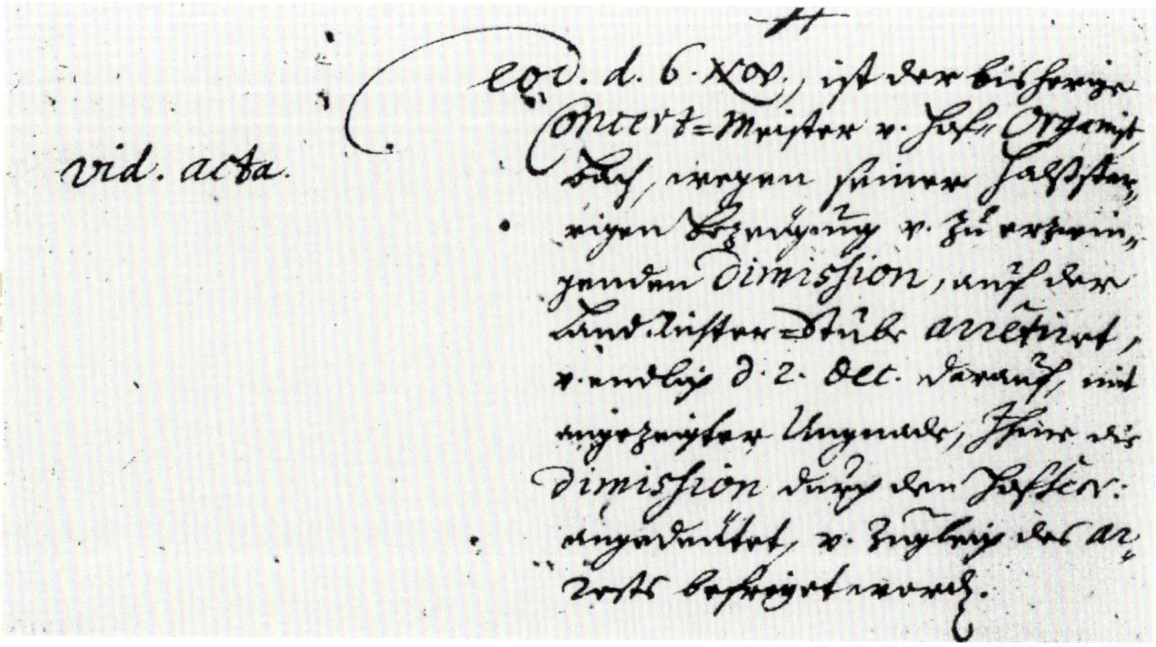
vid. acta.

eod. d. 6. Nov. ist der bisherige Concert-Meister u. Hof-Organist Bach, wegen seiner halsstarrigen Bezeugung u. zu erzwingenden dimission, auf der Land-Richter-Stube arretiret, u. endlich d. 2. Dec. darauf, mit angezeigter Ungnade, Ihme die dimission durch den Hofsecr. angedeutet, u. zugleich des arrests befreyet worden.

Aktennotiz Arrest J. S. Bachs vom 6. 11. bis 2. 12. 1717
Memorandum on J.S. Bach's arrest from 6 November until 2 December 1717

Stadtansicht von View of Köthen („Cöthen")/Anhalt
Kupferstich neukoloriert von Copper engraving, later coloured by Matthäus Merian d. Ä the Elder, 1650

Musenhof zu kommen, und bereits die Anbahnung dieses neuen Dienstverhältnisses zeigt, dass Leopold keinerlei Druck auf den neuen ersten Musikanten seines Hofes auszuüben gedachte: Bach sollte in aller Ruhe seine Bande in Weimar lösen und dann nach Köthen übersiedeln – die Bezahlung indes lief per sofort.

Bach bittet also in Weimar, wo man ihn gerade bei der Besetzung der Hofkapellmeisterstelle übergangen hat, um die Entlassung aus den herzoglichen Diensten. Da hat er allerdings nicht mit Herzog Wilhelm Ernst gerechnet, dem strengen lutherischen Hausvater seiner Landeskinder: Durch seine fürstliche Gnade ist der ehemalige Lakai im Roten Schloss immerhin bis zum Konzertmeister der Hofkapelle aufgerückt. So sieht es der Herzog und ist nicht bereit, seinen besten Musiker ziehen zu lassen, einen jungen Mann von 32 Jahren, dem es an nichts fehlt außer an Demut!

Konzertmeister Bach seinerseits beharrt auf seinem Recht, sein Glück andernorts suchen zu dürfen, und wird ein ums andere Mal beim Herzog vorstellig, bis dieser die Geduld verliert und den halsstarrigen Dienstboten am 6. November 1717 in den Arrest schickt. Damit hat Wilhelm Ernst den Bogen überspannt, und die Diplomatie der deutschen Kleinfürsten muss helfen, schließlich soll Bach am 10. Dezember zum Geburtstag von Fürst Leopold an seinem neuen Posten sein. Die gütliche Einigung wird erzielt und Bach am 2. Dezember „mit angezeigter Ungnade" aus dem Arrest entlassen.

Er ist jetzt frei für die vielleicht glücklichste Stelle seines Lebens. Am Erfolg seines Widerstands scheint Bach keinen Moment gezweifelt zu haben; die vier Wochen des Arrests hat er fleißig zum Komponieren genutzt, unter anderem wahrscheinlich zur Arbeit am ersten Teil seines *Wohltemperierten Klaviers*.

employment at a court more appreciative of art. Even the initiation of this new employment showed how Leopold had absolutely no intention of exerting any pressure on his new First Musician: Bach was paid in advance and given enough time to burn his bridges in Weimar before moving to Köthen.

So Bach tendered his resignation from his services in Weimar where he had just been passed over as a candidate for the post of court *Kapellmeister*. However, he hadn't reckoned with the strict Lutheran Duke Wilhelm Ernst by whose grace Bach, the former "lackey" at the "Red Palace", had been promoted to the rank of *Konzertmeister* of the *Hofkapelle*. This was at least how the Duke saw it: he was not willing to let go of his best musician—a young man of 32 lacking in nothing except humility!

Bach on the other hand insisted on his right to try his luck elsewhere, calling on the duke time after time. Eventually, Wilhelm Ernst lost his patience and had his recalcitrant servant arrested on 6 November 1717. This was going too far! What was required now was diplomacy on the part of the two small German states. After all, Bach was expected to take up his new post in time for Duke Leopold's birthday on 10 December. Eventually, an amicable agreement was reached: on 2 December, Bach was released from detention, having officially fallen "in disfavour".

He was now finally free to take up what was perhaps the most fortunate employment of his life. It appears that Bach never had the slightest doubts about the successful outcome of his resistance as he made good use of the four weeks under arrest composing, among other things, the first part of *The Well-Tempered Clavier.*

Köthen
Köthen

Leopold von Anhalt-Köthen (1694–1728) war ein liebenswürdiger und der Kunst zugewandter Regent. Er herrschte über ein kleines, unter den Staaten des Heiligen Römischen Reiches Deutscher Nation noch junges Fürstentum: 1603 war es aus einer Abspaltung des ehemaligen Herzogtums Anhalt hervorgegangen. Mit der Position des Hofkapellmeisters hatte Bach im Alter von 32 Jahren den höchsten Dienstrang erobert, den ein Musiker seiner Zeit beruflich erreichen konnte. Kleine Staaten wie Anhalt-Köthen, die von einem kulturbeflissenen Souverän regiert wurden, trugen zum Reichtum der deutschen Kulturlandschaft bei, die bis zum heutigen Tag durch eine Vielzahl von Zentren der Musik, des Theaters und der Bildung geprägt ist. Deutschland und Italien stehen mit ihren mannigfaltigen Kulturzentren, die einander in substantiellem Austausch befruchten und sich in lebendigem Wettstreit vervollkommnen können, einzig unter den europäischen Nationen da. Auch Bachs schwieriger Weimarer Dienstherr Wilhelm Ernst hat sich, wie bereits geschildert, um die Zukunft seines Herzogtums als Musentempel der deutschen Klassik verdient gemacht.

Bis zur Volljährigkeit Fürst Leopolds im Jahr 1715 wurde Anhalt-Köthen von seiner Mutter Gisela Agnes, Witwe des 1703 verstorbenen Emanuel Leberecht, regiert. Der junge Fürst gehörte dem calvinistischen Bekenntnis an, seine Mutter war allerdings überzeugte Lutheranerin. Gegensätze, die heute marginal erscheinen, jedoch damals durchaus eine wichtige Rolle spielten. Bach hätte als Kirchenmusiker in Köthen bestenfalls in der lutherischen Kirche des Ortes tätig werden können, was die für ihre Konfession energisch eintretende Gisela Agnes auch zweifellos von ihm erwartete. Sie wurde indes enttäuscht: Bach schloss sich der Devise des jungen Landesherrn an, „dass die Glückseligkeit seines Volkes davon abhänge, dass man ihm Gewissensfreiheit gewähre“, und hielt sich völlig aus den von der Fürstenmutter geschürten innerevangelischen Grabenkämpfen heraus. Das ist durchaus als Zeichen dafür zu werten, dass der in seinem persönlichen Glauben fest der lutherischen Tradition verbundene Bach sich aus theologischen Kontroversen herauszuhalten pflegte und folglich als Säulenheiliger glaubensfester lutherischer Bekenntnisfreudigkeit nicht zu missbrauchen ist, wie es besonders bei der deutschtümelnden Traditionspflege des 19. und 20. Jahrhunderts gang und gäbe war.

Bach gebot in Köthen über eine Hofkapelle von 18 Mitgliedern. Ihr gehörten einige ausgezeichnete Musiker an, die aus Berlin in die anhaltinische Provinz gekommen waren. König Friedrich Wilhelm I. hatte im Zuge dringend erforderlicher Sparmaßnahmen 1713 die Hofkapelle seines Vaters, des ersten preußischen Königs Friedrich I., aufgelöst. Fürst Leopold, selbst ein brillanter Gambist, musizierte vor allem bei der Kammermusik gemeinsam mit seiner Hofkapelle. Leopolds kulturelle Interessen reichten weit, er hielt intensiven Kontakt zu den nahe gelegenen Universitätsstädten Halle und Leipzig. Die Verbindung zwischen Bach und seinem Souverän war eng und ging über ein Dienstverhältnis zwischen Fürst und Hofmusiker weit hinaus; man kann hier durchaus von Freundschaft sprechen. Die Jahre bis 1720 gehören zu Bachs schöpferisch produktivsten; manche der vielfältigen Instrumentalkompositionen – Musik für Orchester, Instrumentalkonzerte und Kammermusik, die Bach für den Fürstenhof von Köthen schrieb – sind leider verloren gegangen.

Leopold of Anhalt-Köthen (1694–1728) was an amiable ruler appreciative of art. He reigned over a small principality which—having emerged by separation from the former dukedom of Anhalt in 1603—was relatively young compared to other states of the Roman German Empire. When Bach was appointed to the post of *Hofkapellmeister* at the age of 32 he had attained the highest rank a musician of his time could possibly achieve. Smaller states such as Anhalt-Köthen, if ruled by an art-loving sovereign, have contributed to the diversity of the cultural landscape of Germany. To this day, the country has been marked by a great number of centres for music, theatre and education. In Europe, both Germany and Italy have been unrivalled in the diversity of their cultural centres which enabled them to inspire each other and perfect themselves through substantial exchange and lively competition. Thus, even Wilhelm Ernst, Bach's difficult employer in Weimar, rendered outstanding services to the future heyday of his dukedom during the classical period.

Until Prince Leopold's coming of age in 1714, Anhalt-Köthen was ruled by his mother Gisela Agnes, widow of Emanuel Leberecht who had deceased in 1703. The young prince was of Calvinist denomination, his mother a convinced Lutheran. While such a difference may nowadays seem marginal it was an important factor at the time. The only employment Bach could have found as a church musician in Köthen would have been at the local Lutheran church—which was what the fervently religious Gisela Agnes no doubt expected him to do. But Bach let her down: he followed the young sovereign's motto according to which "the happiness of his people was dependent upon the amount of freedom of consciousness granted them". Accordingly, he kept out of this inner-Protestant trench warfare fuelled by the princess mother. This may well be taken as an indication of the fact that Bach, although deeply rooted in the Lutheran tradition, deliberately kept out of all theological controversies. This strategy made him quite immune against being abused as a Protestant role model by unwavering Lutherans—in fact a common practice among hyper-German traditionalists of the 19th and 20th centuries.

In Köthen, Bach had at his command a court orchestra consisting of 18 members, among them several outstanding musicians who had come to the provinces of Anhalt from Berlin where, in the course of imperative economy measures, King Frederick William I of Prussia had dissolved his father's *Hofkapelle* in 1713. Prince Leopold, himself an expert on the viola da gamba, joined his *Hofkapelle* mainly for chamber music performances. He had a wide range of cultural interests and was in close touch with the nearby universities of Halle and Leipzig. The relationship between Bach and his sovereign was quite close, too. It certainly went far beyond a mere professional relationship between servant and prince, thus warranting the name friendship. The years until 1720 count among Bach's most productive periods. Unfortunately, some of his diverse instrumental compositions—music written for orchestra, concertos, and chamber music composed for the court at Köthen—are lost.

Johann Sebastian Bach „Violinsonate Violin sonata“ (BWV 1001), Beginn 2. Satz (1. Seite) beginning 2nd movement (1st page)
Partiturautograph Score autograph

Schloss Köthen, Residenz der Herzöge von Anhalt-Köthen nach dem Brand in 1547 **Köthen Palace, residence of the Dukes of Anhalt-Köthen after the fire in 1547** **(Wiederaufbau reconstructed 1597–1606)**
Kupferstich (koloriert) von Copper engraving (coloured) by Matthäus Merian, um c. 1650

Friederike Henriette, Fürstin von Anhalt-Köthen,
geb. Prinzessin von Anhalt-Bernburg Princess of Anhalt-Köthen,
born Princess of Anhalt-Bernburg, (1702–1723)
Bach bezeichnete die mit Leopold verheiratete Fürstin als „Amusa"
Bach called Leopold's wife, the princess, a "amusa"
Kupferstich von Copper engraving by Martin Bernigeroth (1670–1733)

Fürsten und Diener
Princes and servants

In einem Brief bezeichnete Bach seinen Köthener Dienstherrn als einen „gnädigen, die Musik sowohl liebenden wie kennenden Fürsten". Fürst Leopold war ein Musterbeispiel jenes Regenten eines deutschen Kleinstaats, der genau wusste, dass er den Regenten der großen Herrschaftsgebiete des Heiligen Römischen Reiches Deutscher Nation nur auf dem Gebiet der Kultur Paroli bieten konnte – wenn er sie als kunstverständiger Förderer darin nicht sogar noch übertraf. Der Weimarer Herzog Wilhelm Ernst und Fürst Leopold von Anhalt-Köthen sind zwei durchaus gegensätzliche Beispiele dafür, wie in Deutschland gerade die kleinen Länder den Reichtum und die Eigenart der deutschen Kultur geprägt haben und bis heute prägen. Wilhelm Ernst von Sachsen-Weimar schuf als gestrenger Landesvater die Voraussetzungen für die spätere überragende kulturelle Bedeutung seines kleinen Herzogtums. 1662 geboren, hätte er Bachs Vater sein können; und er hielt auf Würde und achtete darauf, dass die Grenze zwischen Herrscher und Untergebenem stets gewahrt blieb. Fürst Leopold hingegen war selbst ein begabter Musiker und als neun Jahre Jüngerer ein Generationsgenosse seines Hofkapellmeisters.

Hoheitliche Distanz einerseits und künstlerisches Einverständnis andererseits kennzeichnen den Unterschied im Verhältnis Bachs zu seinen beiden fürstlichen Dienstherren, unbeschadet der Tatsache, dass die Erfüllung seiner Dienstpflichten natürlich auch in Köthen den beruflichen Einsatz bestimmte; doch hier konnte er sich in seinen musikalischen Zielen verstanden fühlen. Leopold war der Kammermusik besonders zugetan und beteiligte sich häufig genug als Gambist am Spiel seiner Hofmusiker. Obwohl die Zeit persönlicher Beziehungen zwischen Fürsten und Untergebenen wie der zwischen Goethe und seinem Herzog Carl August noch in weiter Zukunft liegt, könnte man durchaus von einer Freundschaft zwischen Bach und seinem Fürsten Leopold sprechen.

Hoheitliche Distanz einerseits und künstlerisches Einverständnis andererseits kennzeichnen den Unterschied im Verhältnis Bachs zu seinen beiden fürstlichen Dienstherren.

In a letter, Bach referred to his employer and sovereign as a "gracious prince who both loves and knows about music". Prince Leopold was a classic example of those German rulers of smaller states who were perfectly aware of the fact that culture was really the only sphere in which they could keep up with—or, in Leopold's case, even surpass— the rulers of the Roman German Empire's larger territories. In fact, Wilhelm Ernst Duke of Weimar and Prince Leopold of Anhalt-Köthen represent two quite contrasting examples of how German culture in all its diversity and uniqueness was—and has been to the present day—marked particularly by rulers of smaller territories. It was the strict sovereign Wilhelm Ernst of Saxe-Weimar who had laid the foundations for the cultural importance his small duchy was later to gain. Born in 1662, he could well have been Bach's father. Attaching great importance to tradition, he saw to it that the line between the sovereign and his subjects was preserved at all times. Prince Leopold on the other hand was himself a talented musician. Nine years younger than the Duke of Saxe-Weimar, he belonged rather to his *Hofkapellmeister's* generation.

Bach's relations with his respective sovereigns were characterised by royal distance on the one hand and artistic understanding on the other. Of course, the fulfilment of his duties had priority even in Köthen. But here Bach felt that his musical endeavours were met with sympathy. Leopold was particularly fond of chamber music and often joined his court musicians with his viola da gamba. In anticipation of the future connection between Goethe and "his" Duke Carl August one could almost speak of a personal friendship between Bach and his sovereign.

Bach's relations with his respective sovereigns were characterised by royal distance on the one hand and artistic understanding on the other.

Leopold, Fürst von Prince of Anhalt-Köthen
Gemälde (Künstler unbekannt), undatiert Painting by anonymous, undated

Brandenburgische Konzerte

The Brandenburg Concertos

Eine der sorgfältigsten Partitur-Reinschriften von Bachs Hand stellen die Brandenburgischen Konzerte BWV 1046–1051 dar, die er unter dem Titel *Six Concerts avec plusieurs Instruments* (Sechs Konzerte mit mehreren Instrumenten) am 14. März 1721 dem Markgrafen Christian Ludwig von Brandenburg, einem Halbbruder des preußischen Königs Friedrichs I., schickte. Der Markgraf unterhielt eine eigene kleine Hofkapelle – und Bach bot sich in dem Widmungsschreiben, das die Sendung begleitete, dem kunstsinnigen Hohenzollern als Komponist an.

Bach hatte – während er sich Anfang 1719 in Berlin aufhielt, um ein Cembalo für die heimische Hofkapelle bei dem berühmten Instrumentenbauer Michael Mietke anzukaufen – vor Markgraf Christian Ludwig musiziert, hatte Bewunderung erregt und war aufgefordert worden, „einige Stücke seiner Komposition zu übersenden". Es war nun nicht möglich, einfach in den Köthener Notenschrank zu greifen und einige Konzerte zusammenzustellen; Musik, die Bach hier als Hofkapellmeister komponierte, gehörte auch dem Fürsten Leopold und war nicht mehr frei verfügbar.

Überdies scheint Bachs Ehrgeiz geweckt worden zu sein, in einer repräsentativen Sammlung alle Facetten seiner Kompositionskunst für Orchester vorzuführen. Also nahm er teils Stücke der Weimarer Zeit, teils schrieb er neue Musik und vereinte so sechs Konzerte zu einem Kaleidoskop aller denkbaren Möglichkeiten der Orchestermusik in überaus phantasievollen Instrumentierungen. Formal folgt Bach hierbei entweder der älteren Form des doppelchörigen Konzerts mit etwa gleich groß besetzten Orchestergruppen (Konzerte Nr. 1, 3 und 6), oder er verwendet (in den Konzerten 2, 4 und 5) das *Concerto grosso,* in dem einer kleineren Sologruppe, dem *Concertino,* die Streichergruppe des *Concerto grosso* gegenübersteht.

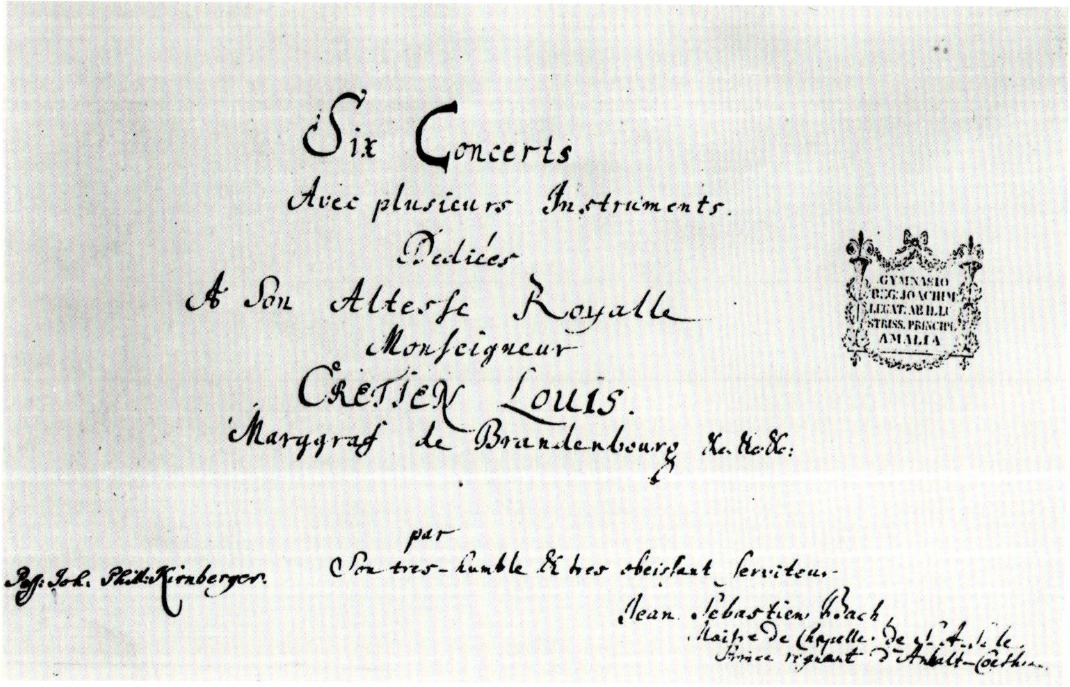

Titelblatt des zweiten Brandenburgischen Konzertes (BWV 1046) mit Widmung an den Markgrafen Christian Ludwig von Brandenburg **Cover of the original manuscript of the Brandenburg Concertos (BWV 1046) with dedication to Margrave Christian Ludwig of Brandenburg**

The score of the Brandenburg Concertos BWV 1046–1051 is one of the finest fair copies from Bach's own hand. On 14 March 1721, Bach sent it to Margrave Christian Ludwig of Brandenburg under the title of *Six Concerts avec plusieurs instruments* (Six Concerts With Several Instruments). A half-brother of the Prussian King Frederick I, Christian Ludwig kept his own small *Hofkapelle.* Attached to the score was a personal dedication to the art-loving member of the Hohenzollern family whom Bach offered his services as a composer.

Bach had first performed for Margrave Christian Ludwig during his stay in Berlin in early 1719 where he was to purchase a harpsichord for the Köthen court orchestra from the famous instrument maker Michael Mietke. Having compelled the margrave's admiration, Bach was requested to "send a few pieces of his composition". However, it was no longer possible for Bach to assemble a few concertos by simply helping himself to some of his works from the music cabinet at home. All music Bach composed in Köthen was Prince Leopold's property and thus no longer at the *Hofkapellmeister's* free disposal.

Apparently, Bach's ambition was spurred: He seemed keen on presenting all the facets of his composition skills for orchestra in a representative collection. So he chose several pieces he had written in Weimar and composed some new music, thus assembling a kaleidoscope of six most imaginative concertos while extensively exhausting the potential of orchestral music. Musicologically speaking, Bach adhered either to the older form of the *concerto a due cori* with two orchestra groups of more or less the same size (in concertos 1, 3, and 6), or he used the *concerto grosso,* juxtaposing a smaller group of solo instruments known as the *concertino* with the string instruments of the *concerto grosso* (in concertos 2, 4, and 5).

Christian Ludwig, Markgraf von Margrave of Brandenburg-Schwedt
Gemälde von Painting by Antoine Pesne, 1730

Bachdenkmal Bach memorial **in Köthen**

Der systematische Komponist

The systematic composer

Das vertrauensvolle Verhältnis zwischen Leopold von Anhalt-Köthen und seinem Hofkapellmeister Bach erwies sich als überaus fruchtbar: Die Jahre im Dienst dieses Fürsten bildeten besonders für solche Projekte den idealen Nährboden, die von Bachs Vorliebe für eine systematische Gestaltung seiner musikalischen Ideen zeugen. In Sammlungen wie den Brandenburgischen Konzerten bietet Bach mehr als musikalische Vielfalt, er schreitet in diesen sechs Orchesterwerken gewissermaßen das Terrain einer Gattung ab.

Schon als der junge Johann Sebastian die verbotenen Noten durch das Schrankgitter klaubte, zeigte er ein ausgeprägtes Interesse für die systematische, wissenschaftliche Seite seines Berufes. So machte er sich mit der Tradition bis zurück zu Palestrina ebenso vertraut wie mit dem Wirken der Zeitgenossen. Für die vulkanische Kreativität des venezianischen Kollegen Vivaldi konnte er sich durchaus begeistern, und er studierte dessen Werke, die damals modernste Musik waren, gründlich, wie die Transkriptionen für Cembalo und Orgel von Concerti des *prete rosso* belegen.

Die systematische Durchdringung in der Komposition seiner musikalischen Einfälle durchzieht das gesamte schöpferische Leben Johann Sebastian Bachs. Vom Frühwerk bis in die späten Jahre – vom Orgelbüchlein über das Wohltemperierte Klavier, die Brandenburgischen Konzerte, die Sonaten und Partiten für Violine solo, die Suiten für Violoncello solo und die sorgfältig durchkonstruierten Kantatenjahrgänge der Leipziger Zeit, die großen Passionen, den Dritten Teil der Clavierübung, die Messe in h-Moll, das Musikalische Opfer bis zur Kunst der Fuge: Bach zeichnet sich vor seinen Zeitgenossen vor allem auch dadurch aus, dass er sein kompositorisches Handwerk als Möglichkeit zur Darstellung von Zusammenhängen in einer Vielzahl äußerst abwechslungsreicher, jedoch nie beliebiger musikalischer Erscheinungsformen angesehen hat.

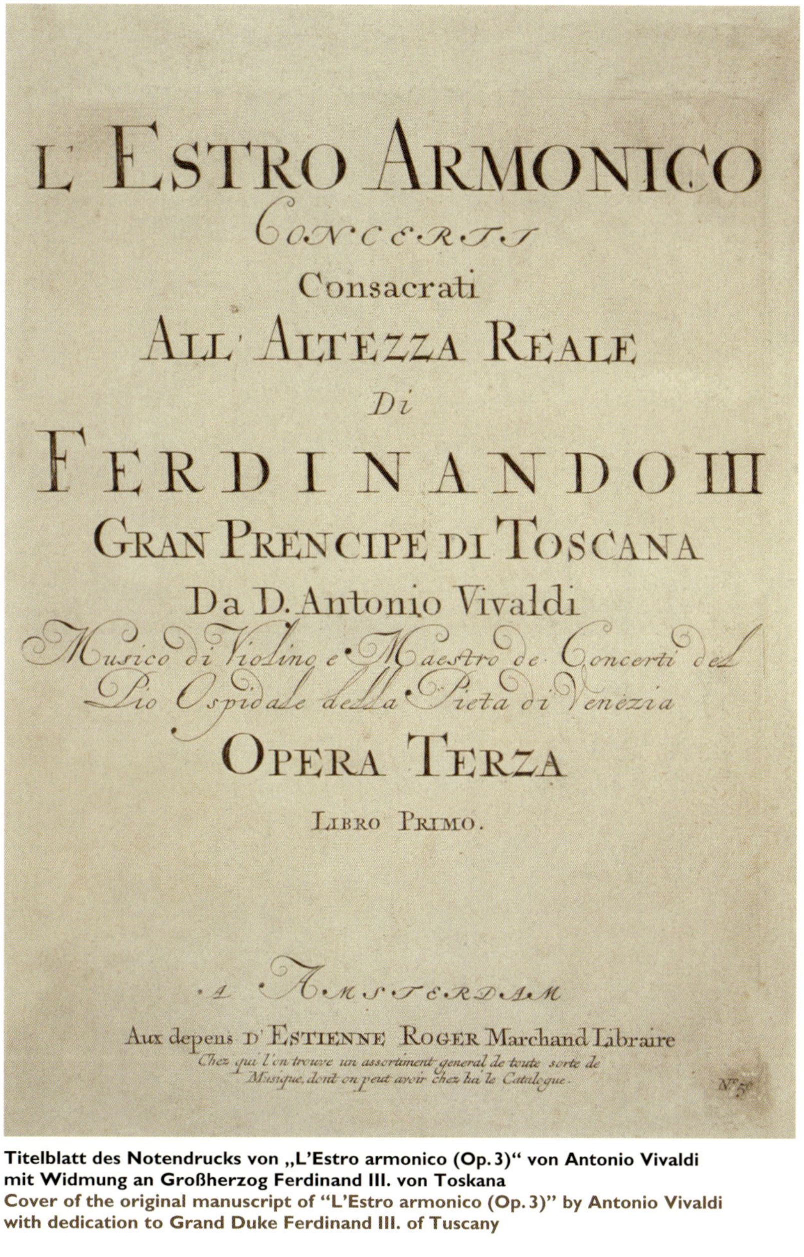
L' ESTRO ARMONICO
CONCERTI
Consacrati
ALL' ALTEZZA REALE
Di
FERDINANDO III
GRAN PRENCIPE DI TOSCANA
Da D. Antonio Vivaldi
Musico di Violino e Maestro de' Concerti del
Pio Ospidale della Pietà di Venezia
OPERA TERZA
LIBRO PRIMO.
A AMSTERDAM
Aux depens D'ESTIENNE ROGER Marchand Libraire
Chez qui l'on trouve un assortiment general de toute sorte de
Musique, dont on peut avoir chez lui le Catalogue.

Titelblatt des Notendrucks von „L'Estro armonico (Op. 3)" von Antonio Vivaldi mit Widmung an Großherzog Ferdinand III. von Toskana
Cover of the original manuscript of "L'Estro armonico (Op. 3)" by Antonio Vivaldi with dedication to Grand Duke Ferdinand III. of Tuscany

The relationship of personal trust between Leopold of Anhalt-Köthen and his *Hofkapellmeister* proved extremely fruitful. Bach's employment at the prince's court provided an ideal background particularly for those projects that bear witness to Bach's fondness of a systematic structuring of his creative output. In collections such as the Brandenburg Concertos, Bach has more to offer than diversity; in fact, he is pacing out, as it were, the terrain of an entire genre.

Already at an early age, Bach had shown a lively interest for the systematic, "scientific" aspects of his profession when he stole the forbidden music from behind the grilled cabin doors. He familiarised himself with the musical tradition ranging from Palestrina to the works of his contemporaries. He was enthusiastic about the volcanic creativity of his Venetian colleague Vivaldi: Bach's harpsichord and organ arrangements of concertos of the *prete rosso* show how thoroughly he must have studied Vivaldi's works which ranged among the most modern music at the time.

Johann Sebastian Bach's entire creative life is marked by a distinct sense of systematic exploration operating whenever he set his ideas to music. From his earliest work to his late years, from *Das Orgelbüchlein* and *The Well-Tempered Clavier,* the *Brandenburg Concertos,* the sonatas and partitas for solo violin, the suites for solo violoncello and the meticulously constructed cantatas of the Leipzig period, the great passions, the third part of the *Clavierübung* and the *Mass in B-minor* to *The Musical Offering* and *The Art of Fugue:* what makes Bach stand out from his contemporaries is the fact that he saw in his compositional craftsmanship an opportunity to explore the interrelations between a wealth of stunningly varied, yet never arbitrary, manifestations of music.

Von Köthen nach Hamburg?
From Köthen to Hamburg?

Die Jahre in Weimar und Köthen waren nicht nur eine Zeit intensiver beruflicher Entwicklung, sie sind auch gekennzeichnet durch ein glückliches Leben in der stetig wachsenden Familie. Die älteste Tochter Catharina Dorothea war 1708 kurz nach der Ankunft in Weimar zur Welt gekommen, 1710 folgte Wilhelm Friedemann, 1713 ein Zwillingspaar, das nicht lange zu leben hat. Die Weimarer Zeit sah noch die Geburt zweier weiterer Söhne: 1714 Carl Philipp Emanuel, 1715 Johann Gottfried Bernhard. Während der Köthener Jahre beginnt Bach die Unterweisung der Kinder, besonders der Unterricht für Wilhelm Friedemann ist dokumentarisch bezeugt durch ein *Clavierbüchlein,* das für den ältesten Sohn angelegt wurde und das wiederum von dem systematischen Ansatz Johann Sebastians zeugt, der auch seine pädagogische Tätigkeit durchzieht. Schaffensfreude, Wohlstand dank eines großzügigen Gehalts und persönliche Erfüllung machen die Jahre im Dienst seines fürstlichen Gönners vielleicht zur glücklichsten Zeit in Bachs Leben.

Not only were the Weimar years a period of professional advancement; they were equally marked by private happiness and additions to the Bach family: the oldest daughter, Catharina Dorothea, had been born in 1708 shortly after Bach's arrival in Weimar. In 1710, Wilhelm Friedemann saw the light of day, followed by twins in 1713 who died soon afterwards. Yet, two more sons were to follow soon: Carl Philipp Emanuel was born in 1714, Johann Gottfried Bernhard in the following year. Bach had first started the musical education of his children during his time in Köthen documenting the instruction of his oldest son Wilhelm Friedemann in a *Clavierbüchlein* [little clavier book]. These notes show that Bach's systematic approach pervaded even his pedagogic methods. Filled with creative zest, personal fulfilment and prosperity thanks to a generous salary, the years in Prince Leopold's services may well have counted among the happiest of Bach's entire life.

Stadtansicht von View of Karlsbad (Tschechien Czech Republic). Ansicht von der Anhöhe des Hirschsteins aus View from Hirschstein Hill
Kupferstich von Copper engraving by Caspar Merian, 1650

Fürst Leopold ließ sich auf Reisen gern von Musikern seiner Hofkapelle begleiten: So brauchte er auch fern seiner Residenz auf die Freuden des Musizierens nicht zu verzichten und präsentierte in der Fremde überdies noch ein Juwel seiner Hofhaltung, um das ihn mancher fürstliche Kollege beneiden konnte. 1720 begleitete Bach seinen Fürsten zu einem Badeaufenthalt nach Karlsbad. Bei der Rückkehr von dieser Reise ereilte ihn ein schwerer Schicksalsschlag: Seine Frau Maria Barbara war während seiner Abwesenheit gestorben und inzwischen auch begraben worden. Der 1754 veröffentlichte *Nekrolog*, verfasst vom Sohn Carl Philipp Emanuel gemeinsam mit dem Bachschüler Johann Friedrich Agricola, berichtet von diesem Wendepunkt im Leben J. S. Bachs folgendermaßen: *Nachdem er mit dieser seiner ersten Ehefrau 13 Jahre eine vergnügte Ehe geführet hatte, widerfuhr ihm in Cöthen, im Jahre 1720, der empfindliche Schmerz, dieselbe, bei seiner Rückkunft von einer Reise mit seinem Fürsten nach dem Carlsbade, tot und begraben zu finden; ungeachtet er sie bei der Abreise gesund und frisch verlassen hatte.*

Es war möglicherweise auch der Wunsch, nach dem Verlust seiner Ehefrau dem Ort des gemeinsamen Glücks den Rücken zu kehren, der Bach im Herbst 1720 nach Hamburg führte, wo die Stelle des Organisten an der Jacobikirche zu besetzen war. Erneut liefert der Nekrolog eine farbige Schilderung: *Während dieser Zeit ... tat er eine Reise nach Hamburg und ließ sich daselbst vor dem Magistrate und vielen anderen Vornehmen der Stadt auf der schönen Catharinenkirchenorgel mit allgemeiner Verwunderung mehr als zwei Stunden lang hören.*

On his travels, Prince Leopold liked to be accompanied by his musicians so that he was able to enjoy the pleasures of music playing even when away from his residence. Incidentally, he took great pride in showing off a gem of his court which no doubt many a royal colleague of his envied him for. In 1720, Bach accompanied his employer on a trip to the spa of Karlovy Vary. Upon his return, he was struck by a great misfortune: his wife Maria Barbara had deceased (and been buried) during his absence. A *necrology* written by their son Carl Philip Emanuel in cooperation with the Bach pupil Johann Friedrich Agricola—published not until 1754—has the story of this turning point in J. S. Bach's life as follows: *Upon his return to Cöthen from a trip with the Prince to Karlsbad in 1720, and after 13 years of leading a happily married life with his first wife he was afflicted by the severe pain of finding the latter dead and buried in spite of having left her hale and hearty.*

Bach's move to Hamburg in the autumn of 1720 may have been triggered by the fact that the widower wished to turn his back on Köthen, the place where he and his wife had shared a happy past. In Hamburg, the organist's post at St Jacobi Church was vacant. Again, the necrology has more vivid details: *During that time [. . .] he went on a journey to Hamburg to play on the fine organ of St Catherine's Church for the magistrate and many other high-ranking people, performing, much to everybody's astonishment, for more than two hours. Johann Adam Reincken, the aged organist of this church, at that time nearly*

Prospekt der Arp-Schnitger-Orgel in der St. Jacobi-Kirche in Hamburg
Prospect of the Arp-Schnitger-organ at St Jacobi Church in Hamburg

Johann Adam Reincken (1623?/43?–1722)
Zeitgenössischer Kupferstich (Künstler unbekannt)
Copper engraving (contemporary), anonymous, 1670

Erdmann Neumeister
Gemälde von Painting by Nicolaus Georg Geve, 1757

Der alte Organist dieser Kirche, Johann Adam Reincken, der damals beinahe hundert Jahre alt war, hörte ihm mit besonderen Vergnügen zu und machte ihm, absonderlich über den Choral An den Wasserflüssen Babylon, welchen unser Bach auf Verlangen der Anwesenden, aus dem Stegreife, sehr weitläufig, fast eine halbe Stunde lang, auf verschiedene Art, so wie es ehedem die braven unter den Hamburgischen Organisten in den Sonnabendsvespern gewohnt gewesen waren, ausführte, folgendes Kompliment: „Ich dachte, diese Kunst wäre gestorben, ich sehe aber, dass sie in Ihnen noch lebet." Es war dieser Ausspruch von Reincken desto unerwarteter, weil er vor vielen Jahren diesen Choral selbst auf die oben gemeldete Weise gesetzet hatte. ... Reincken nötigte ihn hierauf zu sich und erwies ihm viel Höflichkeit.

Das Konzert in der Katharinenkirche war ein Auftritt außerhalb der Konkurrenz gewesen, das eigentliche Wettspiel unter den acht Bewerbern für die Organistenstelle an St. Jacobi fand am 28. November statt. Bach konnte daran nicht teilnehmen, da er rechtzeitig zur Vorbereitung der Geburtstagsfeierlichkeiten für Fürst Leopold Anfang Dezember in Köthen zurückerwartet wurde.

Obwohl Bach am offiziellen Wettbewerb nicht teilgenommen hatte, wurde die Stelle für ihn freigehalten, und als am 12. Dezember immer noch keine Antwort aus Köthen eingegangen war, wurde ein zweites Mal zugewartet. Schließlich sagte Bach brieflich ab. So erhielt ein Organist namens Johann Joachim Heitmann die Stelle, der „besser mit Thalern als mit Fingern präludieren konnte", wie der Hamburger Musiker und Schriftsteller Johann Mattheson maliziös vermerkte. Tatsächlich – einer Hamburger (Un-)Sitte folgend hatte Heitmann sein Amt mit der Zahlung von 4.000 Mark in die Kirchenkasse erworben, damals eine beträchtliche Summe, die Herr Bach keinesfalls hätte aufbringen können.

„Ich dachte, diese Kunst wäre gestorben, ich sehe aber, dass sie in Ihnen noch lebet."

So hatte hier der Kommerz über die Kunst gesiegt, sehr zum Missvergnügen einiger Hamburger wie auch des Hauptpastors an St. Jacobi, Erdmann Neumeister, dessen Porträt noch heute in der Kirche zu sehen ist. Mattheson berichtet über die Weihnachtspredigt, die der geistliche Herr 1720 hielt: *Er glaube ganz gewiss, wenn auch einer von den Bethlehemitischen Engeln vom Himmel käme, der göttlich spielte, und wollte Organist zu St. Jacobi werden, hätte aber kein Geld, so möchte er nur wieder davonfliegen.*

Das Zuwarten der für die Bestallung des Jacobiorganisten zuständigen Behörden und Neumeisters Zornespredigt beweisen: Für die Hamburger war Bach keinesfalls zweite Wahl. Die Leipziger, die sich zwei Jahre später zur Besetzung des Thomaskantorats intensiv um Telemann und andere Kollegen, die damals sehr in Mode waren, kümmern sollten, haben Bach schließlich mit einem gewissen Widerwillen gewählt. Doch das dürfte weniger mit seinen unbestreitbaren musikalischen Fähigkeiten zu tun gehabt haben als mit dem Ruf eines schwer zu steuernden Untergebenen, der Bach besonders in seiner Heimatregion vorausgeeilt sein dürfte.

one hundred years old, listened to his playing with special pleasure. When upon the demand of those present, our Bach played the chorale An den Wasserflüssen Babylon [By the Rivers of Babylon] off the cuff, in a very rambling fashion for nearly half an hour and in such different manners as the upright among the Hamburg organists had done during Saturday vespers, Reincken paid him the following compliment: "I thought this art had died out, but now I see it is still alive in you". This comment from Reincken came all the more unexpected as he himself had arranged this very chorale in the above-mentioned fashion many years before. [. . .] Upon which Reincken urged him to see him, treating him with great courteousness.

The concert in St Catherine's Church had been a performance *hors concurrence*. The actual competition of the eight candidates for the organist's post at St Jacobi Church took place on 28 November. Bach was unable to participate as he was expected back in Köthen in time for Prince Leopold's birthday celebrations in early December.

Despite the fact that Bach hadn't participated in the official competition the post was kept vacant for him. When by 12 December there was still no word from Köthen, patience was exercised one more time. Finally, Bach sent a letter and declined. Thus, the post was awarded to an organist by the name of Johann Joachim Heitmann—a man who "played better with thalers than with his fingers" as the Hamburg musician and writer Johann Mattheson maliciously remarked. And rightly so: according to a common, if regrettable, practice of the time, Johann Joachim Heitmann had bought his new post by donating 4,000 marks to the church—a sum which Herr Bach could never have afforded.

Mammon had won over art, much to the disgruntlement of several Hamburg citizens including St Jacobi's parish priest Erdmann Neumeister whose portrait can still be seen in the church today. Mattheson comments on a Christmas sermon held by Neumeister in 1720: *"He firmly believed that even if one of Bethlehem's angels were to descend from the Heavens and play in the most divine fashion to apply for the organist's post at St Jacobi, he would have to take wing again if he didn't have enough money".*

Both the patience exercised by the authorities responsible for the employment of St Jacobi's new organist as well as Neumeister's wrathful sermon prove one thing: Bach was by no means regarded as second quality. He was eventually, if somewhat reluctantly, appointed *Thomaskantor* by the Leipzig decision makers who had first courted composers such as Telemann and other colleagues all very much en vogue at that time. Surely, their reluctance had little to do with Bach's skills; it was most probably prompted by the fact that, especially in his home region, Bach was reputed to be a somewhat difficult subject with a mind of his own.

"I thought this art had died out, but now I see it is still alive in you."

Von Köthen nach Leipzig

From Köthen to Leipzig

Wie groß Bachs Trauer auch immer gewesen sein mag, der Sitte der Zeit entsprechend verheiratete sich Johann Sebastian bald wieder. Die Braut war Anna Magdalena Wilcke, Tochter eines weißenfelsischen Hoftrompeters. Zu dem kleinen herzoglichen Hof von Sachsen-Weißenfels stand Bach seit langem in Beziehung, überdies war Anna Magdalena zur Zeit der Eheschließung am Köthener Hof als Sängerin engagiert. Bachs zweite Ehe ist über nahezu dreißig Jahre lang eine glückliche Verbindung gewesen. Die vier als Komponisten hervorgetretenen Söhne verteilen sich gerecht über beide Ehen: Wilhelm Friedemanns und Carl Philipp Emanuels Mutter war Maria Barbara, Johann Christoph Friedrich und Johann Christian waren Kinder von Anna Magdalena Bach. Die neue Frau Bach behält zunächst ihren

According to the custom of the time, Johann Sebastian soon married again however deep his grief may have been. His new bride was Anna Magdalena Wilcke, the daughter of a court trumpeter in Weißenfels. Bach had long been in touch with the little ducal court of Saxe-Weißenfels. Moreover, Anna Magdalena was employed as a singer at the Köthen court at the time of the wedding. Bach's second marriage was to be a happy one, lasting for little less than thirty years. His four sons who later distinguished themselves as composers emerged from both marriages in equal shares: Wilhelm Friedemann and Carl Philipp Emanuel's mother was Maria Barbara, Johann Christoph Friedrich and Johann Christian were Anna Magdalena Bach's children. For the time being, the new Frau Bach held on to her employment as

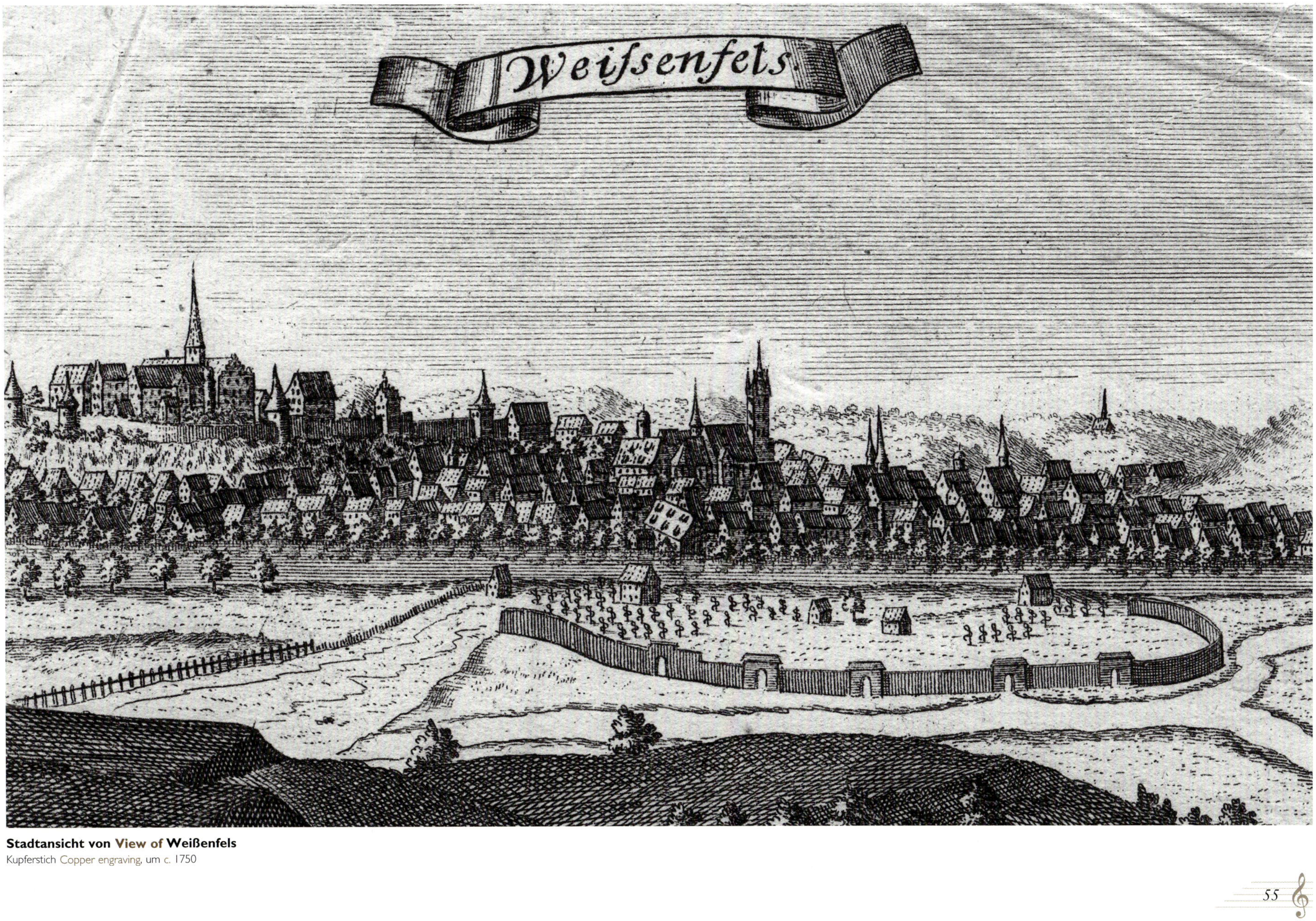

Stadtansicht von View of Weißenfels
Kupferstich Copper engraving, um c. 1750

Ansicht der Stadt View of **Leipzig**
Kupferstich koloriert von Copper engraving, coloured by Johann Georg Ringlin nach einer Zeichnung von after a drawing by Friedrich Bernhard Werner, um c. 1750

12
13

Posten als fürstliche Kammersängerin, so dass sie noch durch das eigene Salär zum Wohlstand der Familie beitragen kann. Ein Gedicht Johann Sebastian Bachs anlässlich eines Hochzeitstags in späteren Jahren verdeutlicht, dass er in seiner neuen Ehefrau mehr fand als eine Mutter für seinen verwaisten Haushalt:

„Ihr Diener, werte Jungfer Braut,
Viel Glücks zur heutgen Freude.
Wer so in ihrem Cräntzchen schaut
Und schönen Hochzeits-Kleide,
Dem lacht das Herz vor lauter Lust
Bei ihrem Wohlergehen,
Was Wunder, wenn mir Mund und Brust
Vor Freuden übergehen.“

Eine andere Heirat bedeutete für Bach indessen nichts Gutes: Fürst Leopold ehelichte 1721 seine Cousine, Prinzessin Friederike Henriette von Anhalt-Bernburg. Die hohen Festlichkeiten haben sicher eine intensive Aktivität des Hofkapellmeisters erfordert, doch bald zeigte sich, dass die neue Landesherrin leider gänzlich unmusikalisch war – eine „amusa“, wie Bach es selbst brieflich formulierte. Leopolds Musikinteresse ließ im Gefolge seiner Hochzeit spürbar nach. Vertrauliche Stunden mit Kammermusik zwischen dem Fürsten und seiner Hofkapelle mussten von nun an der Vergangenheit angehören, was für den jung verheirateten Bach sicher zu verschmerzen gewesen wäre. Doch die gesamte Hofmusik geriet ins Hintertreffen. Das war für Bach auf Dauer nicht zu akzeptieren, und so fügte es sich glücklich, dass in Leipzig nach dem Tod von Johann Kuhnau (1660–1722) die Stelle des Thomaskantors neu zu besetzen war. Angesichts der Unsicherheit, die der Dienst an einem Fürstenhof mit sich brachte – und Bach hatte durch die Gemahlin seines ehedem der Musik so zugetanen Fürsten nur ein Weniges von dieser Ungewissheit erlebt –, ließ der Dienst in einer städtischen Republik, wie Leipzig sie darstellte, eine größere Sicherung der Zukunft vermuten, ebenso wie die ortsansässige Universität gute Bildungschancen für die heranwachsenden Söhne eröffnete. Gute Gründe also, sich um die Leipziger Vakanz zu bewerben.

Doch in der sächsischen Handelsmetropole war Bachs Weg keinesfalls so vorbereitet wie noch kurz zuvor in Hamburg. Die Pleißestadt fühlte sich dem „Tor zur Welt“ durchaus ebenbürtig, und der Posten des Thomaskantors gehörte unter den musikalischen Ämtern, die freie Reichsstädte zu vergeben hatten, wirklich zu den begehrtesten Stellen in der durchaus vielgestaltigen Kulturlandschaft Deutschlands. Doch suchten die Leipziger Behörden nicht in erster Linie nach den besten Musikern, sondern nach denen mit dem besten Ruf.

Johann Kuhnau
Tuschezeichnung (Künstler unbekannt), undatiert
Ink drawing by anonymous, undated

royal *Kammersängerin* in order to be able to contribute her salary to the family's financial well-being. A poem written by Johann Sebastian Bach on the occasion of a later wedding anniversary illustrates the fact that he had found in Anna Magdalena more than just a new mother for his orphaned home:

"Behold thy servant, mistress dear,
Good luck to mark this joyful day.
To see thee in thy wedding gown
And little wreath thine head to crown,
Doth cause my heart to feel so gay
And overflow with bliss and cheer."

Another wedding, however, bode ill for Bach: in 1721, Prince Leopold married his cousin Princess Friederike Henriette of Anhalt-Bernburg. While these royal festivities certainly involved additional work for the *Hofkapellmeister,* it soon turned out that the sovereign's new wife was totally and regrettably unmusical—"an amusa" as Bach called her once in a letter. Leopold's interest in music flagged noticeably after the wedding. The intimate hours the prince had spent playing chamber music with his *Hofkapelle* were now definitely a thing of the past. The newly-wed Bach, however, got over that. What he could not accept was the fact that at the court, all music was soon neglected completely and indefinitely. It was therefore a stroke of good fortune when after the death of Johann Kuhnau (1660–1722) the post of *Thomaskantor* became vacant in Leipzig. In view of the insecurity connected with being employed by a prince (due to the wife of his formerly music-loving sovereign, Bach had actually only tasted very little of this kind of uncertainty), employment with a city republic such as Leipzig gave rise to hopes of a more secure future. In addition, the local university opened up good prospects for the future education of his sons. So Bach entered his candidature for good reasons. In the Saxon commercial metropolis, however, the way had not been smoothed for Bach as it had been in Hamburg only a short time before. The city on the Pleisse river felt in fact evenly matched with "The Gateway to the World", as Hamburg likes to be called. Moreover, the post of *Thomaskantor* was really one of the most desired positions among musicians throughout Germany's diverse cultural scene. The Leipzig authorities, however, weren't really looking for the best musicians, but for those who had the best reputation. Initially, Georg Philipp Telemann was the candidate of choice. He had studied in Leipzig and was the founder of the *Collegium Musicum.* Yet, Telemann was undecided, wavering between the two attractive cities: Hamburg, where he could build on his prior achievements, and Leipzig where he would be able to live the dreams of

So kam zunächst Georg Philipp Telemann als Kandidat in Frage: Er hatte in Leipzig studiert und das *Collegium Musicum* gegründet. Telemann indes schwankte, und das ist ihm nicht zu verübeln, zwischen den zwei verlockenden Wirkungsstätten Hamburg, wo er fortsetzen konnte, was er bisher erreicht hatte, und Leipzig, wo er die Träume der Jugend würde weiterführen können. Er entschied sich für den lukrativeren Ort: Zweimal bedrängte er die Hamburger Obrigkeit mit der Leipziger Offerte, zweimal erreichte er eine Steigerung seines erst ein Jahr zuvor ausgehandelten Gehalts. Also blieb er in Hamburg, und die doppelte Aufbesserung seiner Bezüge überzeugte Herrn Telemann so sehr, dass er bis zu seinem Tod in hamburgischen Diensten blieb. Sein Patensohn Carl Philipp Emanuel Bach folgte ihm im Amt nach und versah es bis zu seinem Lebensende 1788.

Die Kandidatensuche geht weiter an Bach vorbei, Johann Friedrich Fasch, Kapellmeister in Zerbst, und sein Kollege beim Landgrafen von Hessen-Darmstadt, Johann Christoph Graupner, kommen in die engere Wahl. Besonders Graupner, ein ehemaliger Thomasschüler, zeigt sich interessiert und kann sich von Seiten der Leipziger so gut wie gewählt fühlen. Doch sein Landesherr lässt ihn nicht gehen, und Graupner will nicht um jeden Preis fort aus Darmstadt – er ist der Residenz für den Rest seines Lebens treu geblieben und hat eine Menge vorzüglicher Musik hinterlassen, die in den dortigen Archiven verwahrt wird und seit einigen Jahren wieder auf verstärktes Interesse bei Musikern und Zuhörern stößt. Die Suche dauert jetzt ein halbes Jahr – allmählich drängt die Zeit. Graupner rät den Leipzigern zu Bach, er sei „ebenso stark auf der Orgel … wie erfahren in Kirchensachen und Capell-Stücken …“

Es gibt noch einen Kandidaten aus Pirna, und Ratsherr Platz begründet laut Protokoll sein Votum für Bach mit einem fatalen Satz, der kommende Schwierigkeiten zwischen Bach und einer nicht eben gnädigen Obrigkeit fast schon vorwegnimmt: „Da man nun die besten nicht bekommen könne, müsse man den mittleren nehmen …“

his youth. In the end, he opted for the more lucrative of the two offers, pressurising the Hamburg authorities twice by bringing to bear the advantages of the Leipzig offer. He thus succeeded in obtaining a substantial salary increase twice even though his earnings had been negotiated only one year before. So convinced was Telemann by this double rise in salary that he ended up staying in Hamburg for the rest of his life. He was eventually succeeded by his godson Carl Philipp Emanuel Bach who held the post until his death in 1788.

Meanwhile, the search for a suitable candidate continued, and Bach was again ignored. Shortlisted were Johann Friedrich Fasch, *Kapellmeister* in the town of Zerbst, and his colleague at the court of the landgrave of Hesse-Darmstadt, Johann Christoph Graupner. A former pupil at the Leipzig Thomasschule, Graupner expressed his keen interest and counted on a positive reaction from the Leipzig authorities. He was however not released by his sovereign, nor did he wish to leave Darmstadt at all costs. He thus remained faithful to his Darmstadt employer for the rest of his life, leaving behind a lot of excellent music which was kept safe in the local archives and has only recently begun to arouse the interest of musicians and listeners again. Time was pressing since the search for a suitable candidate had been going on for nearly half a year. Graupner recommended Bach on the grounds that he was “equally strong on the organ as he was experienced in church and instrumental music [. . .]”.

As there was another candidate from the town of Pirna, councillor Platz justified his vote for Bach with a comment that seemed to anticipate the future tensions between Bach and the not exactly well-disposed Leipzig authorities. The fatal sentence from the protocol reads as follows: “As the best are not available one will have to make do with the middle one [. . .]”.

Titelblatt der Cover sheet of the „Neuen Clavier Übung“ von by Johann Kuhnau mit Portrait des Komponisten with portrait of the composer (1689)

Ratsstube im Alten Rathaus Room at the Old Townhall in Leipzig
Aquarell von Watercolour by Karl Werner, 1858

KOLLEGEN
Colleagues

Bach und Händel sind die ersten Komponisten der deutschen Musikgeschichte, die seit ihrem Tod nicht aus dem kulturellen Bewusstsein ihrer Nation verschwunden sind. Ihre zeitgenössischen Kollegen sind indessen alle mit Ablauf ihrer Epoche in Vergessenheit geraten, so berühmt sie auch zu Lebzeiten – wie Georg Philipp Telemann – gewesen sein mögen. Ein kleiner Blick auf einige Kollegen mag dazu dienen, Bach in die musikalische Landschaft seiner Zeit einzuordnen.

Händel: Sohn eines Chirurgen in Halle, entschied er sich gegen das Votum seiner Familie für die Musik, konnte jedoch bald durch Erfolge an der Hamburger Oper außer künstlerisch auch wirtschaftlich reüssieren. Mit 21 Jahren ging er für drei Jahre nach Italien und eroberte die führende Musiknation der damaligen Welt im Sturm. Gepriesen als „il caro Sassone" (der liebe Sachse) kehrte er 1710 als Kapellmeister des Kurfürsten Georg Ludwig von Hannover nach Deutschland zurück. Bald schon zog es ihn nach London, einer Weltmetropole der Musik, wo er ein Star des italienischen Musiktheaters wurde. Sein hannöverscher Dienstherr wurde 1714 als Georg I. König von England; Händel etablierte sich für den Rest seines Lebens in Großbritannien, erlebte als Opernunternehmer Glück und Pleiten, schuf aus italienischen Vorbildern die neue Gattung des „biblical oratorio" und wurde nach seinem Tod 1759 in der Westminsterabtei bestattet. Bis heute reklamieren England und Deutschland ihn gemeinsam als einen ihrer größten Komponisten.

Bach und Händel schätzten einander hoch und hielten sich über das Schaffen des anderen auf dem Laufenden. Obwohl sie immer wieder Anläufe dazu nahmen, sind sich Bach und Händel im wirklichen Leben zu ihrer beider Bedauern nie begegnet. Peter Shaffer hat in einem Theaterstück über eine imaginäre Begegnung der beiden Jahrgangsgenossen einen versoffenen und polternden Händel und einen provinziellen und schnell beleidigten Bach auf die Bühne gebracht und ist damit den genialen Musikern sicher nicht gerecht geworden. Die möglichen, heute nur noch schwer nachvollziehbaren Gründe dafür, dass dieses ersehnte Treffen nie zustande kam, dürften nicht zuletzt in den beschwerlichen Umständen des Reisens dazumal liegen. So muss man, wie einstmals Bach und Händel, auch heute einfach akzeptieren, dass es zu einer Begegnung der beiden größten deutschen Komponisten ihrer Zeit leider nie gekommen ist.

Telemann: Auch Georg Philipp Telemann (1681–1767), Spross einer gebildeten Magdeburger Familie, hatte zunächst familiäre Widerstände zu überwinden, ehe er den Musikerberuf ergreifen konnte. Doch schon während seiner juristischen Studien in Leipzig machte er sich als Gründer des *Collegium Musicum* einen musikalischen Namen. Bald schon, ab 1705, konnte er als Kapellmeister im schlesischen Sorau und in Eisenach erste Erfahrungen sammeln. 1714 wechselte er als städtischer Musikdirektor in den Dienst der Reichsstadt Frankfurt, seit 1721 wirkte er bis zu seinem Tod 1767 als Kantor des Johanneums und *Director Musices* in Hamburg. Das Interesse der Leipziger, die ihm in der Nachfolge Kuhnaus einstimmig das Amt des Thomaskantors anboten, nutzte er klug für eine zweimalige Gehaltsaufbesserung in Hamburg, um dann in Leipzig abzusagen. Bach und Telemann haben einander hoch geschätzt,

In the history of German music, Bach and Händel are the first composers to have remained embedded, beyond their deaths, in the cultural memory of their nation. By contrast, their contemporary colleagues all first fell into oblivion after their epoch had passed, no matter how famous they had been (like, for instance, Telemann) in their lifetime. A quick glance at some of these colleagues may help to class Bach in the music scene of his time.

Händel: The son of a Halle surgeon decided against his family's vote to become a musician. He soon became successful at the Hamburg opera, both artistically and financially. At the age of 21, he went to Italy for three years, taking the world's leading music nation by storm. Praised as "il caro Sassone" [the dear Saxon], he returned to Germany in 1710, taking up the post of *Kapellmeister* to the Elector Georg Ludwig of Hannover. However, he was soon drawn to another music capital—London—where he became a star of the Italian music theatre. In 1714, his employer from Hannover was crowned King of England (George I); Händel settled down for good and spent the rest of his life in Great Britain where he experienced the ups and downs of an impresario's life and created the new genre of "biblical oratorio" based on the Italian model. After his death in 1759, Händel was buried in Westminster Abbey. To this day, both England and Germany have made claims to Händel as one of their greatest composers.

Bach and Händel held each other in high esteem, keeping themselves up to date on the work of their respective colleague. Much to their regret, the two composers never met in person although both of them made several attempts. In a theatre play about a fictitious encounter of the two men (who were born the same year), Peter Shaffer put on stage a ranting drunkard (Händel) and a huffy provincial (Bach), which certainly did not do justice to the two brilliant musicians. From today's point of view it may be difficult to see why the mutually desired encounter never did take place; one possible reason may lie in the cumbersome nature of 18th century travelling. Like Bach and Händel in their time, we simply have to put up with the fact that, unfortunately, the two greatest German composers of their time never met.

Telemann: Georg Philipp Telemann (1681–1767) was born into an educated Magdeburg family. He, too, had to overcome his family's opposition before becoming a professional musician. Yet even as a law student in Leipzig, he won himself a name in the music world when he founded the *Collegium Musicum.* From 1705, he first gained experience as a *Kapellmeister* in Sorau (Silesia) and Eisenach (Thuringia). In 1714, he was employed by the imperial city of Frankfurt, assuming the position of director of music. From 1721 until his death in 1767, Telemann worked in Hamburg, holding the posts of *Director Musices* and *Kantor* of the Johanneum. After the city council of Leipzig had unanimously voted for him to succeed his predecessor Kuhnau to the post of *Thomaskantor,* Telemann was clever in using this offer in Hamburg to attain a rise in salary twice—only to then decline the Leipzig offer. Bach and

Georg Philipp Telemann
Aquatinta von by Valentin Daniel Preisler, 1750, nach dem verschollenen Gemälde von after a lost painting by Ludwig Michael Schneider (spätere Kolorierung coloured later)

Georg Friedrich Händel (1685–1759)
Kopie eines Fotos der Pergamentminiatur von
Copy of a photo of a vellum miniature by Christoph Platzer, um c. 1710

Georg Friedrich Händel
Gemälde von Painting by T. Hudson, 1749

Johann Adolph Hasse
Gemälde (Künstler unbekannt), undatiert
Painting by anonymous, undated

so war Telemann Pate des zweiten Sohnes Carl Philipp Emanuel, der schließlich auch sein Nachfolger in Hamburger Diensten wurde. Bis in seine letzten Lebensmonate hat Georg Philipp Telemann seine fabelhafte Kreativität nicht verlassen. Heute, bald 250 Jahre nach seinem Tod, erkennt man in ihm die Brücke zwischen der spätbarocken Musik und dem Stil der Söhne, den sein Nachfolger Carl Philipp Emanuel Bach an vorderster Stelle repräsentierte.

Graupner: Johann Christoph Graupner (1683–1760) begann seine Laufbahn ebenfalls als Student der Rechte in Leipzig, fand aber bald in den Schoß der Musik. Ab 1705 war er Cembalist des Hamburger Opernorchesters und damit Kollege Händels, der gleichzeitig Geiger in diesem Ensemble war. 1709 kam er an den Hof des musikliebenden Landgrafen Ernst Ludwig von Hessen-Darmstadt. Diese Residenz sollte zu seiner Lebensstellung werden – denn, obwohl vom Leipziger Rat (nach der Absage von Telemann) zum Thomaskantor gewählt, hielt er seinem Landesherrn die Treue, der nicht auf seinen Kapellmeister verzichten mochte. Graupner hat ein ebenso umfängliches wie originelles Werk hinterlassen, das in den Darmstädter Archiven hervorragend überliefert ist und seit einigen Jahren unter den Musikern der Barockmusik verdiente Aufmerksamkeit findet.

Fasch: Johann Friedrich Fasch (1688–1758) war Sängerknabe im heimischen Weißenfels sowie Thomaner unter Kantor Johann Kuhnau. Anfängliche Kompositionserfolge in den Jugendjahren 1711/12 führten ihn 1713 nach Darmstadt, wo er bei Graupner Komposition studierte. Nach Zwischenstationen in Gera, Greiz und Böhmen wirkte er ab 1722 bis zu seinem Tod als Hofkapellmeister in Zerbst. Von seinem Lehrer Graupner zu einem eigenständigen Stil angeleitet, ist auch die in den letzten zwei Jahrzehnten begonnene Wiederentdeckung Johann Friedrich Faschs eine Bereicherung für das gegenwärtige Kulturleben.

Heinichen: Johann David Heinichen (1683–1729) entstammt ebenfalls jenem fruchtbaren Jahrzehnt, das der deutschen Musikgeschichte Bach, Händel, Telemann, Graupner und eben auch Heinichen schenkte. Seit 1696 Alumne der Leipziger Thomasschule, erhielt er seine prägende Ausbildung durch die Thomaskantoren Johann Schelle (1648–1701) und Johann Kuhnau (1660–1722). Während seiner Leipziger Studienzeit war Heinichen Mitwirkender in Telemanns *Collegium Musicum,* ebenso war er an Aufführungen des seit 1693 bestehenden Leipziger Opernhauses beteiligt. Ab 1709 wirkte er als herzoglicher Kapellmeister in Zeitz, 1716 – nach jahrelangem Bildungsaufenthalt in Italien – erfolgte die Berufung nach Dresden mit der Ernennung zum kurfürstlich sächsischen und königlich polnischen Hofkapellmeister. 1729 ist Heinichen nach langer Krankheit in Dresden gestorben. In seinen Amtsfunktionen beerbte ihn Jan Dismas Zelenka, der ihn auch schon jahrelang vertreten hatte. Den Titel des kurfürstlich sächsischen und königlich polnischen Hofkapellmeisters konnte Bach schließlich nach langem Werben erobern: 1733 reichte er das Kyrie und Gloria seiner h-Moll-Messe in Dresden ein, drei Jahre später konnte er sich dann wenigstens mit dem werbewirksamen Ehrentitel schmücken.

Telemann respected each other highly; Telemann was the godfather of Bach's second-born son Carl Philipp Emanuel, who eventually became his successor in Hamburg. Georg Philipp Telemann's fabulous creativity was to remain with him until the very last months of his life. Today, nearly 250 years after his death, he has come to be regarded as the link between late baroque music and the "style of the sons" as represented by his successor Carl Philipp Emanuel Bach.

Graupner: Johann Christoph Graupner (1683–1760) also began his career as a law student in Leipzig, but soon focused entirely on music. From 1705 he played the harpsichord in the orchestra of the Hamburg opera and was thus a colleague of Händel's who played the violin in the same ensemble. In 1709, he came to the court of the music-loving landgrave Ernst Ludwig of Hesse-Darmstadt whose residence was to become Graupner's lifelong workplace: although the Leipzig city council voted for him to become the new Thomaskantor (after Telemann had rejected the offer), Graupner remained faithful to his sovereign who, in his turn, did not want to let go of his *Kapellmeister.* Graupner has left behind an extensive and original oeuvre which has been preserved in the Darmstadt archives. Only since recently, has it been receiving due attention among musicians of the baroque music scene.

Fasch: Johann Friedrich Fasch (1688–1758) was a chorister in his native town of Weißenfels as well as at the Leipzig Thomasschule under its cantor Johann Kuhnau. Early successes as a composer in 1711/12 led him to Darmstadt in 1713 where he began to study composition with Graupner. After intermediate stages in Gera, Greiz and Bohemia, he took up the position of court *Kapellmeister* in Zerbst in 1722 maintaining this post until his death. As his instructor Graupner had taught him to compose in a style of his own, the rediscovery of Johann Friedrich Fasch during the past 20 years has been a valuable addition to contemporary culture.

Heinichen: Johann David Heinichen (1683–1729) is another composer born in that fruitful decade which enriched German music history with figures such as Bach, Händel, Telemann and Graupner. In 1696, Heinichen joined the Leipzig *Thomasschule* as a pupil, receiving formative education from the cantors Johann Schelle (1648–1701) and Johann Kuhnau (1660–1722). During his years as a student at Leipzig University, Heinichen was a member of Telemann's *Collegium Musicum* and took part in performances of the Leipzig opera which had opened in 1693. After years of educational travels in Italy, he worked as ducal *Kapellmeister* in Zeitz from 1709 before being called to Dresden to receive the title of *Electoral Saxon and Royal Polish Court Kapellmeister.* In 1729, Heinichen died in Dresden after a protracted illness. He was succeeded by Jan Dismas Zelenka who had been standing in for him for years. Following many efforts, Johann Sebastian Bach eventually obtained the title of *Electoral Saxon and Royal Polish Court Kapellmeister* after handing in the Kyrie and Gloria of his Mass in B-minor in Dresden in 1733. Three years later, Bach was finally able to adorn himself with the prestigious and effective honorary title.

Zelenka: Als Sohn eines Organisten im böhmischen Launowitz geboren, wurde Jan Dismas Zelenka (1679–1745) am Prager Jesuitenkolleg ausgebildet. 1710 trat er eine Stelle als Kontrabassist am sächsischen Hof in Dresden an. Zwischen 1716 und 1719 reiste er nach Wien – dort studierte er bei dem berühmten Kontrapunktiker Johann Joseph Fux – und nach Italien, wo er vermutlich Antonio Lotti und Alessandro Scarlatti traf. Nach seiner Rückkehr blieb er, mit Ausnahme gelegentlicher Reisen nach Prag, bis zu seinem Tod im Jahr 1745 in Dresden. Zelenka hat ein äußerst originelles Werk hinterlassen, das in den letzten 30 Jahren durch Schallplatteneinspielungen wiederentdeckt worden ist.

Hasse: Johann Adolph Hasse (1699–1783), in Bergedorf bei Hamburg geboren, kam mit 19 Jahren wegen seiner schönen Tenorstimme zu Reinhard Keisers Hamburger Operntruppe am Gänsemarkt, dem ersten allgemein zugänglichen Opernhaus nördlich der Alpen. Damit waren die Lebensweichen des Mannes gestellt, der zu einem der berühmtesten Opernkomponisten seiner Zeit werden sollte. Neapolitanische Studien bei Porpora und Alessandro Scarlatti legten ein solides Fundament, in Venedig lernte er seine zukünftige Frau, die Primadonna Faustina Bordoni, kennen. Hasse und Bordoni wurden ein äußerst erfolgreiches Ehepaar, am künstlerisch hochambitionierten Dresdner Hof erlebten sie zwischen 1739 und 1763 eine Blütezeit gemeinsamer Erfolge. Die wirtschaftliche Notlage Sachsens in der Folge der Schlesischen Kriege setzte den goldenen Jahren im Elbflorenz ein Ende. Wien bot sich indessen als neue Heimstätte an, wo Hasse die besondere Wertschätzung Kaiserin Maria Theresias genoss. 1771 lieferte er zur Hochzeit Erzherzog Franz Ferdinands von Österreich in Mailand die Oper *Ruggiero;* als dramatisches Nebenwerk wurde die Serenata *Ascanio in Alba* des vierzehnjährigen Mozart aufgeführt. Hasse äußerte anlässlich dieses Werkes: „Dieser Knabe wird uns alle vergessen machen."

Als Altersruhesitz wählte das Ehepaar Hasse Venedig, die Geburtsstadt von Faustina Hasse-Bordoni, wo beide verstorben sind und ihre letzte Ruhestätte gefunden haben.

Zelenka: Born the son of an organist in the Bohemian town of Launowitz, Jan Dismas Zelenka (1679–1745) was educated at the Prague Jesuit school. In 1710, he took up the job of double bass player at the Saxon court in Dresden. Between 1716 and 1719, he travelled to Vienna to study under the famous contrapuntist Johann Joseph Fux, and to Italy where he is likely to have met Antonio Lotti and Alessandro Scarlatti. After his return to Germany—and with the exception of occasional trips to Prague—he remained in Dresden until his death in 1745. Zelenka's musical oeuvre is extremely original and has been rediscovered and recorded during the past 30 years.

Hasse: Johann Adolph Hasse (1699–1783) was born in Bergedorf near Hamburg. Due to his attractive tenor voice, the 19-year-old was admitted to Reinhard Keiser's opera ensemble at the Hamburg *Gänsemarkt*—the first opera house north of the Alps open to the general public. Thus, the course was set for Hasse who was to become one of the most famous opera composers of his time. Studies in Naples with Porpora and Alessandro Scarlatti provided him with solid musical foundations. In Venice, Hasse met his future wife, the prima donna Faustina Bordoni. The married couple was extremely successful, reaching their prime at the—culturally highly ambitious—Dresden court between 1739 and 1763. Dresden's golden age ended when in the wake of the Silesian Wars, Saxony faced an economic plight. Hasse found a new home in Vienna, enjoying the special esteem of Empress Maria Theresia. In 1771, he presented his opera *Ruggiero* on the occasion of the Austrian archduke Franz Ferdinand's wedding in Milan; as a complement, the serenata *Ascanio in Alba* by the 14-year-old Mozart was performed. Upon hearing the piece, Hasse commented: "This lad will cause us all to be forgotten".

Hasse and his wife chose Venice—Faustina Hasse-Bordoni's native town—to be their retirement home. Both died and found their last resting place there.

Carl Friedrich Fasch. C. F. Fasch gründete 1791 die Berliner Singakademie founded the Berlin "Singakademie" in 1791
Gemälde von Painting by Susanne Henry, 1795

Thomaskirche und -schule St Thomas' Church and School in Leipzig
Kupferstich (kolorier) von Copper engraving (coloured) by Johann Gottfried Krügner, 1723

Dienstantritt „mit gutem Applaus“

Taking up duties, “earning good applause”

Leipzig, 29. Mai. Am vergangenen Sonnabend (22. Mai) zu Mittage kamen vier Wagen mit Hausrat beladen von Cöthen allhier an, so den gewesenen dasigen Fürstl. Capellmeister, als nach Leipzig berufenen Cantori Figurali, zugehöreten; um 2 Uhr kam er selbst nebst seiner Familie auf zwei Kutschen an und bezog die in der Thomasschule neu renovierte Wohnung.

So meldete eine Hamburger Zeitung das Eintreffen des neuen Thomaskantors Bach an seiner Wirkungsstätte. Es gab offensichtlich in der Hansestadt ausreichend Zeitungsleser, die sich dafür interessierten, was aus dem Musiker geworden war, der trotz seines spektakulären Auftritts nicht Organist an St. Jacobi hatte werden können. In Leipzig war schließlich alles ganz schnell gegangen: Am 5. Mai 1723 war der endgültige Vertrag mit dem Stadtrat abgeschlossen worden, drei Tage später hatte Bach eine in lateinischer Sprache abgehaltene theologische Prüfung zu bestehen – die Leipziger wollten offensichtlich sichergehen, dass ihnen aus Köthen kein reformiertes Elsterküken ins lutherische Nest gesetzt wurde. Am 13. Mai wurde die Bestallungsurkunde unterzeichnet, bereits anderthalb Wochen später übersiedelte Familie Bach nach Leipzig.

Nachträglich fühlt er den Prestigeverlust vom Hofkapellmeister zum städtischen Kantor.

Sieben Jahre später schrieb Bach seinem Jugendfreund Georg Erdmann und beklagte sich bitterlich über seine Arbeitsbedingungen in Leipzig. Bach schien sein Amt inzwischen gründlich leid geworden zu sein, er sann offensichtlich auf Ortsveränderung und erhoffte sich dabei die Hilfe des inzwischen in Danzig als russischer Diplomat ansässigen Freundes. Aus der Rückschau beurteilt Bach den Wechsel nach Leipzig negativ: Es habe ihm anfänglich gar nicht „anständig“ sein wollen, „aus einem Capellmeister zu einem Cantor zu werden.“ Nachträglich fühlt er den Prestigeverlust vom Hofkapellmeister zum städtischen Kantor, und der Gedanke daran, es hier in Leipzig anstelle einer unmusischen Fürstin mit einer ganzen Gruppe unwirscher und engstirniger Vorgesetzter zu tun zu haben, dürfte ihm zusätzlich auf die Galle geschlagen sein.

1723 konnte von solchen Problemen noch keine Rede sein. Im Sonntagsgottesdienst am 30. Mai dürfte die Gemeinde der Kirchenmusik besonders gut zugehört haben, denn der neue Thomaskantor ließ sich mit seiner ersten für Leipzig komponierten Kantate hören. Der Titel *Die Elenden sollen essen* bezieht sich auf die Geschichte vom reichen Mann und dem armen Lazarus, den Predigttext des Sonntags. Bach wendete alle seine Kunst auf, um die Leipziger von sich zu überzeugen, wusste er selbst doch nur zu gut, dass seine Wahl zum Thomaskantor nicht mit einmütigem Enthusiasmus erfolgt war. Der Chronik der Universität zufolge „führte (er) mit gutem applausu seine erste Music auf“ – allerdings darf man sich nicht vorstellen, die frommen Leipziger hätten in der Kirche geklatscht, so italienisch waren die Verhältnisse dann doch nicht!

Leipzig, 29 May. Last Saturday [22 May] at noon, four wagons loaded with household equipment arrived from Cöthen. They belonged to the former Royal Kapellmeister there who had been appointed Cantor Figuralis in Leipzig. At two o'clock, the same arrived with his family in two carriages and moved into the newly renovated lodgings at the Thomasschule.

This is how a Hamburg newspaper rendered the arrival of Bach, the new *Thomaskantor* in Leipzig. Obviously, enough readers in Hamburg were interested in what had become of the musician who, despite his spectacular performance, failed to become organist at St Jacobi. In Leipzig, affairs had progressed speedily: on 5 May 1723, the contract between Bach and the city council was finalised. Three days later, Bach had to undergo a theological examination held in Latin; apparently, the Lutheran city council wanted to make sure that Bach was no “reformed cuckoo's egg” from Köthen foisted on them. On 13 May, the certificate of appointment was signed, and only one and a half weeks later, the Bach family took up official residence in Leipzig.

Seven years later, Bach wrote a letter to Georg Erdmann, the friend of his youth, complaining bitterly about the working conditions in Leipzig. Bach seemed to have grown utterly tired of his post; he obviously contemplated a change of environment, counting on the help of his friend who was meanwhile working as a Russian diplomat in Gdansk. In retrospect, Bach had a negative view of his move to Leipzig judging the change from *Hofkapellmeister* to cantor as “inappropriate” at first. He later felt the loss in prestige connected with his new employment. Instead of having to suffer an amusical princess, he now had to cope with an entire group of grumpy and narrow-minded superiors—no doubt a fact that further upset him.

He later felt the loss in prestige connected with his new employment.

In 1723 however, such problems had not yet arisen. On Sunday, 23 May, the congregation probably listened very attentively to the church music as the new *Thomaskantor* presented his first cantata composed specifically for Leipzig. Its title *Die Elenden sollen essen* [The Wretched Shall Eat] refers to the story of the rich man and the poor Lazarus, that Sunday's sermon theme. Bach employed all his skills to convince his Leipzig listeners; he knew only too well that his appointment to the post of *Thomaskantor* hadn't been met with unanimous enthusiasm. According to the university's chronicles, he “performed his first own music earning good applause”. To imagine his pious Leipzig audience clapping in church, however, would be going too far—conditions weren't that Italian after all!

Mit voller Kraft ins neue Amt

Assuming the new office with all his energy

Mit Feuereifer machte sich Bach in seinem neuen Leipziger Amt an die Arbeit – in der Zeit bis 1730 entstand ein umfangreiches geistliches Werk. Bach hatte für die musikalische Ausgestaltung der Gottesdienste in den Leipziger Hauptkirchen St. Thomas und St. Nikolai zu sorgen, was bedeutete, dass alle Sonn- und Festtage ein „Kirchenstück", wie die Kantate damals genannt wurde, aufzuführen war. Pro Jahr waren ungefähr 60 Kantaten erforderlich, insgesamt ist die Komposition von etwa 300 größtenteils in Leipzig geschriebenen Kantaten bezeugt, ungefähr zwei Drittel von ihnen sind erhalten geblieben.

Dabei war es mit der reinen Komposition nicht getan. Schon mit der Auswahl des Textbuchs fing die Arbeit an, und Bach verwandte große Sorgfalt darauf; so fern uns die Texte heutzutage stehen mögen – viele Wendungen erscheinen gelinde gesagt wunderlich bis hin zum Absurden –, so bieten sie doch ein getreues Abbild der Religiosität und Frömmigkeit ihrer Entstehungszeit. War das Werk fertig, galt es, das Notenmaterial für die Aufführung abzuschreiben (hierbei waren ihm seine Frau und später die Kinder eine unersetzliche Hilfe), den Druck von Textheften für die Gemeinde zu veranlassen, die Mitwirkenden zu bestimmen (Sänger wie Instrumentalisten, die sich hauptsächlich aus Schülern der Thomasschule sowie aus zusätzlich verpflichteten Mitgliedern der städtischen Musiker rekrutierten), sodann das Werk einzustudieren und es schließlich aufzuführen.

... doch dient das alles einem einzigen Ziel, wie er selbst bekannt hat: mit seiner Musik Gott zu loben und seine Größe zu preisen.

Allein diese Arbeitsbelastung war enorm, doch Bachs Dienst erschöpfte sich keineswegs darin. Von der zusätzlichen Verpflichtung zum Lateinunterricht, die schon auf Telemann bei seinen Bewerbungsgesprächen eine abschreckende Wirkung gehabt hatte, konnte sich Bach zwar befreien, doch musste er den Ersatz aus eigener Tasche bezahlen. Um seine Mitwirkung bei der Schulaufsicht kam er allerdings nicht herum: Einmal monatlich war es an ihm, zu gewährleisten, dass der Schulalltag lief. Das bedeutete, er hatte für die Disziplin der Schüler zu sorgen, verbotene Ausflüge in die Kneipen der Stadt zu ahnden und darauf zu achten, dass es den erkrankten Schülern weder an Nahrung noch an medizinischer Versorgung fehlte.

Das „Kirchenstück" hat seinen festen Platz in der deutschen geistlichen Musik des Spätbarock. Die Kollegen Telemann und Graupner haben ebenfalls viele geistliche Kantaten hinterlassen, Bach allerdings hob die Gattung auf ein Niveau, das sie weder zuvor noch nach ihm gekannt hat. Er bringt seine ganze Erfahrung als Komponist weltlicher Musik ein, verlangt von seinen Sängern und Instrumentalisten virtuose Höchstleistungen nicht nur in den Soli, sondern auch im Ensemble, die Formenvielfalt reicht von repräsentativen Huldigungsmusiken, wie sie zu Ehren weltlicher Fürsten erklingen, bis zu modernen Tanzformen, die Arien führen das ganze Spektrum menschlicher Empfindungen von tiefster Trauer bis zur ekstatischen Freude, von zerknirschter Niedergeschlagenheit bis zum paradiesischen Jubel vor. Bach entfaltet dramatische Talente, die eines Opernkomponisten würdig wären, und doch dient das alles einem einzigen Ziel, wie er selbst bekannt hat: mit seiner Musik Gott zu loben und seine Größe zu preisen.

With great zest, Bach assumed his new office in Leipzig composing an extensive body of sacred music until 1730. Bach was responsible for creating the musical background to the services in both of Leipzig's main churches, St Thomas' and St Nicolai. This meant that on all Sundays and holidays a *Kirchenstück* [church piece], as cantatas were called then, had to be performed. Roughly 60 cantatas were needed every year. Bach is documented to have composed approximately 300 cantatas, most of them written in Leipzig. Just about one-third has survived.

But composing wasn't all: work began with the choice of a textbook over which Bach took a lot of care. However distant these texts may seem to us today—many phrases read downright absurd or odd, to say the least—they are in fact an accurate representation of the religiousess and devout piety prevalent at the time of their origin. As soon as the composition was finished, the music sheets had to be copied for the performance—a task which required the much-needed help of Bach's wife and later of his children. Then, Bach had to arrange for the textbooks to be printed for the congregation. Furthermore, performers needed to be chosen (both singers and instrumentalists were recruited mainly from pupils of the *Thomasschule* as well as from musicians employed by the city of Leipzig). Only then could Bach begin the rehearsals and work towards the actual performance of the piece.

All this in itself meant an enormous load of work for Bach, but there was more: although Bach managed to free himself of the additional task of teaching Latin (which had already acted as a deterrent for Telemann at the time of his interview) he had to pay for a replacement out of his own pocket. However, one thing Bach could not get out of was his involvement in the supervision of the school: once a month, it was his responsibility to see to it that the school's affairs went off smoothly. This included improving the pupils' discipline, punishing them for illegally frequenting the city's pubs and making sure that there was sufficient food and medical care for pupils who had fallen ill.

[. . .] but, as he professed himself, always to one aim only: the praise of God and His Glory through music.

The "Kirchenstück" is deeply rooted in the German church music of the late baroque. Bach's colleagues Telemann and Graupner, too, have composed many sacred cantatas, but it was Bach who elevated the genre to a level unequalled both before and after his time. Bringing to bear his experience as a composer of profane music, Bach required no less than perfection of his singers and instrumentalists both in solos and ensemble playing. The formal diversity ranged from prestigious pieces of worship, similar to those performed in order to pay homage to secular princes, to modern dances; likewise, the arias covered the whole spectrum of human feelings from deepest sorrow and remorse to ecstatic joy and heavenly jubilation. Bach even developed a dramatic talent worthy of an opera composer but, as he professed himself, always to one aim only: the praise of God and His Glory through music.

Innenansicht der Thomaskirche Interior of St Thomas' Church in Leipzig (nach der Restaurierung und Umgestaltung after the reconstruction and remodelling in 1885)
Aquarell von Watercolour by Richard Mertz, 1886

Die Passionen
The Passions

Am Karfreitag vor dem ersten Osterfest seiner Leipziger Wirksamkeit führte Bach im Vespergottesdienst der Nikolaikirche seine Johannespassion auf. Das Werk verband den Passionsbericht des Johannesevangeliums mit freien Dichtungen, die an wichtigen Stationen der Erzählung das biblische Geschehen mit frommen Betrachtungen oder theologischen Erwägungen kommentierten. Musikalische Gestaltungen der Passion waren in Deutschland damals sehr populär, bereits Schütz hatte die biblischen Passionsberichte in verteilten Rollen auskomponiert, und in dieser Form waren oratorische Passionen auch im streng lutherischen Leipzig üblich gewesen.

Besonders in Hamburg waren seit dem Beginn des 18. Jahrhunderts Passionsmusiken gebräuchlich, die entweder die Berichte der Evangelien mit freien Dichtungen anreicherten oder ganz auf den Bibeltext verzichteten und das Heilsgeschehen um den Opfertod Jesu Christi in geistlicher Poesie schilderten. Für derlei Experimente war in Leipzig kein Platz:

On Good Friday before his first Easter in Leipzig, Bach had his *St John's Passion* performed during vespers at St Nicolai Church. The piece combines the Passion of Christ according to the Gospel of St John with free verses in which, at crucial stages of the biblical narrative, pious or theological reflections or comments are added to the story. Musical settings of the *Passion* were very popular in Germany at that time. Heinrich Schütz, in his time, had set these *Passions* to music using the cast of characters according to the biblical narration. In this form, oratorio passions had been common even in the strictly Lutheran city of Leipzig.

In the common passion form used since the beginning of the 18th century and especially in Hamburg, free verses were added to embellish the narrative of the Gospels. Or alternatively, the text of the Bible was omitted completely while the story of salvation and the death of Christ was entirely told in sacred verse. Experiments of that sort, however,

Innenansicht der Nikolaikirche Interior of St Nicolai Church **in Leipzig. Blick von der Südempore zur Orgelempore** View from the southern gallery up to the organ gallery

Buchtitel **Book title „Evangelische Schlusskette…“**
von by Heinrich Müller, 1708

Hier achtete eine konservative kirchliche Obrigkeit streng darauf, dass die Andacht und die Aufmerksamkeit für das Wort Gottes nicht durch die Erregung von Gefühlsaufwallungen in der Kirchenmusik beeinträchtigt wurden; in Bachs Anstellungsvertrag verbietet ein Passus ausdrücklich, dass die Musik „zu opernhafft herauskomme“. Den biblischen Text der Passionsgeschichte in den Worten eines Evangelisten in einer Passionsmusik für die Leipziger Gemeinde fortzulassen, war undenkbar. Vor Bach hat nur der Vorgänger Kuhnau am Ende seiner Amtszeit einen zaghaften Versuch unternommen, die moderne oratorische Passion mit ihrer Mischung aus Bibeltext und freier Dichtung auch in Leipzig heimisch zu machen; doch die geistliche Obrigkeit der Stadt blieb derlei Versuchen gegenüber reserviert.

Die Aufführung der Johannespassion am Karfreitag 1724 in der Nikolaikirche war also durchaus ein Wagnis. Bach hat mit seiner Komposition offensichtlich überzeugt, denn von nun an konnte er bis 1732 neun Jahre in Folge eine solche Passionsmusik in der Karfreitagsvesper der Thomas- oder der Nikolaikirche aufführen, gelegentlich auch Werke anderer Komponisten.

1727 erklang zum ersten Mal die Matthäuspassion, im Bach'schen Familienkreis auch die „Große Passion“ genannt. Das fast dreistündige Werk hatte nicht seinesgleichen in der noch jungen Gattung der oratorischen Passion, sowohl was die monumentalen Ausmaße betraf als auch im Hinblick auf die dramaturgische Gestaltung des Stoffes. Das Königsstück der Passionen ist die Matthäuspassion seit ihrer Wiedererweckung durch Felix Mendelssohn Bartholdy im Jahr 1829 bis auf den heutigen Tag in mittlerweile vielfältigen Aufführungstraditionen geblieben.

Im Unterschied zur Johannespassion mit ihrem aus verschiedenen literarischen Quellen gespeisten Text war das Libretto der Matthäuspassion aus einem Guss, es stammt von Christian Friedrich Henrici, alias Picander, mit dem Bach gern und häufig zusammengearbeitet hat. Picanders freie Dichtungen zur Matthäuspassion sind neuesten Untersuchungen zufolge stark von den Passionspredigten des Rostocker

were out of place in Leipzig: the conservative church authorities saw to it that no detracting feelings stirred by emotional outbursts in the music interfered with either the praying or the parishioners' attention to His word. Bach's contract contained a passage which explicitly prohibited the music from "coming across too operatically". It was therefore unthinkable during any *Passion* performed for the Leipzig parishioners to omit the biblical text of the *Passion* as recited by the evangelist. Before Bach, only his predecessor Kuhnau towards the end of his employment had made the timid attempt to introduce the modern oratorio passion with its mix of biblical texts and free verse. However, these attempts were met with reservation by the city's clergy.

Consequently, the Leipzig performance of *St John's Passion* on Good Friday 1724 was quite risky. Obviously, Bach's composition was convincing; for the following nine years until 1732, he was allowed to contribute a passion in that style to the Good Friday vespers at either St Nicolai or St Thomas' Church. Occasionally, he performed pieces by other composers as well.

St Matthew's Passion (the Bach family called it the "Great Passion" in private) was first performed in 1727. Due to its monumental size and the dramatic structure of the subject matter, the three hour-long piece was unparalleled, having no equal among other works of the—still young—genre of oratorio passion. To this day, *St Matthew's Passion* is considered as the most regal of all passions having been performed in various styles and traditions since its revival by Felix Mendelssohn Bartholdy in 1829.

Unlike the libretto of *St John's Passion* which is made up of texts from various literary sources, the libretto of *St Matthew's Passion* is a unified whole. It was written by Christian Friedrich Henrici, also known as Picander, with whom Bach worked together frequently. According to recent investigations, Picander's words were significantly influenced by the passion sermons given by the Rostock professor of theology and superintendent Heinrich Müller (1631–1675). As Müller's works were

Theologieprofessors und Superintendenten Heinrich Müller (1631–1675) beeinflusst. Müllers Werke standen in Bachs Bibliothek, es ist also gut möglich, dass er selbst seinen Autor auf diesen spirituellen Schatz hingewiesen hat. Für die Leipziger Verhältnisse war jedoch darauf zu achten, dass die Passionsmusik den gesamten Text des Evangeliums enthielt. Es wurde also dieselbe Form für das Werk gewählt, die sich bereits zuvor bei der Johannespassion bewährt hatte. Das durchgestaltete Textbuch der Matthäuspassion ermöglichte Bach, von Anfang an eine durchaus endgültige Fassung des Werks vorzulegen, während er sich die Johannespassion immer wieder zur Bearbeitung vornahm. Die zweite Fassung der Matthäuspassion von 1736 diente der Anpassung an eine veränderte Aufführungssituation, die Gesamtstruktur und das Textbuch hingegen blieben unverändert.

found in Bach's library, it is well possible that Bach himself drew Picander's attention to this spiritual treasure. In view of the Leipzig standards however, it was important to make sure that the passion contained the entire text of the Gospel. Therefore, Bach chose the tried-and-tested form of *St John's Passion.* While Bach repeatedly worked over *St John's Passion*, the libretto of *St Matthew's Passion* enabled Bach to present a final version of the piece right from the start as it had been worked out to the last detail. Alterations found in the second version of *St Matthew's Passion* (1736) were mainly meant to do justice to varying performing conditions. The passion's libretto and overall structure however remained unaltered.

Johann Sebastian Bach „Matthäuspassion St Matthew's Passion"
Partiturautograph Score autograph

Felix Mendelssohn-Bartholdy
Aquarell von Watercolour by James Warren Childe, 1829

Alltag im Kantorenhaus

Everyday life at the cantor's house

Vom eigenen Haus des fürstlichen Hofkapellmeisters zu Köthen war Bach 1723 mit seiner Frau und den vier Kindern aus der ersten Ehe in eine Dienstwohnung der Leipziger Thomasschule eingezogen. Hier wohnte er Tür an Tür mit seinen Schülern, das Familienleben eingebunden in den Schulalltag, und natürlich besuchten auch die eigenen Söhne die Anstalt, in der sie mit ihrem Vater und der Stiefmutter lebten. Nicht zuletzt ihretwegen ist Bach „aus einem Capellmeister ein Cantor" geworden, was ihm laut eigenem Eingeständnis gar nicht leicht geworden ist. Doch das von vielfältigen Handelsbeziehungen und dem geistig anregenden Horizont der Universität geprägte Leben in Leipzig schien Johann Sebastian, der selbst nie eine Universität besuchen konnte, das geeignete Klima, in dem seine Söhne gedeihen konnten. Er hat recht behalten, denn die fünf von seinen sechs Söhnen, die geistig dazu in der Lage waren, sind Musiker geworden – alle hochbegabt, vier wurden erfolgreiche Komponisten. Lediglich Johann Gottfried Bernhard, der „leider mißrathene" Sohn, war seiner Begabung charakterlich nicht gewachsen. Und Gottfried Heinrich, Anna Magdalenas ältestes überlebendes Kind, war zwar auch musikalisch begabt, doch behindert und blieb lebenslang auf familiäre Fürsorge angewiesen.

Die Kantorenwohnung war indessen nicht nur das Nest einer stetig wachsenden Familie, sie war auch die Schaltzentrale, von der aus Johann Sebastian Bachs vielfältige Amtsaktivitäten gesteuert wurden. Ein reinliches Nest konnte die Stadt Leipzig den Bachs indessen nicht zur Verfügung stellen – das beweist die erheblich höhere Sterblichkeit der Nachkommenschaft aus Bachs zweiter Ehe während der ersten 10 Jahre in Leipzig, obwohl die Wohnung laut Zeitungsnotiz „neu renoviert" war, als Familie Bach sie 1723 bezog. Erst mit dem Umbau der Thomasschule Anfang der 1730er Jahre haben sich die hygienischen Verhältnisse für die Familie Bach verbessert, und von den letzten fünf Kindern seit 1732 ist nur noch eines im Geburtsjahr gestorben.

Hier wohnte er Tür an Tür mit seinen Schülern, das Familienleben eingebunden in den Schulalltag, und natürlich besuchten auch die eigenen Söhne die Anstalt …

In den Räumen der Kantorenwohnung wurde die Vervielfältigung des Notenmaterials für die Aufführungen des Thomanerchors und des Collegium Musicum ausgeführt; Anna Magdalena und die Kinder leisteten den Löwenanteil dieser Arbeit, die eine unabdingbare Voraussetzung für die Aufführungen der Werke des Thomaskantors und Leipziger Musikdirektors war. Ebenso fand Bachs private Lehrtätigkeit hier statt, die in besonderer Weise den eigenen Kindern, der Ehefrau und ausgewählten Privatschülern galt. Bach zeigte sich, den Erinnerungen Carl Philipp Emanuels zufolge, in diesen Unterrichtsstunden nicht nur als ein Meister der Systematik, sondern auch als liebevoller und verständiger Lehrer; von dem Jähzorn, der seine Auseinandersetzungen mit vorgesetzten Behörden oft trübte, ist im Umgang mit den schutzbefohlenen Schülern nichts überliefert.

Aus Leipzig sind auch einige sonst äußerst rare Einblicke in die privaten Vorlieben des Kantors und seiner Frau, der gewesenen fürstlichen Kammersängerin, überliefert. So erfährt man, dass Anna Magdalena vernarrt in Singvögel war und überdies Nelken besonders liebte.

In 1723, Bach left his *Kapellmeister's* residence at Köthen to move, together with his wife and the four children from his previous marriage, to his new lodgings at the Leipzig *Thomasschule* where he lived virtually next door to his pupils. Bach's family life was now integrated into the daily school routine; of course, his own sons also attended the *Thomasschule* where they resided with their father and stepmother. Not least because of his new wife, the *"Kantor"* Bach had become a *"Kapellmeister"*—a change which, in Bach's own words, had not been an easy one for him. Life in Leipzig was characterised by the various trade relations and the intellectually stimulating atmosphere of the university town whose climate Johann Sebastian deemed appropriate for the further development of his sons—especially as Bach himself had never been able to go to university. And he was proven right: five of his six sons later became musicians—all of them highly talented; four eventually became successful composers. Only Johann Gottfried Bernhard, the son whose talents were, unfortunately, "not developed", didn't have the personality to match his talent. And Gottfried Heinrich, musically gifted yet retarded mentally, was to remain dependent on the care of his family for his whole life.

Bach's family life was now integrated into the daily school routine; of course, his own sons also attended the Thomasschule where they resided with their father and stepmother.

The cantor's house was not only a nest for the constantly growing family; it also served as a "control centre" from where Bach's various activities could be coordinated. However, the "nest" which the city of Leipzig had provided for Bach was by no means a clean one as the mortality rate among the children from his second marriage was to prove rather high during Bach's first ten years in Leipzig—even though according to a newspaper article, the apartment had been newly renovated before the Bach family took up lodgings there in 1723. Not until the restructuring of the *Thomasschule* in the early 1730s did the hygienic conditions improve so that after 1732, only one of the couple's last five children died in infancy.

The music sheets for the concerts of the *Thomanerchor* and the *Collegium Musicum* were copied in the cantor's rooms, the lion's share of this work being done by Anna Magdalena and the children—an indispensable precondition for the performance of the works of the *Thomaskantor* and music director of the city of Leipzig. Likewise, Bach's private lessons took place here, especially the teaching of his own children, his wife and selected private pupils. According to Carl Philipp Emanuel's memory, Bach not only proved to be a systematic master during these lessons, he also was a loving and understanding teacher. The violent outbursts of temper which had often peppered Bach's disputes with superiors and authorities are not recorded to have had any impact on his dealings with his pupils.

There is, however, record of—otherwise very rare—glimpses into the more private preferences of the cantor and his wife, the former princely court singer. We learn, for instance, that Anna Magdalena was infatuated

Johann Sebastian war alkoholischen Getränken durchaus zugetan – von Branntwein ist die Rede ebenso wie von Wein, für dessen Lieferung die in Franken ansässige Bach'sche Verwandtschaft einstehen konnte. Allerdings zeigte Bach sich hier auch von einer wirtschaftlich-sparsamen Seite, wenn er in einem Brief nach Schweinfurt davon spricht, dass der Flüssigkeitsverlust in einem Weinfass während der langen Reise beträchtlich sei, „durch die Erschütterung", wie er höflich anmerkt (ohne eventuellen Durst der Fuhrunternehmer zu argwöhnen). Überdies verteuerten die verschiedenen Zollabgaben der auf dem Weg nach Leipzig durchquerten Gebiete das bei der Ankunft halbleere Fass so sehr, dass es dann „vor ein Geschenk allzu kostbar" wurde. So jedenfalls begründete Bach seinen Verzicht auf weitere Weinzusendungen aus dem Frankenland.

with songbirds and loved carnations. Johann Sebastian, on the other hand, was fond of alcohol: spirits are mentioned, including wine for the delivery of which Bach's relatives in Franconia could be relied on. However, Bach displayed a thrifty and economical trait even in this regard: in a letter sent to Schweinfurt, he explained that the loss of liquid during the transport of a wine cask was significant—"due to jolting", he added politely, thus avoiding to address the potential thirst of the carters. Moreover, the various taxes charged during road transport through different territories made the casks (which sometimes arrived half empty) even more expensive, in fact "too costly for a present". This was, at any rate, the reason Bach gave for refraining from ordering more wine from Franconia.

„Johann Sebastian Bach im Kreise seiner Familie with his family" (Bach mit seiner Familie bei der Morgenandacht at early prayer with his family)
Lichtdruck, spätere Kolorierung, nach dem Gemälde von Collotype, coloured later, after a painting by Toby Edward Rosenthal, 1870

Konzerte im Zimmermannschen Caffee-Haus

Concerts at Zimmermann's Coffee House

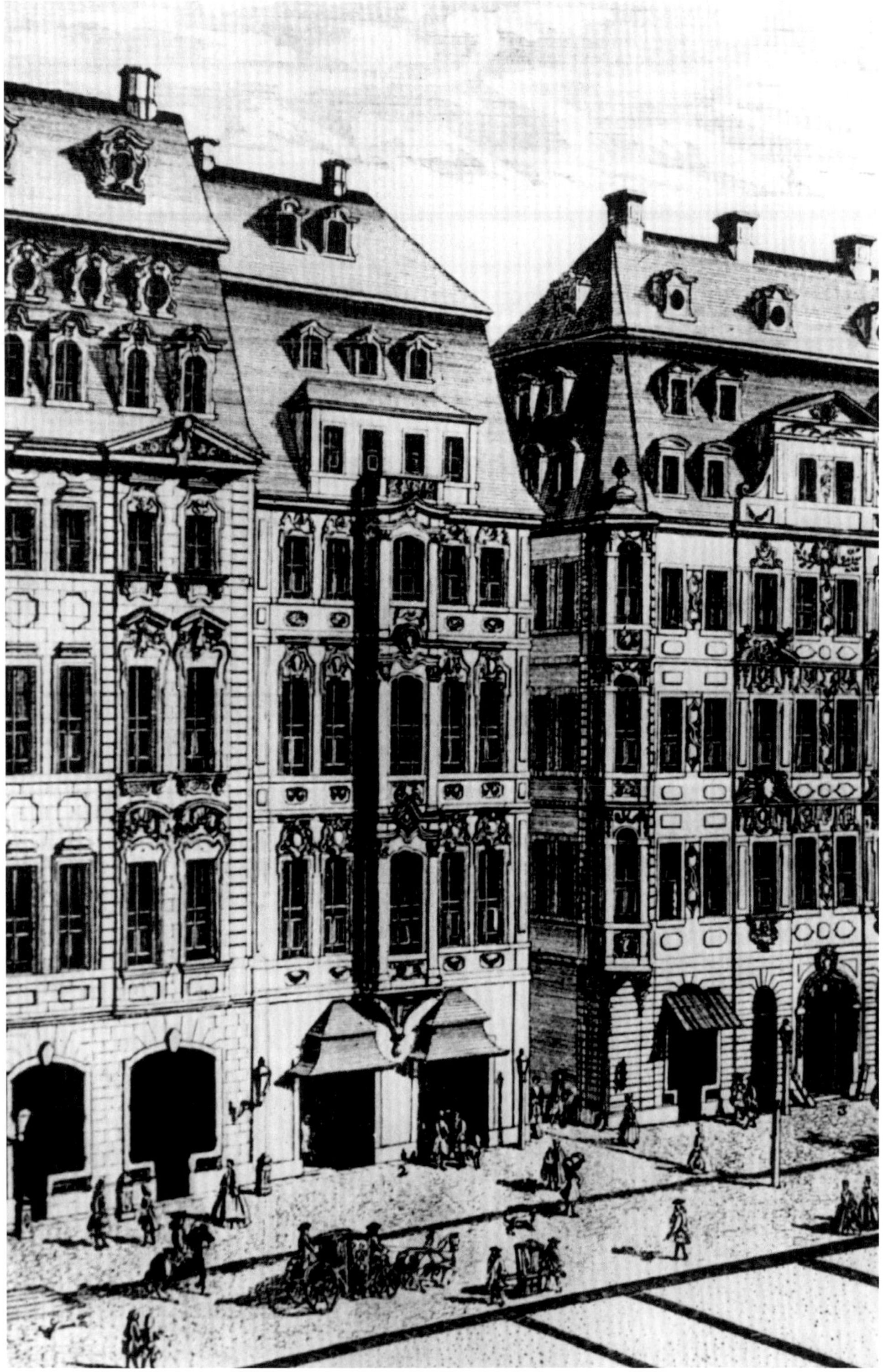

Zimmermann'sches Caffee-Haus Zimmermann's Coffee House **in Leipzig (Außenansicht des mittleres Gebäudes** Exterior of middle building**). Seit 1729 konzertierte Bach hier mit seinem studentischen Collegium musicum** where Bach gave concerts with students of his "Collegium musicum" since 1792
Ausschnitt aus einem Kupferstich von Detail from a copper engraving by J.G. Schreiber nach after G. Wustmann, 1750

Als Bach 1723 seine Stellung als Hofkapellmeister in Köthen aufgab und seinen Dienst als Thomaskantor in Leipzig antrat, fiel es ihm nach eigener Aussage gar nicht leicht, „aus einem Capellmeister ein Cantor zu werden". Die ersten Leipziger Jahre waren, wie bereits geschildert, von intensiver Arbeit als Leiter der städtischen Kirchenmusik geprägt: Es entstanden unter anderem drei Jahrgänge geistlicher Kantaten sowie die Johannes- und die Matthäuspassion. Nach heutigem Wissensstand hatte Bach dieses gewaltige Werk abgeschlossen, als er 1729 die Leitung des von Georg Philipp Telemann 1702 während seiner Studentenzeit in Leipzig gegründeten Collegium Musicum übernahm. So wurde aus dem „Cantor" nach sechs Jahren auch wieder ein „Capellmeister" Bach. Die Konzerte des Collegium Musicum fanden „unter der Direction des Herrn Cantoris Bach bei Herrn Gottfried Zimmermann, Sommers-Zeit im Garten Mittwochs, von 4 bis 6 Uhr, und Winters-Zeit Freitags im Caffee-Hause auf der Catharinen-Straße, abends von 8 bis 10 Uhr" statt, wie ein zeitgenössischer Stadtführer vermerkt.

Vor einem Publikum von Kennern und Liebhabern entfaltete Bach sein ganzes Spektrum in der Orchestermusik, mit Solokonzerten und Kammermusik, und er konnte seinen Söhnen Wilhelm Friedemann, Carl Philipp Emanuel, Johann Gottfried Bernhard, Gottfried Heinrich, Johann Christoph Friedrich und Johann Christian, allesamt begabte Musiker, erste Erfahrungen im öffentlichen Auftritt vermitteln. Die Konzerte des Collegium Musicum waren Höhepunkte im Leipziger Kulturleben, sie gewannen besondere Bedeutung während der Messen, wenn die Stadt voll von auswärtigen Besuchern war und mit kulturellen Höchstleistungen beeindrucken wollte. Kaum ein Musikliebhaber kam in die Stadt, ohne sich im Zimmermannschen Garten oder Caffee-Haus einzufinden, um Bach zu hören.

Bachs Übernahme der Leitung des Collegium Musicum fällt in eine Zeit verschiedener tiefgreifender Auseinandersetzungen mit seinen geistlichen und weltlichen Vorgesetzten. In diesen Streitereien hat er sich oft an den kurfürstlichen Hof in Dresden gewandt, um von dort Unterstützung für das zu erhalten, was er für sein gutes Recht hielt. Überdies war mit dem Tod von Fürst Leopold von Anhalt-Köthen 1728 sein Ehrentitel des Hofkapellmeisters erloschen. Hartnäckig verfolgte Bach danach das Ziel, eine Stellung oder zumindest einen Titel am Hof des sächsischen Kurfürsten in Dresden, der obendrein noch polnischer König war, zu erringen. Also wurden vom Zimmermannschen Caffee-Haus auch in die Residenzstadt Dresden Signale versandt, dass innerhalb der Mauern Leipzigs ein Komponist wirkte, der dem sächsisch-polnischen Hof Ehre machen könnte: So steht beispielsweise die Aufführung der Huldigungskantate „Tönet, ihr Pauken! Erschallet, Trompeten" BWV 214 anlässlich des Geburtstages der Kurfürstin Maria Josepha am 8. Dezember 1733 ebenso im Zusammenhang mit diesen intensiven Bemühungen wie die Übersendung des „Kyrie" und „Gloria" der h-Moll-Messe an Kurfürst Friedrich August II. im selben Jahr. Am 19. November 1736 war immerhin ein Erfolg erreicht: Bach wurde zum *Königlich Polnischen und Kurfürstlich Sächsischen Hof-Compositeur* ernannt.

When Bach quit his employment in Köthen in 1723 to take up the post of *Thomaskantor* in Leipzig he admitted to finding the change from the position of *Capellmeister* to that of *Cantor* not at all easy. As has been described earlier, his first years in Leipzig were marked by the demanding task of being in charge of supervising the entire city's church music. Here, Bach composed, among other pieces, sacred cantatas for three consecutive years as well as both *St John's* and *St Matthew's Passions*. According to current knowledge, Bach had finished this enormous amount of work when he took over the direction of the Leipzig *Collegium Musicum* in 1729. (The *Collegium Musicum* had been founded by Georg Philipp Telemann in 1702 when he was a student in Leipzig.) Thus, after six years, the Cantor Bach resumed the position of *Capellmeister*. According to a contemporary city guide, the concerts given by the *Collegium Musicum* took place "under the direction of Herr Cantor Bach either in Gottfried Zimmermann's garden on Wednesdays from 4 p.m. to 6 p.m. during the summer season, or on Fridays, from 8 p.m. to 10 p.m., in Zimmermann's Coffee House on Catharinenstrasse during the winter season".

In front of an audience made up of connoisseurs and enthusiasts, Bach displayed the whole spectrum of his compositions for orchestra including both chamber music and solo concertos. Moreover, he made it possible for his sons Wilhelm Friedemann, Carl Philipp Emanuel, Johann Gottfried Bernhard, Johann Christoph Friedrich, and Johann Christian, all of them talented musicians, to gain first experience on a public stage. Performances by the *Collegium Musicum* were generally regarded as highlights of cultural life in Leipzig, gaining in importance especially during the fairs when foreigners flooded the city which, in its turn, was keen on impressing its visitors with first-class cultural events. Hardly any music enthusiast visited the city without coming to either Zimmermann's garden or Coffee House in order to listen to Bach.

The taking-over of the direction of the *Collegium Musicum* coincided with various arguments which Bach, in his capacity as *Thomaskantor*, had to fight out with both his religious and secular superiors. In the course of these altercations, he frequently turned to the electoral court in Dresden for support, believing he had every right to do so. Furthermore, his honorary title of *Hofkapellmeister* had expired when Prince Leopold of Anhalt-Köthen died in 1728. Bach had set himself the goal of obtaining a post at the Dresden court, or at least a new title from the Saxon Elector who was also King of Poland. From Zimmermann's Coffee House, the Dresden residence kept receiving news of a composer who lived and worked within the city walls of Leipzig and who was believed to be a credit to the Saxon-Polish court. Both the performance of the worship cantata *Tönet, ihr Pauken! Erschallet, Trompeten* BWV 214 on the occasion of the elector's wife Maria Josepha's birthday on 8 December 1733 and the sending of the "Kyrie" and "Gloria" of the Mass in b-minor to the Elector Friedrich August II in the same year, are connected with these genuine efforts. Eventually, Bach was successful at least in one respect: on 19 November 1736, he was appointed *Royal Polish and Electoral Saxon Court Composer*.

Musizierende Studenten an der Universität Leipzig **Students playing at Leipzig University**
Kupferstich (Künstler unbekannt), undatiert Copper engraving by anonymous, undated

Stadtansicht von View of Dresden
Gemälde von Painting by Bernardo Michiel Bellotto (Canaletto), 1748

Konflikte
Conflicts

Vier Jahre ungestörten Arbeitsfriedens waren Bach nach der Übernahme des Thomaskantorats beschieden, und er nutzte sie mit fabelhafter Produktivität. Dieser fruchtbaren Zeit folgte eine nahezu zehnjährige Periode verschiedenartigster Auseinandersetzungen, die Bachs Zufriedenheit mit seiner Leipziger Stellung so schwer beeinträchtigten, dass er 1730 einen Brief an seinen Jugendfreund Georg Erdmann schrieb, in dem er ein düsteres Bild seiner Situation zeichnete. Bisher hatte Bach jedes Mal, wenn er sich mit beruflichen Schwierigkeiten konfrontiert sah, den Ausweg in einer Ortsveränderung gesucht; mit solchen Gedanken trug er sich offensichtlich auch 1730, da er Erdmann, der als diplomatischer Vertreter Russlands in Danzig lebte, um Hilfe bei der Stellensuche bat. Dieser Brief, immerhin an einen alten Vertrauten gerichtet, ist in einer überaus formellen Sprache abgefasst – vielleicht ist diese Steifheit als Hinweis darauf zu verstehen, dass der durchaus zum Jähzorn neigende Bach nur so seine Erregung zu zügeln wusste. Überdies konnte man ja bei den damaligen umständlichen Postwegen durch viele Territorien auch nie wissen, wer außer dem Adressaten die Briefe sonst noch las.

1727 begannen die Differenzen mit Streit über die Zuständigkeit für die Musik an der Universitätskirche: Überzeugt, dass diese selbstverständlich auch unter seiner Regie als Leiter der Leipziger Kirchenmusik stehe, hatte Bach stillschweigend geduldet, dass der Organist der Nikolaikirche, Johann Gottlieb Görner, die Funktion eines akademischen Musikdirektors übernommen hatte und als solcher auch den größten Teil der Musik in der Universitätskirche besorgte. Als Bach allerdings feststellen musste, dass er das eigentlich ihm zustehende Honorar dafür mit Görner teilen sollte, legte er Widerspruch ein und ging damit bis zum Kurfürsten, unter dessen Hoheit die Universität stand. Die stellte sich auf die Seite ihres Musikdirektors Görner und machte Bach auf diese Weise schmerzlich klar, dass er als Nichtakademiker –

Bisher hatte Bach jedes Mal, wenn er sich mit beruflichen Schwierigkeiten konfrontiert sah, den Ausweg in einer Ortsveränderung gesucht…

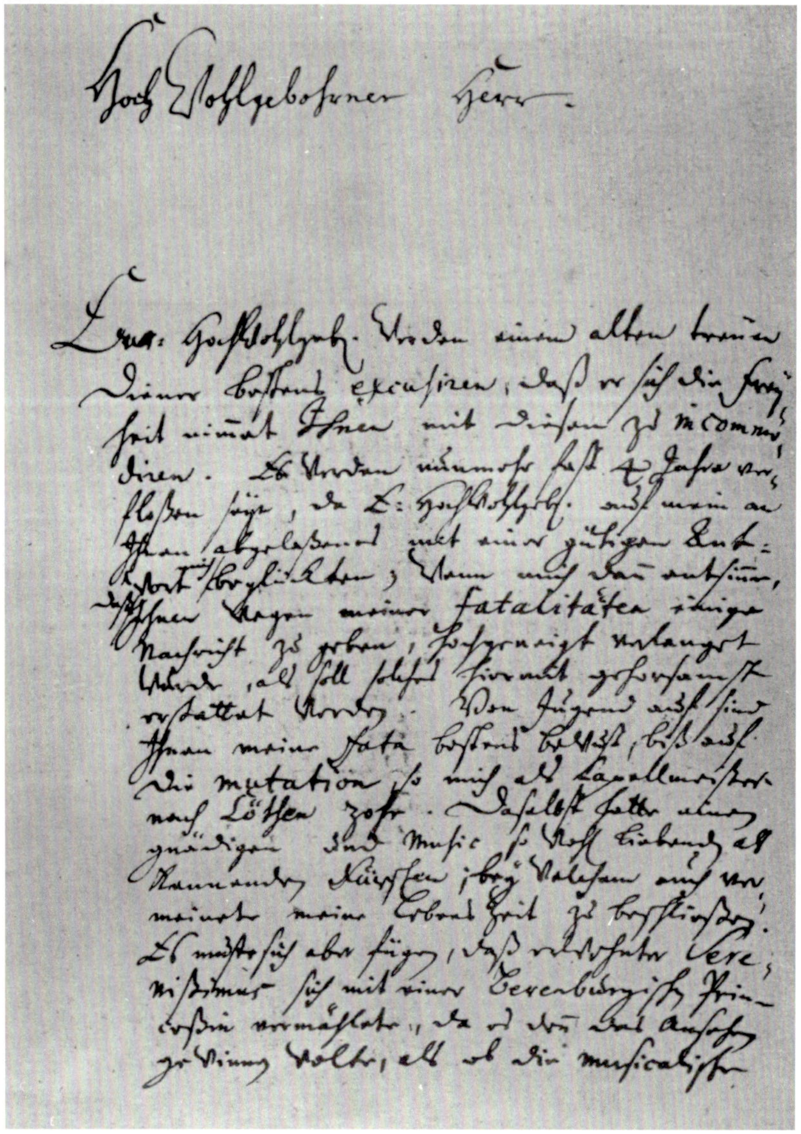
Hoch Wohlgebohrner Herr.

Ew. Hochwohlgeb. werden einem alten treuen Diener bestens excusiren, daß er sich die Freyheit nimmt Ihnen mit diesem zu incommodiren. Es werden nunmehro fast 4 Jahre verfloßen seyn, da E. Hochwohlgeb. auf mein an Ihnen abgelaßenes mit einer gütigen Antwort beglückten; Wann mich dann entsinne, daß Ihnen wegen meiner fatalitäten einige Nachricht zu geben, hochgeneigt verlanget wurde, als soll solches hiermit gehorsamst erstattet werden. Von Jugend auf sind Ihnen meine Fata bestens bewust, biß auf die mutation so mich als Capellmeister nach Cöthen zohe. Daselbst hatte einen gnädigen und Music so wohl liebenden als kennenden Fürsten; bey welchem auch vermeinete meine Lebenszeit zu beschließen. Es muste sich aber fügen, daß erwehnter Serenißimus sich mit einer Berenburgischen Princeßin vermählete, da es denn das Ansehen gewinnen wolte, als ob die musicalische

Brief an Bachs Jugendfreund Georg Erdmann, vom 28.10.1730 (1. Seite)
Letter to Georg Erdmann the friend of Bach's youth written on 28 October 1730 (page 1)

After taking over the post of *Thomaskantor,* Bach was granted four years of working in undisturbed peace. His productivity during that time was amazing. Yet, these fruitful years were followed by nearly a decade of various altercations which had an increasingly negative effect on Bach's happiness with his Leipzig post. In 1730, he wrote a letter to his old friend and confidant Georg Erdmann, painting a dismal picture of his overall situation. Whenever Bach had hitherto been confronted with problems at work, he had found an escape route by moving elsewhere. He was obviously pondering such a move again in 1730 when he asked Erdmann to help him find a new position. Bach's letter to Erdmann was highly formal—its style possibly hinting at the fact that for Bach (who was prone to violent outbursts of temper) the use of controlled language was a means to curb his anger. Moreover, given the awkward postal routes which at that time involved travelling through many territories, one never knew who, besides the addressee, might set eyes on a letter.

Altercations began in 1727 with an argument concerning the question of who was in charge of the music played at Leipzig's university church: as Bach was convinced that his post as overall director of the Leipzig church music naturally included the supervision of that church, he tacitly tolerated the fact that Johann Gottlieb Görner, the organist at St Nicolai Church, had assumed the position of academic music director. In this role, Görner controlled most of the music performed at the university church. However, when Bach realised that he was expected to share his earnings with Görner he protested, appealing even to the elector who had the supreme power over the university. The university in its turn took sides with its music director Görner, thus making it painfully

Whenever Bach had hitherto been confronted with problems at work, he had found an escape route by moving elsewhere.

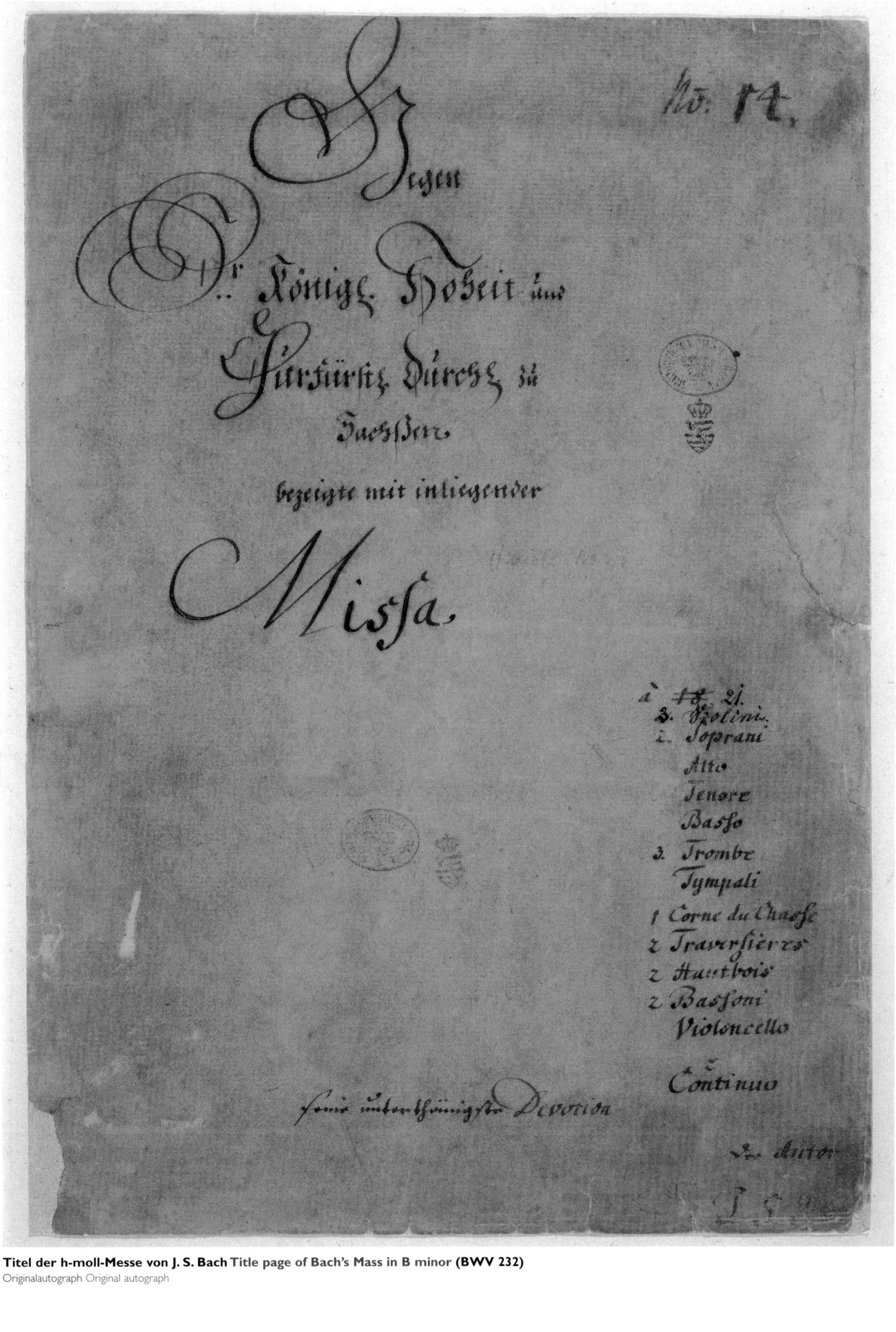

Titel der h-moll-Messe von J. S. Bach Title page of Bach's Mass in B minor **(BWV 232)**
Originalautograph Original autograph

im Unterschied zu vielen Musikerkollegen, wie beispielsweise Telemann und Händel, war Bach nie an einer Universität immatrikuliert – von der Institution Universität nur wenig Respekt erwarten konnte. Bach unterlag in diesem Streit und hat folglich kaum noch Interesse an der Universitätskirche gezeigt.

Ab 1729 mehren sich die Konflikte mit dem Rat der Stadt Leipzig. Schon seit seinem Berufsanfang hat Bach sehr genaue (und durchaus kostspielige) Anschauungen davon, wie eine gut organisierte, in seinen Worten „wohl bestallte" Kirchenmusik auszusehen habe. Im reichen Leipzig bemühte er sich energisch, seine Vorstellungen in die Wirklichkeit umzusetzen. Nach einigen Jahren der Erfahrung in Amt und Zwist fasste er sie 1730, noch vor dem Klagebrief an Freund Erdmann, in einer Eingabe an den Rat zusammen, die gewissermaßen einen Katalog seiner Mindestforderungen darstellt: *Kurtzer, iedoch höchstnöthiger Entwurff einer wohlbestallten Kirchen Music.* Der Rat jedoch schickt sich keinesfalls an, von seiner Knauserigkeit Abstand zu nehmen, und Bach reagiert mit der Charaktereigenschaft der „Halsstarrigkeit", die bereits in Weimar aktenkundig geworden war. Er macht Dienst nach Vorschrift – der Leipziger Rat hat indes andere Vorstellungen von seinen Pflichten, ermahnt ihn mehrfach und kürzt ihm sogar einmal das Gehalt.

Für Bach war die Musik eine Sprache, mit der man Emotionen und Affekte ausdrücken konnte, die mit Worten höchstens zu beschreiben waren.

Wenigstens an der Thomasschule selbst wirkte ab 1730 mit Rektor Johann Matthias Gesner ein Mann, mit dem Bach sich einig wusste. Doch Gesner konnte an der Universität Leipzig keine Professur erhalten und ging daher schon 1734 an die Göttinger Universität. Sein Nachfolger war der nur 27-jährige Johann August Ernesti, zu dem der 22 Jahre ältere Bach zunächst nahezu freundschaftliche Beziehungen pflegte. Bald allerdings zeigte sich, dass die beiden Männer von Naturell und Zielrichtung her gegensätzlich waren. Nur zwei Jahre nach Ernestis Amtsantritt eskalierten die Probleme zwischen Kantor und Rektor im „Präfektenstreit" über Bachs Recht, seine Chorpräfekten selbst auszuwählen, das Ernesti ihm anlässlich der Einsetzung des Nachfolgers für einen musikalischen, aber undisziplinierten Präfekten streitig gemacht hatte. Zwei Jahre schwelt die Auseinandersetzung, wieder geht es wort- und aktenreich bis nach Dresden, schließlich verläuft die Angelegenheit im Sande, ohne dass Bach sein Ziel erreicht hätte. Das Verhältnis zwischen Kantor und Rektor ist endgültig vergiftet.

Mit Ernesti hatte ein Mann des aufstrebenden Rationalismus das Regiment an der Thomasschule übernommen, der dem Bildungsideal huldigte, das bis in unsere Zeit das tragende Fundament der humanistischen Gymnasien geblieben ist. Für Bach war die Musik eine Sprache, mit der man Emotionen und Affekte ausdrücken konnte, die mit Worten höchstens zu beschreiben waren. In der Kirche kam der Musik also eine zentrale Rolle im Lob Gottes und in der Verkündigung seiner Botschaft zu, kann Musik doch tiefere Wahrheiten bekunden, als in Worte zu fassen ist. Daher war für Bach die musikalische Ausbildung ein Hauptanliegen eines christlichen Schulwesens, während sie für die

clear to the non-academic Bach—unlike many of his colleagues such as Telemann or Händel, Bach had never enrolled with a university—that he couldn't expect much respect from the institution's side. Bach was defeated and showed hardly any more interest in the university church.

From 1729, conflicts with the Leipzig city council became more frequent. Since the beginning of his career, Bach had had a very concrete (and, in fact, costly) idea of what a well-organised ("well-appointed" in his own words) church music should look like. Leipzig was a rich city, so Bach tried hard to put his ideas into effect. After several years of difficulties and experience gained in his office—and even prior to his letter of complaint to Erdmann—Bach summarised these ideas in a petition to the council registered in 1730. Under the title of *A Short But Most Necessary Draft for a Well-Appointed Church Music,* this petition reads like a list of minimum demands. The council, however, showed no sign of abandoning their stinginess and Bach reacted with the very stubbornness that had been put on record years before in Weimar: he worked to rule. The Leipzig council of course had an altogether different view of Bach's duties, admonished him repeatedly and even cut his salary once.

There was one man at the Thomasschule, however, with whom Bach was in agreement: in 1730, Johann Matthias Gesner had become the school's principal. But Gesner, being denied a professorship at the University of Leipzig, left the city only four years later when offered a chair at Göttingen University. His successor to the principalship was Johann August Ernesti, a young man of 27, with whom Bach, meanwhile 49 years old, became rather friendly at first. It soon turned out, however, that the two men had quite contradictory characteristics and ambitions. Only two years after Ernesti's appointment, problems intensified, culminating in the so-called "prefect dispute" between the cantor and the principal. The contentious issue was Bach's right to choose his choir prefects himself. On the occasion of the replacement of a musically gifted yet undisciplined prefect, Ernesti had got in Bach's way. Altercations smouldered for two years, and again, wordy files were sent to Dresden. However, when matters came to naught and Bach failed to reach his goal, the relations between cantor and principal were poisoned for good.

For Bach, music was a language capable of expressing emotions that words can at best describe.

The Thomasschule's new head Ernesti was a representative of the up-and-coming rationalist movement devoted to an educational ideal which became the foundation of the sort of classical education offered at German grammar schools to this day. For Bach, music was a language capable of expressing emotions that words can at best describe. In church, music was thus crucial to praising God and spreading the Gospel as it was better suited than words to convey deeper truths. Therefore, musical education as part of a Christian school system was of utmost

Ordnung der Leipziger Thomasschule (Titelblatt) **Regulations of St Thomas' School (title page)**

Verstandesmenschen der Aufklärung mehr zivilisatorisch-schmückendes Beiwerk einer kulturell orientierten Allgemeinbildung war. Bachs unverrückbare Überzeugtheit von der Musik als einer Säule christlicher Existenz bleibt bis in seine letzten Jahre: Noch kurz vor seinem Tod befand er anlässlich einer Schrift des Rektors des Freiberger Gymnasiums über ein zu hohes Gewicht der Musikausbildung an den Gymnasien barsch, wenn auch mit treffendem Sprachwitz, man müsse „dem Rektor sein Dreckohr reinigen!".

importance to Bach, whereas it was considered by the rational minds of the Enlightenment to be a mere embellishment to a wider-ranging cultural education. Until his final years, Bach was to remain firmly convinced that music was a mainstay of Christianity. Shortly before his death, he commented on the writings of the principal of the Freiberg grammar school, according to which the focus on musical education at grammar schools was too strong: Bach poignantly demanded that "the principal's dirty ears receive a good cleaning".

Bach und drei seiner Söhne with three of his sons
Gemälde von Painting by Balthasar Denner, um c. 1730

Wilhelm Friedemann Bach
Gemälde von Painting by W. Weitsch, um c. 1760

Die Kinder
The children

Zwanzig Kinder hatte Bach aus seinen beiden Ehen, und die Hälfte von ihnen überlebte das fünfte Lebensjahr. Die sieben ersten Kinder stammen von der ersten Ehefrau, seiner Cousine Maria Barbara, von ihnen haben vier die Kindheit überlebt. Ein Zwillingspärchen starb 1713, der Junge wurde tot geboren und notgetauft, das Mädchen überlebte nur drei Wochen – Zwillingsgeburten lagen übrigens bei den Bachs in der Familie, Johann Sebastians Vater Ambrosius war selbst ein Zwilling. Dem 1718 geborenen Leopold Augustus, für den eine erlauchte Schar adliger Herrschaften unter Führung des Fürsten Leopold von Anhalt-Köthen die Patenschaft übernahm, waren ebenfalls nur 10 Monate Lebenszeit beschieden. Von Anna Magdalenas 13 Kindern erreichten nur sechs das Erwachsenenalter, drei starben in ihrem Geburtsjahr, vier wurden nicht älter als fünf Jahre. Das mag ein Licht auf die Wohnverhältnisse in der Thomasschule werfen, die zumindest vor dem Umbau 1731/32 mangelhaft gewesen sein müssen. Vor dem Umbau klagte Bach regelmäßig über krankheitsbedingte Ausfälle im Thomanerchor.

In der nachfolgenden Liste werden alle 20 Kinder Johann Sebastian Bachs aufgeführt, im Fettdruck erscheinen die Nachkommen, die das Erwachsenenalter erreichten.

<u>Kinder von Maria Barbara:</u>

Catharina Dorothea 1708–1774
Wilhelm Friedemann (Friedemann) 1710–1784
„Hallenser Bach"
Maria Sophia 1713 (Zwilling von Johann Christoph)
Johann Christoph 1713 (Zwilling von Maria Sophia)
Carl Philipp Emanuel (Carl) 1714–1788
„Berliner bzw. **Hamburger Bach"**
Johann Gottfried Bernhard 1715–1739
Leopold Augustus 1718–1719

<u>Kinder von Anna Magdalena:</u>

Christiana Sophia Henrietta 1723–1726
Gottfried Heinrich 1724–1763
Christian Gottlieb 1725–1728
Elisabeth Juliana Friederica (Lieschen) 1726–1781
Ernestus Andreas 1727
Regina Johanna 1728–1733
Christiana Benedicta 1730
Christiana Dorothea 1731–1732
Johann Christoph Friedrich (Friedrich) 1732–1795
„Bückeburger Bach"
Johann August Abraham 1733
Johann Christian (Christel) 1735–1782
„Mailänder bzw. **Londoner Bach"**
Johanna Carolina 1737–1781
Regina Susanna 1742–1809

From both his wives, Bach had 20 children altogether, but only half of them survived their fifth years. The mother of Bach's first seven children was his cousin Maria Barbara. Four of them survived infancy while her twins died in 1713—the boy was stillborn, but received an emergency baptism, the girl died after only three weeks. (Incidentally, twin births ran in the Bach family: Johann Sebastian's father Ambrosius for example had also had a twin brother.) Another of Bach's sons, Leopold Augustus, was born in 1718. Under the auspices of Prince Leopold of Anhalt-Köthen, a select circle of noblemen took on responsibilities as the boy's godfathers. However, Leopold Augustus, too, died after only 10 months.

Of the 13 children born by Anna Magdalena only six lived to be adults. Three died within their first years, four never reached their sixth birthdays. This may shed an unfavourable light on the lodging conditions at the Thomasschule which—at least before the improvements of 1731/32—must have been poor. Before the school's renovation, Bach had regularly complained about the number of choristers absent due to illness.

The following list shows the names of Bach's 20 children with those who reached adulthood printed in bold:

<u>Children of Maria Barbara:</u>

Catharina Dorothea 1708–1774
Wilhelm Friedemann (Friedemann) 1710–1784,
also known as **"Hallenser Bach"**
Maria Sophia 1713 (twin of Johann Christoph)
Johann Christoph 1713 (twin of Maria Sophia)
Carl Philipp Emanuel (Carl) 1714–1788
also known as **"Berlin** or **Hamburg Bach"**
Johann Gottfried Bernhard 1715–1739
Leopold Augustus 1718–1719

<u>Children of Anna Magdalena:</u>

Christiana Sophia Henrietta 1723–1726
Gottfried Heinrich 1724–1763
Christian Gottlieb 1725–1728
Elisabeth Juliana Friederica (Lieschen) 1726–1781
Ernestus Andreas 1727
Regina Johanna 1728–1733
Christiana Benedicta 1730
Christiana Dorothea 1731–1732
Johann Christoph Friedrich (Friedrich) 1732–1795,
also known as **"Bückeburg Bach"**
Johann August Abraham 1733
Johann Christian (Christel) 1735–1782,
also known as **"Milan** or **London Bach"**
Johanna Carolina 1737–1781
Regina Susanna 1742–1809

Alle sechs überlebenden Söhne Bachs sind Musiker geworden, vier von ihnen haben es in die Komponistenelite ihrer Generation geschafft – wahrhaft eine positive Bilanz für Johann Sebastian als Lehrer. Offensichtlich ist er im Unterricht ebenso systematisch wie pädagogisch klug vorgegangen, wie aus Zeitzeugnissen überliefert ist; der Jähzorn, dem sich Leute ausgesetzt sahen, wenn sie Zielen im Wege standen, die Bach im Blick hatte und auf die er seiner Ansicht nach ein Anrecht hatte, war in seiner Praxis musikalischer Unterweisung offensichtlich nicht gegenwärtig. Sein *Klavierbüchlein* für Wilhelm Friedemann ist ein Beispiel für Bachs Unterrichtsmethode, diese Kompilation ist sicherlich auch bei den übrigen Kindern zur Anwendung gekommen.

Nachfolgend einige Bemerkungen zu den einzelnen Söhnen:

Wilhelm Friedemann, der älteste Sohn, stand seinem Vater musikalisch und möglicherweise auch charakterlich am nächsten; im Übrigen dürfte Bach in diesen „Kronprinzen" die größten Hoffnungen gesetzt haben. Friedemann war ein hervorragender Organist, 1733 wurde er für 13 Jahre Organist der Sophienkirche in Dresden. Dort besucht ihn der Vater gerne, nicht zuletzt, um sich an der Dresdner Opernmusik und ihren Arien, von Johann Sebastian liebevoll „Dresdner Liederchen" genannt, zu delektieren. Ab 1746 ist Friedemann Organist der Liebfrauenkirche in Halle, verheiratet sich dort 1751, ist mit seiner Hallenser Obrigkeit genauso oft im Streit wie der Vater mit den Leipziger Vorgesetzten, reagiert schließlich ebenso „halsstarrig" wie Johann Sebastian auf die Konflikte, indem er ab 1764 nicht einmal mehr Dienst nach Vorschrift macht, sondern seine Tätigkeit schlicht und einfach einstellt. 1774 lässt er sich in Berlin nieder, findet aber trotz seines Rufes als „unstreitig der größte Organist der Welt", wie Christian Daniel Friederich Schubarth ihn nennt, keine feste Anstellung, obwohl es Bewunderer gibt wie Anna Amalia, die Schwester Friedrichs des Großen. 1784 ist er hochgeachtet, doch verarmt, in Berlin, mit 76 Jahren für damalige Zeiten hochbetagt, gestorben. Der ungewöhnliche Lebenslauf Wilhelm Friedemann Bachs hat romantischen Legenden über sein Leben und seine Persönlichkeit Tür und Tor geöffnet. Vom Film der 1940er Jahre, in dem Gustav Gründgens seine geniale Schauspielkunst einem Drehbuch lieh, das Friedemann als genial-verkommenen Desperado schilderte, bis zu einem ebenfalls schauspielerisch hochkarätig besetzten Fernsehspiel unserer Tage, in dem Friedemann gleichgeschlechtliche Avancen Friedrichs II. tollpatschig erwidert, reicht die Skala publikumswirksamer Missverständnisse. Friedemanns Musik ist seine einzige Hinterlassenschaft, die heute noch zu interessieren hat, und sie bestätigt mit ihrer Qualität bis heute Vater Bachs Zuneigung zu seinem hochgenialen Erstling.

Carl Philipp Emanuels Leben verlief in geordneteren Bahnen als das seines älteren Bruders. Wenn man in der zweiten Hälfte des 18. Jahrhunderts in Deutschland von Bach sprach, war Carl Philipp Emanuel gemeint. Früh schon hat er seinem Vater bei der Einrichtung von Kompositionen für das Leipziger *Collegium Musicum* geholfen, erreicht an der juristischen Fakultät der Universität Frankfurt an der Oder die Weihen einer akademischen Immatrikulation und musikalische Reputation durch Aufführungen eigener Kompositionen. Berlin wird sein erster Schicksalsort, dort wirkt er seit 1740 als Kammercembalist des jungen Königs Friedrich II. Der schätzt den Klang des Namens Bach und die virtuosen Fähigkeiten Carl Philipps; die Musik des Bach-Sohnes, expressiv und hochmodern, gefällt dem König weniger, er neigt – als Flötist selbst ein begabter Musiker – musikalisch einem eher blassen

All of Bach's six surviving sons became musicians, four of them actually made it into the elite of composers of their generation—truly an impressive result of Johann Sebastian's teaching methods. According to contemporary documents, his teaching was clever, both from a systematical and pedagogical point of view. The violent outbursts of temper, however, faced by those who got into Bach's way, or prevented him from reaching his goals (especially when Bach was convinced that he was entitled to them) obviously had no impact on his musical instruction. Bach's teaching methods are well reflected in the *Klavierbüchlein* written for his son Wilhelm Friedemann—a compilation Bach most certainly used for the teaching of his other children as well.

The following paragraphs each contain a few short notes on Bach's individual sons:

In terms of both music and character, the oldest son **Wilhelm Friedemann** was perhaps closest to his father. Bach would therefore have pinned his greatest hopes on his "crown prince". Friedemann was an outstanding organist; from 1733, he played the organ at the Dresden Sophienkirche for 13 years. His father liked to visit him there, not least because he enjoyed the local operas and arias which he affectionately called "Dresdner Liederchen" ["Little Dresden songs"]. From 1746, Friedemann held the post of organist at the *Liebfrauenkirche* in the city of Halle where he got married in 1751. His numerous quarrels with the Halle authorities matched those between his father and the Leipzig superiors. In view of these disputes, Friedemann displayed a stubbornness similar to that of his father: from 1764, he did not even "work to rule", but simply stopped working altogether. In 1774, he settled down in Berlin, failing however to find permanent employment despite his reputation as "indisputably the world's greatest organist" as Christian Daniel Friedrich Schubarth called him—and despite the admiration on the part of other distinguished people such as Frederick the Great's sister Anna Amalia. Highly regarded yet impoverished, he died in Berlin in 1784, aged 76. Wilhelm Friedemann Bach's unusual biography has opened the way for various romantic tales about his life and personality. The spectrum of popular misunderstandings ranges from a 1940s movie (in which Gustav Gründgens lent his acting talent to the part of Wilhelm Friedemann, portrayed in the script as a depraved desperado/genius) to a modern TV play with an equally top-class cast in which Friedemann awkwardly reciprocates the homosexual advances of Frederick II. Friedemann's prime legacy is of course his music, its quality bearing witness to the father's affection for his brilliant first-born son.

In comparison, **Carl Philipp Emanuel** lived a rather well-ordered life. When in the second half of the 18th century people talked of Bach, they would have meant Carl Philipp Emanuel. Already at an early age, he helped his father with compositions for the Leipzig *Collegium Musicum* before successfully registering at the law faculty of the University of Frankfurt on the Oder and gaining a reputation as a composer through performances of his own works. Berlin was to be the place of his first fortunate employment: in 1740, he was awarded the post of chamber harpsichordist at the court of the young King Frederick II who held both the name "Bach" and Carl Philipp Emanuel's extraordinary skills in high esteem. What the king liked less was the music Bach's son composed: it was expressive and highly modern, while the king—although himself a talented flutist—was more inclined to pieces that reflected the rather colourless, gallant contemporary taste in music.

Carl Philipp Emanuel, Pastor Father Sturm und der Künstler and the artist
Lavierte Federzeichnung von Wash drawing by Andreas Stöttrup, 1784

galanten Zeitgeschmack zu. Die Freundschaft zwischen Johann Sebastian und Leopold von Anhalt-Köthen wiederholt sich zwischen Carl Philipp und Friedrich dem Großen nicht: In 27 Jahren Dienst richtet der König kaum einmal das Wort an seinen Kammercembalisten – er mag ihn nicht, möchte aber auf den hochkarätigen Namen Bach in seinem Dienst nicht verzichten. 1767 stirbt in Hamburg Carls Pate Georg Philipp Telemann, der die Wege in der Hansestadt für sein Patenkind offensichtlich bereits geebnet hat. Jedenfalls hat der Halbbruder Christoph Friedrich, der sich ebenfalls für Telemanns Nachfolge interessiert, keine Chance. Für das letzte Vierteljahrhundert seines Lebens wird Carl Philipp Emanuel also in Hamburg ein arbeitsreiches und erfülltes Leben als Nestor der deutschen Avantgarde seiner Zeit führen. „Er war der Vater, wir die Buben, von ihm haben wir's alle gelernt", bekannte Mozart, als Carl Philipp 1788 starb.

Johann Gottfried Bernhard, Maria Barbaras letzter Sohn, war gleichfalls hochbegabt, doch offensichtlich unstet und charakterlich schwach. Er war nicht in der Lage, eine gesicherte berufliche oder wirtschaftliche Stellung zu erhalten, wenn sie ihm auch zunächst durch die Fürsprache seines Vaters ermöglicht wurde, und so musste auch Johann Sebastian gegenüber diesem „leider mißrathenen Sohn" schließlich resignieren und ihn „lediglich göttlicher Barmherzigkeit überlassen", wie er in einem Brief 1738 bekannte. 1739 ist Johann Gottfried Bernhard am „hitzigen Fieber" gestorben.

Anna Magdalenas Ältester, **Gottfried Heinrich,** hatte ebenso wenig wie sein älterer Bruder Bernhard das Glück mit sich. Musikalisch begabt, war er offensichtlich nicht in der Lage, seine Anlagen nach Kräften zu entfalten. „Ein großes Genie, welches aber nicht entwickelt ward", nannte Carl Philipp Emanuel seinen Halbbruder. Musikalisch begabt, konnte der Junge die Thomasschule nicht besuchen. Doch wurde er im Elternhaus offensichtlich gefördert: Die Arie „Sobald ich mein Tobackspfeife …", im Klavierbüchlein für Anna Magdalena mit ungelenker Notenschrift eingetragen, ist möglicherweise eine Komposition dieses Sohnes.

Johann Christoph Friedrich, 1732 geboren, war der letzte Sohn, dessen musikalisches Fortkommen der Vater selbst noch beobachten konnte. Die drei älteren Stiefbrüder waren schon aus dem Haus und der geistig zurückgebliebene Gottfried Heinrich konnte ihm nicht das Wasser reichen; so wurde Johann

Carl Philipp Emanuel Bach Lithographie von Lithograph by Alfred Lemoine, 1867, nach zeitgenössischem Bildnis after a contemporary portrait (spätere Kolorierung coloured later)

Carl Philipp Emanuel's relationship with the king was to be no rerun of the friendship between Johann Sebastian and Leopold of Anhalt-Köthen: during the 27 years of Carl Philipp's employment, the king hardly ever spoke to his chamber harpsichordist. He simply did not take to him, but didn't want to do without a musician of such high provenance either. In 1767, Carl's godfather Georg Philipp Telemann died in Hamburg, obviously having paved the way for his godson there as Carl's half-brother from Bückeburg, Christoph Friedrich, did not stand a chance when Telemann's successor was appointed. So Carl Philipp Emanuel ended up spending his last 25 years in Hamburg living a full and busy life as a doyen of the German avant-garde of his time. "He was the father, we were the boys who learned everything from him", Mozart conceded when Carl Philipp died in 1788.

Johann Gottfried Bernhard, Maria Barbara's last son, was equally highly talented, yet obviously unsettled and of weak character. Although initially, his father's recommendation had granted him some professional and financial security, he was incapable of maintaining a permanent position, so that Johann Sebastian eventually gave up on this "wayward son", leaving him "to the mercy of the Lord" as he put it in a letter to one of his son's dogged creditors written in 1738. In 1739, Johann Gottfried Bernhard died of "heated fever".

Anna Magdalena's oldest son **Gottfried Heinrich** was no luckier than his older brother Bernhard. Although musically gifted, he was obviously unable to develop his talents to the full. Carl Philipp Emanuel called his half-brother "a great genius, however, not developed". Despite his musical talent, the boy was not admitted to the *Thomasschule,* but obviously received some encouragement at home. The aria "Sobald ich mein Tobackspfeife [. . .]", notated in Anna Magdalena's *Klavierbüchlein* in an awkward hand, was possibly composed by Gottfried Heinrich.

Born in 1732, **Johann Christoph Friedrich** was the last son whose progress as a musician Bach was able to witness in person. His three older stepbrothers had already left home, and the mentally retarded brother Gottfried Heinrich was, naturally, no match for him. Therefore, Johann Christoph Friedrich received thorough schooling at home. In 1749, the

Christoph Friedrich sorgfältig im Elternhaus ausgebildet. 1749 engagiert ihn der Graf von Schaumburg-Lippe an seinem Hof in Bückeburg, und in dem geistig liberalen und kulturell ambitionierten Klima dieser kleinen Residenz entfaltete sich das Leben dieses Bach-Sohnes bis zu seinem Tod 1795. Hier traf er, zu Beginn von dessen glanzvoller Laufbahn, Herder, mit dem er freundschaftlichen Umgang pflegte, und hier konnte er sich zeit seines Lebens künstlerisch nach eigenem Willen entfalten. Ehrgeizig ist Friedrich dennoch geblieben, so bewarb er sich um die nach Telemanns Tod 1767 frei gewordene Stelle des Hamburger Musikdirektors, wurde aber, wie oben gesehen, von seinem Halbbruder Carl Philipp Emanuel aus dem Rennen geworfen.

Johann Christian, 1735 geboren, war beim Tod seines Vaters 14 Jahre alt und kam in die Obhut des Halbbruders Carl Philipp Emanuel. Fünf Jahre lebte er in Berlin, dort erwachte seine Leidenschaft für die Oper, denn die Vorstellungen des Berliner Opernhauses standen jedem anständig Gekleideten kostenlos zum Besuch offen. 19-jährig ging er nach Italien, um dort seine Kenntnisse des Stils zu vervollkommnen, den er in Berlin so schätzen gelernt hatte. Seine Ausbildung dort war hochkarätig, unter anderem studierte er bei Padre Martini in Bologna, dem berühmtesten Lehrer seiner Zeit im Kontrapunkt. Möglicherweise um den Posten des Domorganisten in Mailand zu erhalten, vollzog Christian den Bruch mit der konfessionellen Tradition seiner Familie und konvertierte zum Katholizismus. Der Berliner Bruder hat ihm diesen Schritt nie verziehen, noch Jahrzehnte später schrieb er erbittert, dass Veit Bach, der Stammvater der Musikerdynastie, der wegen seines lutherischen Glaubens einst aus Ungarn ausgewandert war, sich doch ehrlicher verhalten habe. Auch die elegante Musik Christian Bachs, der später in London Erfolge feierte, gefiel Carl Philipp nicht: „Hinter meines Bruders itziger Komposition ist nichts.“ Nicht zuletzt die Freundschaft mit dem kindlichen Genie Wolfgang Mozart 1764 in London hat den Namen dieses Bach-Sohnes, der 1784 verarmt und fast vergessen in der britischen Metropole starb, unsterblich gemacht.

Den Gepflogenheiten der Zeit entsprechend, spielten die Töchter in der Planung der Familiengeschichte eine untergeordnete Rolle. Einzig „Lieschen“ heiratete – Johann Christoph Altnickol, einen Schüler ihres Vaters. Die drei anderen überlebenden Schwestern waren 1750 beim Tod des Vaters unverheiratet und lebten weiterhin mit Anna Magdalena zusammen.

Johann Samuel (od. or Sebastian) Bach, Maler, Sohn des artist, son of Philipp Emanuel Bach Kupferstich von Copper engraving by C. W. Griessmann, nach einer Zeichnung von after a drawing by Adam Friedrich Oeser, um c. 1770

Count of Schaumburg-Lippe employed him at his residence in Bückeburg. It was in the liberal and culturally ambitious climate of this small residence where Johann Christoph Friedrich met, and befriended, Herder who, at that time, stood at the outset of his brilliant career. At the Bückeburg residence, Johann Christoph Friedrich was able to develop his artistic talents freely until his death in 1795. Yet, Friedrich remained ambitious: he applied for the post of music director in Hamburg which had become vacant after Telemann's death. However, as has been related above, he was put out of the running by his half-brother Carl Philipp Emanuel.

1735 was the year of **Johann Christian**'s birth. Aged 14 at the time of his father's death, he was handed over to the care of his half-brother Carl Philipp Emanuel in Berlin where Christian lived for five years, developing a passion for the opera as anyone who turned up in decent clothing was admitted free to the performances of the Berlin opera. At the age of 19 he went to Italy to round off his knowledge of the very style he had come to appreciate in Berlin. His education there proved first class: one of his instructors was Padre Martini in Bologna, at that time the most famous teacher of the art of counterpoint. Christian broke with the denominational tradition of his family and converted to Catholicism, probably with the aim of obtaining the post of organist at the Milan Cathedral. His brother in Berlin never forgave him for that, still emphasising years later that Veit Bach, the dynasty's progenitor, had acted much more honourably when he fled Hungary due to his Lutheran faith. Even Christian's elegant music which was later to be successful in London, was not to Carl Philipp's taste: "There is nothing behind my brother's latest composition". Not least because of Christian's friendship with the child prodigy Wolfgang Mozart in London, the name of this particular son of Bach's was to be immortalised. In 1784, he died impoverished and nearly forgotten in the British capital.

According to the custom of the time, daughters played only a minor role when it came to family planning. Only "Lieschen" got married—to Johann Christoph Altnickol, one of her father's pupils. Her three surviving sisters continued to live with Anna Magdalena and were still unmarried when their father died in 1750.

Johann Christoph d. J. Bach the Younger
Gemälde von Painting by Georg David Matthieu, um c.1775

Johann Christian Bach
Gemälde von Painting by Thomas Gainsborough, 1776

Bach am Hofe Friedrichs des Großen at the court of Frederick the Great**: Orgelspiel vor dem König am 7./8. Mai 1747** playing the organ for the King on 7/8 May 1747 **in Potsdam**

Holzstich, koloriert, von Wood engraving, coloured, by Knesing nach einem Gemälde von after a painting by Hermann Kaulbach, 1870

Meine Herren, der alte Bach ist gekommen!

Gentlemen, old Bach is here!

Der König hatte um diese Zeit alle Abende ein Cammerconcert, worin er meistens selbst einige Concerte auf der Flöte blies. Eines Abends wurde ihm, als er eben seine Flöte zurechtmachte, durch einen Officier der geschriebene Rapport von den angekommenen Fremden gebracht. Mit der Flöte in der Hand übersah er das Papier, drehte sich aber sogleich gegen die versammelten Capellisten und sagte mit einer Art von Unruhe: ‚Meine Herren, der alte Bach ist gekommen!' Die Flöte wurde hierauf weggelegt, und der alte Bach, der in der Wohnung seines Sohnes abgetreten war, sogleich auf das Schloß beordert."

Mit diesen Worten beginnt Bachs erster Biograph Johann Nikolaus Forkel seine Schilderung von Bachs Begegnung mit König Friedrich II. von Preußen während des Besuchs, den er im Mai 1747, gemeinsam mit dem ältesten Sohn Wilhelm Friedemann, seinem Sohn Carl Philipp Emanuel abstattete. Dieser wirkte seit 1740 als Cembalist an der Hofkapelle Friedrichs des Großen.

Gesagt, getan, Bach fand sich im Potsdamer Stadtschloss ein und wurde von Friedrich durch die königliche Sammlung neuer Fortepiani geführt, die Gottfried Silbermann unter Einbeziehung vieler technischer Anregungen Bachs gebaut hatte. Forkel fährt in seinem Bericht fort: „Nachdem er einige Zeit probiert und fantasiert hatte, bat er sich vom König ein Fugenthema aus, um es sogleich ohne alle Vorbereitung auszuführen. Der König bewunderte die gelehrte Art, mit welcher sein Thema so aus dem Stegreif durchgeführt wurde …" Nachdem Bach vom Berliner Besuch nach Hause zurückgekehrt war, nahm er sich das „königliche Thema" vor und führte es innerhalb der kurzen Zeit von nur zwei Monaten durch alle Variationen der Kompositionskunst: Von dem aus der phantasievollen Cembalokunst des 17. Jahrhunderts ererbten *Ricercar* ging es über ein weites Spektrum der kontrapunktischen Kunstfertigkeit Bachs in den Canons bis hin zur *Triosonate*, die mit ihrem bisweilen galanten Tonfall dem modischen Geschmack des Preußenkönigs huldigt.

Am 30. September 1747 lag das *Musicalische Opfer* im Druck vor, und Bach sandte eine Ausgabe des Werkes, dem eine huldigende Widmungsadresse an den musikliebenden König vorangesetzt war, nach Berlin. Friedrich II. hat auf die Zusendung des Widmungsexemplars der von ihm selbst initiierten Komposition nicht reagiert. War er über die glättende Hand beleidigt, mit der Bach zweifellos sein Thema für eine Kunstpräsentation dieser Weite angepasst hat, spiegelt sich in diesem Schweigen etwa seine Antipathie gegen Carl Philipp Emanuel, an den Friedrich in mehr als einem Vierteljahrhundert Dienst für den seinen Hof kaum je das Wort gerichtet hat, oder zeigt sich hier eine arrogante Unachtsamkeit gepaart mit einer gewissen Verächtlichkeit für museale Meisterschaft? Mag das *Musicalische Opfer* für Friedrich II. eine Ansammlung verstaubter Kunstfertigkeit bedeutet haben, heute gilt es als eine vollendete Schöpfung der Kammermusik, die auf geniale Weise die Rückschau auf eine große Tradition mit dem Ausblick auf künftige Entwicklungsmöglichkeiten der Musik in einen weitgespannten Rahmen stellt, dessen innerer ästhetischer Zusammenhang doch immer gewahrt bleibt.

Der König sagte mit einer Art von Unruhe: „Meine Herren, der alte Bach ist gekommen!"

Around that time, the king was in the habit of arranging evening concerts in which he himself usually played the flute with the orchestra. One evening, while the king was preparing his flute, an officer gave him the list of strangers who had arrived. Flute in hand, the king perused the list of names before addressing the orchestra with a certain kind of agitation: "Gentlemen, old Bach is here!" He then put down the flute, and Bach, who was staying at his son's house, was summoned to the castle immediately.

This is how Bach's first biographer, Johann Nikolaus Forkel, began his account of the composer's encounter with the Prussian King Frederick II in May 1747. Together with his oldest son Wilhelm Friedemann, Bach was visiting his son Carl Philipp Emanuel who had been working as a harpsichordist at Frederick the Great's *Hofkapelle* since 1740.

No sooner said than done: Bach presented himself at the Potsdam palace where King Frederick showed him through the royal collection of fortepianos built by Gottfried Silbermann in consideration of many of Bach's own technical suggestions. Forkel continues his report as follows: "After playing and improvising for some time, Bach invited the king to give him a fugal theme which he then developed completely unprepared. The king admired the erudite fashion in which Bach presented the exposition of the fugue off the cuff [. . .]" Upon his return home from his Berlin visit, Bach tackled the "royal theme", developing it thoroughly within just two months and applying all possible forms of variation from the *ricercar* which went back to the imaginative art of 17th century harpsichord playing, and the broad range of Bach's contrapuntal canon skills, to the form of *Triosonata* in homage to the Prussian King and his modern taste.

The king perused the list of names before addressing the orchestra with a certain kind of agitation: "Gentlemen, old Bach is here!"

On 30 September 1747, the *Musical Offering* was out in print, and Bach sent a copy of the piece to Berlin, prefaced by a dedication in homage to the music-loving king. Although the piece had been composed at the king's instigation Frederick II never reacted to having received this personalised copy. Was it because he felt duped by the polishing-up by which Bach had no doubt adapted his theme to the requirements of a broader presentation of his work? Did the king's silence reflect his antipathy for his court harpsichordist Carl Philipp Emanuel to whom Frederick hardly spoke a word in more than a quarter of a century? Or was it the result of careless arrogance coupled with a certain contempt for outdated mastery? The *Musical Offering* may have seemed a mere accumulation of antiquated craftsmanship to Frederick II; today it is regarded as the epitome of chamber music. Brilliantly reverting to a great tradition while at the same time providing an outlook for possible future developments in music, the piece's aesthetic coherence is preserved at all times.

Friedrich II., König von Preußen Frederick the Great, King of Prussia
Gemälde von Painting by Antoine Pesne, um c. 1745

Flötenkonzert Friedrichs des Großen in Sanssouci
Frederick the Great playing a flute concert at Sanssouci
Gemälde von Painting by Adolph Menzel, um c. 1850

Schloss Sanssouci Palace in Potsdam. Prospect des Königlichen Lustschlosses Sanssouci bei Potsdam Prospect of the Royal Summer Residence Sanssouci near Potsdam
Kupferstich, koloriert, von Copper engraving, coloured, by Johann David Schleuen d.Ä. the Elder, 1748

Die letzten Jahre
The final years

In Bachs letztem Lebensjahrzehnt stehen das Leipziger Amt und seine Querelen nicht mehr im Lebenszentrum des mittlerweile in der Mitte seiner fünfziger Jahre angekommenen Komponisten. 1739 nimmt er die Leitung des Collegium Musicum wieder auf, die er zwei Jahre zuvor an den Organisten der Neukirche, Carl Gotthelf Gerlach, abgetreten hatte. Er bleibt also in seiner letzten Leipziger Zeit mehr „Capellmeister" als „Cantor", und um seinen Dienst in der Thomasschule wird es stiller. Er hat allerdings auch in den ersten Jahren einen ebenso breiten wie hochqualitativen Fundus an Musik angesammelt, der während der dreißiger Jahre durch herausragende Einzelwerke wie das „Weihnachtsoratorium" noch vergrößert wurde; auf diesen Schatz kann er jetzt zurückgreifen. Mit der h-Moll-Messe hatte er sich schließlich 1736 den ersehnten Titel *Königlich Polnischer und Kurfürstlich Sächsischer Hof-Compositeur* erkämpft, eine Genugtuung, die ihm angesichts bitter empfundener Anfeindungen und Herabsetzungen wohl getan haben mag.

During the final decade of Bach's life, the Leipzig post and the quarrels connected with it no longer played a central part in the life of the composer who had meanwhile reached his mid-fifties. In 1739, Bach resumed the direction of the *Collegium Musicum* which he had handed over to Carl Gotthelf Gerlach, the organist at the Neukirche, two years previously. So Bach was to be more of a *Capellmeister* than a *Cantor* during his final Leipzig years, his duties at the Thomasschule came to play an increasingly minor role. However, Bach had accumulated a diverse and high-quality stock of music during his first years there; this fund was increased, during the 1730s, by outstanding individual works such as the *Christmas Oratorio* he was now able to fall back upon. The composition of the *Mass in b-minor* had won him the much-desired title of *Royal Polish and Saxon Electoral Court Composer*—probably a great satisfaction in view of the hostility and degradation he had had to face.

Schlusstakte der unvollendeten Quadrupelfuge aus der „Kunst der Fuge" mit dem Schlussvermerk von Philipp Emanuel Bach: „Über dieser Fuge, wo der Name B A C H im Contrasubject angebracht worden, ist der Verfasser gestorben". Final bars of the unfinished quadruple fugue from "The Art of the Fugue" with Philipp Emanuel Bach's end note: "Whilst writing this fugue containing the name B A C H the composer passed away."

Grabstätte von **Burial-place of** **Johann Sebastian Bach in der Thomaskirche** **in St Thomas' Church**

Auch wenn die Beschäftigung mit dem eigenen Werk als eine Art innerer Emigration verstanden werden kann, muss davor gewarnt werden, solche psychologisierenden Deutungen überzubewerten. Befreit von drängenden musikalischen Alltagsgeschäften, kehrt Bach in seinem letzten Lebensjahrzehnt zu seinem Ideal des systematischen Komponisten zurück, sichtet und ordnet seine Hinterlassenschaft. So nimmt er die „Kunst der Fuge", eine offensichtlich bereits früher begonnene Arbeit, wieder auf und beschäftigt sich mit ihr bis zu seinem Lebensende. Ebenso vervollständigt er die nur mit Kyrie und Gloria am Dresdner Hof eingereichte h-Moll-Messe, möglicherweise mit Blick auf die in Dresden anstehende Weihe der katholischen Hofkirche – schließlich ist Bach Hofkomponist! Der Besuch bei Philipp Emanuel in Berlin und die daraus resultierende Komposition des „Musikalischen Opfers" gehören ebenfalls in die letzte Lebensphase.

Es mehren sich jetzt Krankheitszeichen des bisher stets kerngesunden Bach – besonders sein Augenlicht nimmt ab, die neuere Forschung bringt dies in Zusammenhang mit einem Diabetesleiden, das sie bei dem lebenslangen Freund leiblicher Genüsse zu erkennen meint. Seinerzeit wurde das Augenleiden als Star diagnostiziert, und Bach unterzog sich im März und April 1750 zwei qualvollen und nutzlosen Augenoperationen, die John Taylor, eben jener „Okulist" und Starstecher, der auch Händel in London nicht hat helfen können, durchführte.

Zehn Tage vor seinem Tod kann Bach plötzlich wieder sehen, auch die schmerzhafte Lichtempfindlichkeit ist erträglicher geworden.

Zehn Tage vor seinem Tod kann Bach plötzlich wieder sehen, auch die schmerzhafte Lichtempfindlichkeit ist erträglicher geworden. Wenige Stunden später erleidet er jedoch einen Schlaganfall, dem er schließlich

Even if dealing with one's own work may be interpreted as a form of inner emigration, such psychologising explanations should not be overrated. Free of the pressing everyday duties connected with his posts, Bach now returned to his ideal of systematic composition, reorganising and sifting through his estate. He again turned to *The Art of Fugue*, a piece he had obviously started earlier, working on it until the end of his life. In addition, he completed the *Mass in B-minor* of which only the Kyrie and Gloria had been handed in at the Dresden court. He probably had in mind the forthcoming consecration of Dresden's catholic Hofkirche—after all, Bach was the court composer! Likewise, Bach's visit at Philipp Emanuel's in Berlin and the ensuing composition of the *Musical Offering* belong to his final creative period.

Bach had always been a healthy and robust man. But now, more and more signs of illness set in, and especially his eyesight began to fail. In recent research, this has been related to a diabetic disorder allegedly connected with Bach's lifelong fondness of food, drink and physical comforts. In Bach's time, his eye disease was diagnosed as cataract or glaucoma, which finally caused Bach to undergo painful and ineffective surgery. In March and April 1750, Bach was operated on twice by John Taylor, the very "oculist" and "cataract-coucher" who hadn't been able to help Händel in London.

Ten days prior to his death, Bach's eyesight suddenly improved. Even his painful sensitivity to light became bearable again.

Ten days prior to his death, Bach's eyesight suddenly improved. Even his painful sensitivity to light became bearable again. Only a few hours later however, Bach suffered a stroke which turned out to be lethal "despite the best possible care of two of Leipzig's most skilled erliegt, „ungeachtet aller möglichen Sorgfalt zweier der geschicktesten Leipziger Ärzte", wie Sohn Carl Philipp Emanuel in seinem Nekrolog schreibt.

So erhält der tiefgläubige Christ Johann Sebastian Bach von seinem gnädigen Schöpfer am Ende seines Lebens einen letzten Augenschein auf die Welt, die er verlässt, nachdem er sie mit unvordenklicher Kunst beschenkt hat.

Ach, Herr lass dein lieb Engelein
Am letzten End die Seele mein
In Abrahams Schoß tragen,
Den Leib in sein'm Schlafkämmerlein
Gar sanft ohn ein'ge Qual und Pein
Ruhn bis am jüngsten Tage!
Alsdenn vom Tod erwecke mich,
Dass meine Augen sehen dich
In aller Freud, o Gottes Sohn,
Mein Heiland und Genadenthron!
Herr Jesu Christ, erhöre mich,
Ich will dich preisen ewiglich!

Abschlusschoral aus der Johannespassion

doctors" as Bach's son Carl Philipp Emanuel was later to write in his necrology.

Thus, at the very end of his life, the deeply religious Johann Sebastian Bach was granted by his merciful Saviour one last glance at the world he now had to part with. It was a parting glance at a world upon which he had bestowed a musical legacy hitherto inconceivable.

Lord Jesus, Thy dear angel send
When'er my mortal life shall end,
And bear my soul to heaven.
Within it's narrow chamber keep
My body safe in painless sleep
Till Thy last call be given.
And when from death Thou wakest me,
In bliss untold my eyes shall see
O, Son of God, Thy glorious face,
My Saviour and my Fount of grace.
Lord Jesus Christ, o hear Thou me,
Thee will I praise eternally.

Final chorale from St John's Passion

Bachdenkmal vor der Thomaskirche Bach memorial outside St Thomas' Church in Leipzig
Skulptur von Sculpture by Carl Seffner, 1908

Johann Sebastian Bach (1685–1750)

CD 1 Der Virtuose · *The Virtuoso*

Toccata und Fuge d-Moll BWV 565
Toccata and Fugue in D minor BWV 565

1 Toccata 2:42
2 Fuge 6:49

Herbert Collum, Orgel der Dorfkirche zu Reinhardtsgrimma (1731)
Organ of the village church of Reinhardtsgrimma (1731)
℗ 1966 VEB Deutsche Schallplatten Berlin

Violinkonzert E-Dur BWV 1042
Violin Concerto in E major BWV 1042

3 Allegro 7:10
4 Adagio 6:47
5 Allegro assai 2:41

Thomas Zehetmair, Violine und Leitung · violin and direction
Amsterdamse Bach Solisten
℗ 1994 edel records GmbH

Goldberg-Variationen BWV 988
Goldberg Variations BWV 988

6 Aria 5:23
7 Variatio 10 – Fughetta 1:37
8 Variatio 26 2:01
9 Variatio 30 – Quodlibet 2:02

Ragna Schirmer, Klavier · piano
℗ 2000 edel CLASSICS GmbH

Partita Nr. 2 für Violine solo d-Moll BWV 1004
Partita No. 2 for Solo-Violin in D minor BWV 1004

10 Ciaccona 15:05

Karl Suske, Violine · violin
℗ 1988 VEB Deutsche Schallplatten Berlin

Das Wohltemperierte Klavier 1. Teil
The Well-Tempered Clavier, Book 1

11 Präludium c-Moll · Prelude in C minor BWV 847 1:40
12 Fuge c-Moll · Fugue in C minor BWV 847 2:06

Hans Pischner, Cembalo · harpsichord
℗ 1962 VEB Deutsche Schallplatten Berlin

Cembalokonzert E-Dur BWV 1053
Harpsichord Concerto in E major BWV 1053

13 (ohne Satzbezeichnung · without tempo designation) 8:06
14 Siciliano 4:27
15 Allegro 6:30

Christine Schornsheim, Cembalo · harpsichord
Neues Bachisches Collegium Musicum
Burkhard Glaetzner
℗ 1991 Deutsche Schallplatten Berlin GmbH

CD 2 Der Kapellmeister · *The Band Master*

Brandenburgisches Konzert Nr. 2 F-Dur BWV 1047a (Leipziger Fassung) · *Brandenburg Concerto No. 2 in F major BWV 1047a (Leipzig version)*

1 (ohne Satzbezeichnung · without tempo designation) 5:00
2 Andante 3:26
3 Allegro 2:37

Ludwig Güttler, Corno da caccia · **Susanne Erhardt,** Flauto dolce
Andreas Lorenz, Oboe · **Roland Straumer,** Violine · violin
Virtuosi Saxoniae
Basso continuo:
Joachim Bischof, Violoncello · **Werner Zeibig,** Kontrabass · double-bass
Friedrich Kircheis, Cembalo · harpsichord
Ludwig Güttler
℗ 1991/2 Deutsche Schallplatten Berlin GmbH

Violinkonzert d-Moll BWV 1052 (Rekonstruktion)
Violin concerto in D minor BWV 1052 (reconstruction)

4 (ohne Satzbezeichnung · without tempo designation) 7:26
5 Adagio 6:43
6 Allegro 7:36

Thomas Zehetmair, Violine und Leitung · violin and direction
Amsterdamse Bach Solisten
℗ 1994 edel records GmbH

Orchestersuite Nr. 2 h-Moll BWV 1067
Orchestral Suite No. 2 in B minor BWV 1067

7 Ouverture 6:23
8 Rondeau 1:37
9 Sarabande 2:52
10 Bourée I & II 1:50
11 Polonaise I & II 2:59
12 Menuet 1:09
13 Badinerie 1:20

Eckhart Haupt, Flöte · flute · **Roland Straumer,** Violine · violin I
Heinz-Dieter Richter, Violine · violin II · **Friedemann Jähnig,** Viola
Joachim Bischof, Violoncello · **Werner Zeibig,** Kontrabass · double-bass
Virtuosi Saxoniae
Ludwig Güttler
℗ 1992 edel records GmbH

Brandenburgisches Konzert Nr. 3 G-Dur BWV 1048
Brandenburg Concerto No. 3 in G major BWV 1048

14 (ohne Satzbezeichnung · without tempo designation) 5:54
15 Adagio 0:45
16 Allegro 4:48

Kadenz · Cadenza (Adagio): **Ludwig Güttler**

Roland Straumer, Violine · violin I · **Heinz-Dieter Richter,** Violine · violin II
Volker Dietzsch, Violine · violin III · **Friedemann Jähnig,** Viola I
Winfried Berger, Viola II · **Michael Schöne,** Viola III
Joachim Bischof, Violoncello I · **Günter Müller,** Violoncello II
Johann-Christoph Schulze, Violoncello III · **Werner Zeibig,** Kontrabass · double-bass
Friedrich Kircheis, Cembalo · harpsichord I · **Anne Hoff,** Cembalo · harpsichord II
Virtuosi Saxoniae
Ludwig Güttler
℗ 1991/2 Deutsche Schallplatten Berlin GmbH

Konzert für vier Cembali, Streicher und B. c. a-Moll BWV 1065
Concerto for two harpsichords and strings and b. c. in A minor BWV 1065

17 1. (ohne Satzbezeichnung · without tempo designation) 3:58
18 2. Largo 2:30
19 3. Allegro 3:25

Christine Schornsheim, Cembalo · harpsichord I · **Mechthild Stark,** Cembalo · harpsichord II
Violetta Liebsch, Cembalo · harpsichord III · **Armin Thalheim,** Cembalo · harpsichord IV
Neues Bachisches Collegium Musicum · **Burkhard Glaetzner**
℗ 1993 edel records GmbH

CD 3 Der Kantor · *The Cantor*

Weihnachtsoratorium BWV 248
Christmas Oratorio BWV 248

1 „Jauchzet, frohlocket" (Chor · chorus) 8:00

Dresdner Kreuzchor
Trompetenensemble · trumpet ensemble Ludwig Güttler
Dresdner Philharmonie, Martin Flämig

℗ 1976 VEB Deutsche Schallplatten Berlin

„Wachet auf, ruft uns die Stimme", Kantate · *cantata* BWV 140

2 „Wachet auf, ruft uns die Stimme", Choral (Chor · chorus) 7:27
3 „Er kommt, er kommt", Recitativo (Tenor) 0:53
4 „Wenn kömmst du, mein Heil?", Aria. Duetto (Sopran, Bass · soprano, bass) 6:08
5 „Zion hört die Wächter singen", Choral (Tenor) 4:03
6 „So geh herein zu mir", Recitativo (Bass) 1:33
7 „Mein Freund ist mein", Aria. Duetto (Sopran, Bass · soprano, bass) 6:28
8 „Gloria sei dir gesungen", Choral (Chor · chorus) 1:38

Arleen Augér, Sopran · soprano · Peter Schreier, Tenor
Siegfried Lorenz, Bass · Ludwig Güttler, Diskanthorn · discant horn
Günter Heidrich, Oboe · Karl Suske, Violino piccolo
Basso continuo: Burkhard Schmidt, Violoncello
Rainer Hucke, Kontrabass · double-bass · Gerd Schulze, Fagott · bassoon
Walter Heinz Bernstein, Orgel · organ
Thomanerchor Leipzig
Neues Bachisches Collegium Musicum, Hans-Joachim Rotzsch

℗ 1984 VEB Deutsche Schallplatten Berlin

„Gott soll allein mein Herze haben", Kantate · *cantata* BWV 169

9 Sinfonia 8:15

Friedrich Kircheis, Orgel · organ · Bernd Schober, Oboe I
Petra Andrejewski, Oboe II · Frank Sonnabend, Oboe III
Mario Hendel, Fagott · bassoon
Basso continuo: Christina Haupt, Cembalo · harpsichord
Friedwart-Christian Dittmann, Violoncello · Bernd Haubold, Kontrabass · double-bass
Virtuosi Saxoniae, Ludwig Güttler

℗ 2000 edel records GmbH

Weihnachtsoratorium BWV 248
Christmas Oratorio BWV 248

10 „Großer Herr und starker König", Arie (Bass) 5:12

Theo Adam, Bass · Ludwig Güttler, Trompete · trumpet
Dresdner Philharmonie, Martin Flämig

℗ 1976 VEB Deutsche Schallplatten Berlin

„Jauchzet Gott in allen Landen", Kantate · *cantata* BWV 51

11 „Jauchzet Gott in allen Landen", Aria (Sopran · soprano) 4:21
12 „Wir beten zu dem Tempel an", Recitativo (Sopran · soprano) 2:06
13 „Höchster, mache deine Güte", Aria (Sopran · soprano) 4:13
14 „Sei Lob und Preis mit Ehren", Choral (Sopran · soprano) 3:58
15 „Alleluja!", Finale (Sopran · soprano) 2:16

Christiane Oelze, Sopran · soprano · Ludwig Güttler, Trompete · trumpet
Roland Straumer, Violine · violin I · Heinz-Dieter Richter, Violine · violin II
Basso continuo: Friedrich Kircheis, Orgel · organ
Friedwart-Christian Dittmann, Violoncello · Bernd Haubold, Kontrabass · double-bass
Virtuosi Saxoniae, Ludwig Güttler

℗ 2000 edel records GmbH

Johannespassion BWV 245
St John's Passion BWV 245

16 „Herr, unser Herrscher" (Eingangschor · opening chorus) 7:53

Hallenser Madrigalisten
Virtuosi Saxoniae, Ludwig Güttler

℗ 1998 edel records GmbH

CD 4 Der Mythus · *The Myth*

Messe in h-Moll BWV 232
Mass in B minor BWV 232

1 Kyrie eleison 10:11

RIAS-Kammerchor
Akademie für Alte Musik Berlin
René Jacobs

℗ 1993 edel records GmbH

Matthäuspassion BWV 244
St Matthew's Passion BWV 244

2 „Kommt, ihr Töchter, helft mir klagen" (Eingangschor · opening chorus) 8:50
3 „Ich will bei meinem Jesum wachen" Aria (Tenor, Chor · tenor, chorus) 5:30

Hans-Joachim Rotzsch, Tenor
Dresdner Kreuzchor · Thomanerchor Leipzig
Gewandhausorchester Leipzig
Rudolf Mauersberger · Erhard Mauersberger

℗ 1975 VEB Deutsche Schallplatten Berlin

Konzert für zwei Violinen und Orchester d-Moll BWV 1043
Concerto for Two Violins and Orchestra in D minor BWV 1043

4 Vivace 4:12
5 Largo, ma non troppo 7:46
6 Allegro 5:10

David Oistrach, Igor Oistrach, Violine · violin
Gewandhausorchester Leipzig
Franz Konwitschny

℗ 1960 VEB Deutsche Schallplatten Berlin

Motette · *Motet* BWV 226

7 „Der Geist hilft unsrer Schwachheit auf" 8:43

Thomanerchor Leipzig
Gewandhausorchester Leipzig
Kurt Thomas

℗ 1963 VEB Deutsche Schallplatten Berlin

Die Kunst der Fuge BWV 1080
The Art of Fugue BWV 1080

8 Contrapunctus 18, Fuga à 4 Sogetti (unvollendet · unfinished) 9:12

Johannes-Ernst Köhler, Orgel · organ

℗ 1970 VEB Deutsche Schallplatten Berlin

Johannespassion BWV 245
St John's Passion BWV 245

9 „Ach, Herr, laß dein lieb Engelein" (Schlusschoral · final chorale) 1:49

Hallenser Madrigalisten
Virtuosi Saxoniae
Ludwig Güttler

℗ 1998 edel records GmbH

Photoindex (deutsch)

Titel/Seite 2 Johann Sebastian Bach (1685–1750), Komponist · Kopie des Gemäldes von Elias Gottlob Haussmann von 1746 (Künstler unbekannt, 1848) Foto: Stiftung Bach-Archiv/Hans Dieter Kluge

Seite 2 Signatur des J. S. Bach, 1736 · Unterschrift unter eine Eingabe an den Rat der Stadt Leipzig · Leipzig, 15. August 1736 · Tit.VII B69, fol.14 · Stadtarchiv Leipzig Foto: akg-images

4 Hans Bach (um 1555–1615) · Kupferstich, 1617 · Bibliothèque Nationale, Paris · Foto: akg-images

5 „Ursprung der musicalisch-Bachischen Familie". Einträge über J. S. Bachs Vater Johann Ambrosius und dessen Zwillingsbruder Johann Christoph (1753) · Foto: bpk

6/7 Stammbaum der Familie Bach. Erweitere Version nach Vorlage des © 1999 Carus Verlag, Stuttgart

8 Bachs Familienbibel (Titelseite) · Standort: Concordia Seminary Library, Saint Louis/Missouri · Foto: akg-images

8/9 Stammbaum der Familie Bach · Zeichnung, n.d. Inv. Nr.: Mus.ms.theor.1046 · Foto: bpk/SBB

11 Johann Ambrosius Bach (1645–1695), Vater von Johann Sebastian Bach · Gemälde von Johann David Herlicius, 1685 Öl auf Leinwand, 92 × 78cm · Foto: bpk/SBB/Carola Seifert

12 Bachs Geburtshaus („Bachhaus") in Eisenach von der Gartenseite. Seit 1906 Bach-Gedenkstätte · Foto: akg-images

13 Landkarte von Sachsen und Thüringen mit angrenzenden Gebieten · Schriftkartusche mit Länderwappen · Kupferstich, koloriert, um 1650 (49×57,5 cm) · Amsterdam (Frederik de Wit) · Postmuseum/Berlin · Foto: akg-images

14 Innenansicht der Taufkirche Bachs in Eisenach (Georgenkirche, um 1515 erbaut) · Foto: akg-images

15 Stadtansicht von Ohrdruf in Thüringen („Ortruff") Kupferstich, 1680 · Foto: akg-images

16 Stadtansicht von Lüneburg (Ansicht von Südosten mit Stadt- und Landeswappen) · Kupferstich von Conrad Buno, 1654 · Aus: Topographia Germaniae, Bd. 15, Topographia (...) der Hertzogthumer Braunschweig und Lüneburg, Frankfurt (Matthäus Merian Erben) 1654 · Foto: akg-images

17 Michaeliskirche Lüneburg · Gemälde von Joachim Burmester, nach 1700 · Museumsverein für das Fürstentum Lüneburg, Lüneburg · Foto: Michael Behns

18 Celler Schloss · Bildagentur-online/A. Klein

19 Bühnenbildentwurf für die Hamburger Gänsemarktoper 1696 · Tuschezeichnung von J. O. Harms, 1696 (22,5 × 35,5 cm) · Foto: Herzog Anton Ulrich-Museum Braunschweig, Kunstmuseum Niedersachsen

20/21 Stadtansicht von Arnstadt in Thüringen („Arnstatt") Kupferstich von Caspar Merian, 1650 (spätere Kolorierung) Aus: M. Zeillger, Topographia Germaniae, Bd.12, Topographia Superioris Saxoniae, Frankfurt (Matthaeus Merian), 1650 Foto: akg-images

21 Bachkirche in Arnstadt. Orgelprospekt mit Bach-Gedenktafel · Bach-Archiv, Leipzig · Foto: I. Widmann. Leipzig, 1952.

22 Neue Kirche, auch Bonifatius- oder Bachkirche (erbaut 1676–83) in Arnstadt/Thüringen. Außenansicht mit Hopfenbrunnen · Foto: akg-images/Straube

23 Bachs Orgelspieltisch in der Neuen Kirche in Arnstadt Foto: Werner Reinhold

24/25 Allegorie auf die Freundschaft zwischen den Komponisten Dietrich Buxtehude (mit Notenblatt), Johann Adam Reincken (am Cembalo) und Johann Theile (mit Gambe) Gemälde von Johannes Voorhout, 1674 · Öl auf Leinwand 125×190 cm · Museum für Hamburgische Geschichte, Hamburg · Foto: akg-images

26 Ansicht der Stadt Lübeck · Kupferstich von Matthäus Merian, 1653 (koloriert) · Aus: Topographia Saxoniae Inferioris, 1653 · Foto: akg-images

28 St. Divi Blasii-Kirche in Mühlhausen/Thüringen um 1910 Foto: bpk/Georg Minge

29 Inennansicht der St. Divi Blasii-Kirche mit Chorgitter um 1937 · Foto: bpk/Georg Minge

30 Der Schlossgarten zu Weimar · Kupferstich von Matthäus Merian d. Ä., um 1650 · Kunstbibliothek, Staatliche Museen zu Berlin/Lipp Ci 25 · Foto: akg-images

31 Weimarer Schlosskirche, sog. Himmelsburg (1652–1774) · Gemälde von Christian Richter I., um 1660 · Öl auf Leinwand, 112,50 cm×83,50 cm · Kunstsammlungen zu Weimar · Foto: Louis Held

32 Wilhelm Ernst, Herzog von Sachsen-Weimar (1662–1728) · Gemälde (Künstler unbekannt), n.d. © Schlossmuseum, Weimar/Bridgeman Giraudon

34 Johann Sebastian Bach · Gemälde von Johann Ernst Rentsch d. Ä., um 1715 (Echtheit als Bach-Portrait nicht erwiesen) · Öl auf Leinwand und Zinktafel, 60,5 × 44 cm Angermuseum, Erfurt · Foto: akg-images

35 Ernst August, Herzog von Sachsen-Weimar Stich von J. C. Sysang, 1742 · Bach-Archiv, Leipzig Foto: Bach-Archiv/ Bartholt

36 Louis Marchand (1669–1732) · Zeitgenössischer Kupferstich von Charles Dupuis nach Robert, 1720 Foto: akg-images

37 Zeitungsausschnitt: Bericht über den Wettstreit mit Marchand in Bachs Nekrolog, 1754 · Bach-Archiv, Leipzig Foto: Bach-Archiv

38 Aktennotiz Arrest J. S. Bachs vom 6.11. bis 2.12.1717 Hauptstaatsarchiv Weimar · © Hauptstaatsarchiv Weimar/ Best. 02.07. Bach-Archiv/16.07.

39 Stadtansicht von Köthen („Cöthen")/Anhalt · Kupferstich von Matthäus Merian d.Ä, 1650 (neukoloriert) Aus: Topographia Superioris Saxoniae Thuringiae, Misniae, Lusatia etc., Frankfurt a.M. (Merian) 1650 · Foto: akg-images

41 Johann Sebastian Bach „Violinsonate" (BWV 1001), Beginn 2. Satz (1. Seite) · 3 Sonaten und 3 Partien für Violine ohne Begleitung (BWV 1001–1006; 1720) · Sonate für Violine solo g-moll (BWV 1001) · Partiturautograph Foto: akg-images

42 Schloss Köthen, Residenz der Herzöge von Anhalt-Koethen (nach dem Brand in 1547 · Wiederaufbau 1597–1606) · Kupferstich (koloriert) von Matthäus Merian, um 1650 · Foto: akg-images

43 Friederike Henriette, Fürstin von Anhalt-Köthen, geb. Prinzessin von Anhalt-Bernburg (1702–1723) Kupferstich von Martin Bernigeroth (1670–1733) Foto: Fotothek/Fried Henri

45 Leopold, Fürst von Anhalt-Köthen (1694–1728), Förderer von Bach von 1717 bis 23 · Gemälde (Künster unbekannt), n.d. · © Heimatmuseum, Köthen/Bridgeman Giraudon

46 Titelblatt des zweiten Brandenburgischen Konzertes (BWV 1046) mit Widmung an den Markgrafen Christian Ludwig von Brandenburg · Deutsche Staatsbibliothek, Berlin · Foto: akg-images

47 Christian Ludwig, Markgraf von Brandenburg-Schwedt Gemälde von Antoine Pesne, 1730 · Öl auf Leinwand, 149×116 cm · Schloss Charlottenburg, Berlin Foto: akg-images

48 Bachdenkmal in Köthen · Foto: akg-images/D. E. Hoppe

49 Titelblatt des Notendrucks „L'Estro armonico (Op.3)" von Antonio Vivaldi mit Widmung an Großherzog Ferdinand III. von Toskana · Notendruck Amsterdam (Estienne Roger), 1712 · Foto: akg-images

50 Stadtansicht von Karlsbad („Carlsbad"), Karlovy Vary/ Tschechien. Ansicht von der Anhöhe des Hirschsteins aus Kupferstich von Caspar Merian, 1650 · Aus: M. Zeiller, Topographia Germaniae, Bd.11, Topographia Bohemiae, Moraviae et Silesiae, Frankfurt (M. Merian) · Foto: akg-images

51 Prospekt der Arp-Schnitger-Orgel von Christian Precht Kirche St. Jacobi, Hamburg · Foto: akg-images/Hilbich

52 Johann Adam Reincken (1623?/43?–1722) · Zeitgenössischer Kupferstich (Künstler unbekannt), 1670 Foto: akg-images

53 Erdmann Neumeister · Gemälde von Nicolaus Georg Geve, 1757 (57,7 × 37,6 cm) · Foto: bpk Berlin/HKH/ Elke Walford

55 Stadtansicht von Weißenfels, Kupferstich, um 1750 Deutsche Staatsbibliothek, Berlin · Foto: bpk

56/57 Ansicht der Stadt Leipzig · Kupferstich, koloriert von Johann Georg Ringlin nach Zeichnung von Friedrich Bernhard Werner (1690–1778), um 1750 · Foto: akg-images

58 Johann Kuhnau · Tuschezeichnung (Künstler unbekannt), n.d. · © Stadtgeschichtliches Museum, Leipzig

59 Titelblatt der „Neuen Clavier Übung" (I 1689, II 1692) von Johann Kuhnau (seit 1701 Thomaskantor) mit Portrait des Komponisten (1689) · Foto: akg-images

60/61 Ratsstube im Alten Rathaus in Leipzig Aquarell von Karl Werner, 1858 · Foto: akg/images

63 Georg Philipp Telemann · Aquatinta von Valentin Daniel Preisler, 1750, nach dem verschollenen Gemälde von Ludwig Michael Schneider (spätere Kolorierung) Foto: akg-images

64 Georg Friedrich Händel (1685–1759) · Kopie eines Fotos der Pergamentminiatur von Christoph Platzer, um 1710 Mischtechnik/Pastell auf Papier (1983), 25,6×19,5 cm Foto: bpk

65 Georg Friedrich Händel · Gemälde von T. Hudson, 1749 · Universitätsbibliothek Hamburg · Foto: akg-images

66 Carl Friedrich Fasch · C. F. Fasch gründete 1791 die Berliner Singakademie · Gemälde von Susanne Henry, 1795 Berlin Museum, Berlin · Foto: akg-images

69 Johann Adolph Hasse · Gemälde (Künstler unbekannt, undatiert) · Foto: bpk Berlin/Hermann Buresch

70 Thomaskirche in Leipzig (Chor 14. Jh., Langhaus 1482–96; 1723–50) (Wirkungsstätte von J. S. Bach); „Die St. Thomas Kirche. Die Thomas-Schule (...)" · Kupferstich (koloriert) von Johann Gottfried Krügner, 1723 Foto: akg-images

73 Innenansicht der Thomaskirche in Leipzig (nach der Restaurierung und Umgestaltung in 1885) · Aquarell von Richard Mertz, 1886 · Museum für Geschichte der Stadt Leipzig · Foto: akg-images

74 Innenansicht der Nikolaikirche in Leipzig. Blick von der Südempore zur Orgelempore · Foto: akg-images/ Dietmar Hoppe

75 Buchtitel Evangelische Schlusskette ... von Heinrich Müller, 1708 · Foto: Mediaarchiv

76 Johann Sebastian Bach „Matthäuspassion" · Partiturautograph · Original: Staatsbibliothek zu Berlin · Preußischer Kulturbesitz, Musikabteilung/Mus.ms.Bach P 25, S.122/123 Foto: bpk

77 Felix Mendelssohn-Bartholdy · Aquarell von James Warren Childe, 1829 · Mendelssohn-Archiv · Staatsbibliothek Preußischer Kulturbesitz, Berlin · Foto: akg-images

79 „Johann Sebastian Bach im Kreise seiner Familie" (Bach mit seiner Familie bei der Morgenandacht) · Lichtdruck, spätere Kolorierung, nach dem Gemälde von Toby Edward Rosenthal, 1870 · Ehemals im Museum zu Leipzig Foto: akg-images

80 Zimmermann'sches Caffee-Haus in Leipzig (Außenansicht des mittleres Gebäudes). Seit 1729 konzertierte Bach hier mit seinem studentischen Collegium musicum Ausschnitt aus einem Kupferstich von J. G. Schreiber nach G. Wustmann, 1750 · Foto: akg-images

81 Musizierende Studenten an der Universität Leipzig Kupferstich (Künstler unbekannt), undatiert · Aus: Picander (d.i. Christian Friedrich Henrici), Ernst-, scherzhafte und satirische Gedichte, 1729 · Foto: akg-images

82/83 Stadtansicht von Dresden · Gemälde von Bernardo Michiel Bellotto (Canaletto), 1748 (Ausschnitt) Foto: bpk Berlin/Alfredo Dagli Orti

84 Brief an Bachs Jugendfreund Georg Erdmann vom 28.10.1730 (1. Seite) · Foto: akg-images

85 Titel der h-moll-Messe von J. S. Bach (BWV 232) Originalautograph · Deutsche Fotothek · Foto: bpk

87 Ordnung der Leipziger Thomasschule (Titelblatt) Foto: Bach-Archiv

88/89 Bach und drei seiner Söhne · Gemälde von Balthasar Denner, um 1730 · Öl auf Leinwand · Foto: bpk/Lutz Braun

90 Wilhelm Friedemann Bach · Gemälde von W. Weitsch, um 1760 · Öl auf Leinwand, 78 × 64 cm · Händel-Haus/ Halle an der Saale · Foto: akg-images/Schütze/Rodemann

93 Carl Philipp Emanuel Bach, Pastor Sturm und der Künstler · Lavierte Federzeichnung von Andreas Stöttrup, 1784 · Kunsthalle, Hamburg · Foto: akg-images

94 Carl Philipp Emanuel Bach · Lithographie von Alfred Lemoine, 1867, nach zeitgenössischem Bildnis (spätere Kolorierung) · Aus: Amédée Mereaux, Les Clavecinistes de 1637 à 1790. Paris (Heugel&Cie), 1867 · Slg. Archiv f. Kunst & Geschichte, Berlin · Foto: akg-images

95 Johann Samuel (od. Sebastian) Bach, Maler, Sohn des Philipp Emanuel Bach · Kupferstich von C.W. Griessmann (geb. 1765), nach Zeichnung von Adam Friedrich Oeser, um 1770 (13,7 × 9,1 cm) · Slg.Archiv f. Kunst & Geschichte, Berlin · Foto: akg-images

96 Johann Christoph d. J. Bach (Sohn von Johann Sebastian Bach) · Gemälde (Pastell) von Georg David Matthieu, um 1775 · Foto: bpk/SBB/Carola Seifert

97 Johann Christian Bach · Gemälde von Thomas Gainsborough, 1776 · Öl auf Leinwand · Liceo Musicale, Bologna Foto: akg/Nimatallah

98/99 Bach am Hofe Friedrichs des Großen: Orgelspiel vor dem König am 7./8. Mai 1747 in Potsdam · Holzstich, koloriert, von Knesing nach dem Gemälde von Hermann Kaulbach, 1870 · Foto: akg-images

101 Friedrich II., König von Preußen · Gemälde von Antoine Pesne, um 1745 · Öl auf Leinwand, 81 × 65 cm Niedersächsisches Landesmuseum, Hannover Foto: akg-images

102/103 Flötenkonzert Friedrichs des Großen in Sanssouci · Gemälde von Adolph Menzel, um 1850 Öl auf Leinwand, 142 × 205 cm · Nationalgalerie Foto: bpk/Jörg P. Anders

104/105 Schloss Sanssouci in Potsdam. „Prospect des Königlichen Lustschlosses Sanssouci bei Potsdam" Kupferstich, koloriert, von Johann David Schleuen d. Ä., 1748 (38,5 × 59,6 cm) · Foto: akg-images

106 Schlusstakte der unvollendeten Quadrupelfuge aus der „Kunst der Fuge" mit dem Schlussvermerk von Philipp Emanuel Bach: „Über dieser Fuge, wo der Name B A C H im Contrasubject angebracht worden, ist der Verfasser gestorben." · Foto: bpk/SBB

107 Grabstätte von Johann Sebastian Bach in der Thomaskirche · Foto: Bach-Archiv

109 Bachdenkmal in Leipzig vor der Thomaskirche · Skulptur von Carl Seffner, 1908 · Foto: akg-images/Dieter E. Hoppe

Photo Index (English)

Cover / Page 2 Johann Sebastian Bach (1685–1750), composer · Copy of Elias Gottlob Haussmann's painting from 1746 (anonymous, 1848) · Photo: The Bach Archive Foundation / Hans Dieter Kluge

Page 2 J. S. Bach's Signature, 1736 · Signature under a petition to the Leipzig City Council, Leipzig, 15 August 1736 Tit.VII B69, fol.14 · Archive of Leipzig · Photo: akg-images

4 Hans Bach (c. 1555-1615) · Copper engraving, 1647 Bibliothèque Nationale, Paris · Photo: akg-images

5 "Origin of the Musical Bach Family". Entries on J. S. Bach's father Johann Ambrosius and his twin brother Johann Christoph (1753) · Photo: bpk

6/7 Genealogy of the Bach family. Extended version based on the original published by © 1999 Carus Verlag, Stuttgart

8 Bach's family bible (title page) · Location: Concordia Seminary Library, Saint Louis/Missouri · Photo: akg-images

8/9 Genealogy of the Bach family · Drawing, undated Inv. No:Mus.ms.theor.1046 · Photo: bpk / SBB

11 Johann Ambrosius Bach (1645–1695), Father of Johann Sebastian Bach · Painting by Johann David Herlicius, 1685 Oil on canvas, 92 x 78cm · Photo: bpk/SBB/Carola Seifert

12 House where Bach was born ("Bach House") in Eisenach, view from the garden. Bach memorial place since 1906 · Photo: akg-images

13 Map of Saxony and Thuringia with bordering areas Inscription cartouche with coat of arms · Copper engraving, coloured, c. 1650 (49 x 57,5 cm) · Amsterdam (Frederik de Wit) · Postmuseum/Berlin · Photo: akg-images

14 Interior view of the church in Eisenach where Bach was baptised (St George's Church, built c.1515) Photo: akg-images

15 View of Ohrdruf / Thuringia ("Ortruff") · Copper engraving, 1680 · Photo: akg-images

16 View of Lüneburg with coat of arms · Copper engraving by Conrad Bruno, 1654 · From: Topographia Germaniae, Ed.No.15, Topographia [...] der Hertzogthumer Braunschweig und Lüneburg, Frankfurt (Matthäus Merian Erben) 1654 · Photo: akg-images

17 St Michael's Church, Lüneburg · Painting by Joachim Burmester after 1700 · Museum for the Principality of Lüneburg, Lüneburg · Photo: Michael Behns

18 The Palace of Celle · Picture agency online / A. Klein

19 Stage design for the Hamburg Gänsemarktoper, 1696 Ink drawing by J.O. Harms, 1696 (22,5 x 35,5cm) · Photo: Herzog Anton Ulrich-Museum Braunschweig, Art Museum Lower Saxony

20/21 View of Arnstadt/Thuringia · Copper engraving by Caspar Merian, 1650 (coloured later) · From: M. Zeillger, Topographia Germaniae, Ed.No.12, Topographia Superioris Saxoniae, Frankfurt (Matthaeus Merian), 1650 · Photo: akg-images

21 Bach Church in Arnstadt. Organ prospect with plaque Bach Archive, Leipzig · Photo: I. Widmann. Leipzig, 1952

22 New Church, a.k.a. St Boniface's or Bach Church in Arnstadt / Thuringia. Exterior view with fountain · Photo: akg-images / Straube

23 Bach's organ console at the New Church in Arnstadt Photo: Werner Reinhold

24/25 Allegory of the friendship between Dietrich Buxtehude (with sheet of music), Johann Adam Reincken (on cembalo) and Johann Theile (with viola da gamba) · Painting by Johannes Voorhout, 1674 · Oil on canvas, 125 x 190cm Museum for Hamburg History · Photo: akg-images

26 View of the city of Lübeck · Copper engraving by Matthäus Merian, 1653 (coloured) · From: Topographia Saxoniae Inferioris, 1653 · Photo: akg-images

28 Divi Blasii Church in Mühlhausen / Thuringia c. 1910 Photo: bpk / Georg Minge

29 Interior view of Divii Blasi Church with choir grille, c. 1937 · Photo: bpk / Georg Minge

30 Palace garden of Weimar · Copper engraving by Matthäus Merian the Elder, c. 1650 · Art Library, Staatliche Museen zu Berlin / Lipp Ci 25 · Photo: akg / images

31 The Weimar Palace Church, so-called Himmelsburg Painting by Christian Richter I., c. 1660 · Oil on canvas 112,5 cm x 83,5 cm · Art collection of Weimar Photo: Louis Held

32 Wilhelm Ernst, Duke of Saxe-Weimar (1662–1728) Painting (anonymous), undated · © Weimar Palace Museum / Bridgeman Giraudon

34 Johann Sebastian Bach · Painting by Johann Ernst Rentsch the Elder, c. 1715 (authenticity as a portrait of Bach unproven) · Oil on canvas and zinc plate (60,5 x 44 cm) Angermuseum, Erfurt · Photo: akg-images

35 Ernst August, Duke of Saxe-Weimar · Engraving by J. C. Sysang, 1742 · Bach Archive, Leipzig · Photo: Bach-Archiv / Bartholt

36 Louis Marchand · Copper engraving (contemporary) by Charles Dupuis after Robert, 1720 · Photo: akg-images

37 Newspaper clipping: Report on the competition with Marchand, from Bach's necrology, 1754 · Bach Archive, Leipzig · Photo: Bach-Archiv / Bartholt

38 Memorandum on J. S. Bach's arrest from 6 November until 2 December 1717 · © Weimar Main State Archives

39 View of the city of Köthen („Cöthen")/Anhalt · Copper engraving (later coloured) by Matthäus Merian the Elder, 1650 · From: Topographia Superioris Saxoniae Thuringiae, Misniae, Lusatia etc., Frankfurt a.M. (Merian) 1650 Photo: akg-images

41 Johann Sebastian Bach „Violin sonata" (BWV 1001), beginning of 2nd movement (1st page) · 3 sonatas and 3 parts for violin, unaccompanied (BWV 1001–1006; 1720) Sonata for solo violin in G minor (BWV 1001) · score autograph · Photo: akg-images

42 Köthen Palace, residence of the Dukes of Anhalt-Köthen (after the 1547 fire, reconstructed 1597–1606) Copper engraving (coloured) by Matthäus Merian, c. 1650 Photo: akg-images

43 Friederike Henriette Princess of Anhalt-Köthen, born Princess of Anhalt-Bernburg (1702–1723) · Copper engraving by Martin Bernigeroth · Photo: Fotothek / Fried Henri

45 Prince Leopold of Anhalt-Köthen · Painting by anonymous, undated · © Museum of Local History, Köthen / Bridgeman Giraudon

46 Cover of the original manuscript of the Brandenburg Concertos (BWV 1046) with dedication to Christian Ludwig Margrave of Brandenburg · Berlin State Library Photo: akg-images

47 Christian Ludwig Margrave of Brandenburg-Schwedt Painting by Antoine Pesne, 1730 · Oil on canvas, 149 x 116 cm · Berlin Charlottenburg Palace Photo: akg-images

48 Bach memorial in Köthen · Photo: akg-images / Dieter E. Hoppe

49 Cover of the original manuscript of "L'Estro armonico (Op.3)" by Antonio Vivaldi with dedication to Grand Duke Ferdinand III. of Tuscany · Notendruck Amsterdam (Estienne Roger), 1712 · Photo: akg-images

50 View of Karlsbad (Czech Republic). View from Hirschstein Hill · Copper engraving by Caspar Merian, 1650 From: M. Zeiller, Topographia Germaniae, Ed.No.11, Topographia Bohemiae, Moraviae et Silesiae, Frankfurt (M. Merian) Photo: akg-images

51 Prospect of the Arp-Schnitger organ at St Jacobi Church in Hamburg · Photo: akg-images / Hilbich

52 Johann Adam Reincken (1623?/43?–1722) Copper engraving (contemporary) by anonymous, 1670 Photo: akg-images

53 Erdmann Neumeister · Painting by Nicolaus Georg Geve, 1757 (57,7 x 37,6 cm) · Photo: bpk/HKH/Elke Walford

55 View of Weißenfels · Copper engraving, c. 1750 Photo: bpk

56/57 View of Leipzig · Copper engraving (coloured) by Johann Georg Ringlin after a drawing by Friedrich Bernhard Werner (1690–1778), c. 1750 · Photo: akg-images

58 Johann Kuhnau · Ink drawing by anonymous, undated © Stadtgeschichtliches Museum, Leipzig

59 Cover sheet of Johann Kuhnau's (Thomaskantor since 1701) "Neue Clavier Übung" (I 1689, II 1692) with portrait of the composer (1698) · Photo: akg-images

60/61 Room at the Old Townhall in Leipzig Watercolour by Karl Werner, 1858 · Photo akg/images

63 Georg Philipp Telemann · Aquatinta by Valentin Daniel Preisler, 1750, after a lost painting by Ludwig Michael Schneider (coloured later) · Photo: akg-images

64 Georg Friedrich Händel (1685–1759) · Copy of a photo of a vellum miniature by Christoph Platzer, c. 1710 Mixed technique/pastel on paper (1983), 26,5 x 19,5 cm Photo: bpk

65 Georg Friedrich Händel · Painting by T. Hudson, 1749 Hamburg University Library · Photo: akg-images

66 Carl Friedrich Fasch. C. F. Fasch founded the Berlin "Singakademie" in 1791 · Painting by Susanne Henry, 1795 Berlin Museum, Berlin · Photo: akg-images

69 Johann Adolph Hasse · Painting by anonymous, undated Photo: bpk/Hermann Buresch

70 St Thomas' Church in Leipzig (Choir 14th century, nave 1482–96; 1723–50) (J. S. Bach's work place); "St Thomas' Church. St Thomas' School [...]" · Copper engraving (coloured) by Johann Gottfried Krügner, 1723 Photo: akg-images

73 Interior of St Thomas' Church in Leipzig (after the 1885 reconstruction and remodelling) · Watercolour by Richard Mertz, 1886 · Leipzig History Museum · Photo: akg-images

74 Interior of St Nicolai Church in Leipzig. View from the southern gallery up to the organ gallery · Photo: akg-images/ Dietmar Hoppe

75 Book title "Evangelische Schlusskette [...]" by Heinrich Müller, 1708 · Photo: Mediaarchiv

76 "St Matthew's Passion", score autograph · Original: National Museum in Berlin · Prussian Heritage Cultural Foundation, Music Divison/Mus.ms.Bach P 25, P.122/123 Photo: bpk

77 Felix Mendelssohn-Bartholdy · Watercolour by James Warren Childe, 1829 · Mendelssohn Archive · Staatsbibliothek Preußischer Kulturbesitz, Berlin · Photo: akg-images

79 "Johann Sebastian Bach with his family" (Bach at early prayer with his family) · Collotype, coloured later, after a painting by Toby Edward Rosenthal, 1870 · Formerly at the Leipzig Museum · Photo: akg-images

80 Zimmermann's Coffee House in Leipzig (Exterior of middle building) where Bach gave concerts with students of his "Collegium musicum" since 1792 · Detail from a copper engraving by J.G. Schreiber after G. Wustmann, 1750 · Photo: akg-images

81 Students playing at Leipzig University · Copper engraving by anonymous, undated · From: Picander (i.e. Christian Friedrich Henrici), Serious, comical and satirical Poems, 1729 · Photo: akg-images

82/83 View of Dresden · Painting by Bernardo Michiel Bellotto (Canaletto), 1748 (detail) · Photo: bpk Berlin / Alfredo Dagli Orti

84 Letter to Georg Erdmann, the friend of Bach's youth, written on 28 October 1730 (page 1) · Photo: akg-images

85 Title page of Bach's Mass in B minor (BWV 232) Original autograph · Deutsche Fotothek · Photo: bpk

87 Regulations of St Thomas' School (title page) Photo: Bach Archive

88/89 Bach with three of his sons · Painting by Balthasar Denner, c. 1730 · Oil on canvas · Photo: bpk / Lutz Braun

90 Wilhelm Friedemann Bach · Painting by W. Weitsch, c. 1760 · Oil on canvas, 78 x 64 cm · Händel-Haus / Halle an der Saale · Photo: akg-images / Schütze / Rodemann.

93 Carl Philipp Emanuel Bach, Father Sturm and the Artist Wash drawing by Andreas Stöttrup, 1784 · Hamburg Kunsthalle · Photo: akg-images

94 Carl Philipp Emanuel Bach · Lithograph by Alfred Lemoine after a contemporary portrait (coloured later) From: Amédée Mereaux, Les Clavecinistes de 1637 à 1790. Paris (Heugel&Cie), 1867 · Slg. Archive of Art & History, Berlin · Photo: akg-images

95 Johann Samuel (or Sebastian) Bach, painter, son of Philipp Emanuel Bach · Copper engraving by C. W. Griessmann (born 1765), after a painting by Adam Friedrich Oeser, c. 1770 (13,7 x 9,1 cm) · Slg. Archive of Art & History, Berlin · Photo: akg-images

96 Johann Christoph Bach the Younger (Son of Johann Sebastian Bach) · Painting (pastel) by Georg David Matthieu, c. 1775 · Photo: bpk/SBB/Carola Seifert

97 Johann Christian Bach · Painting by Thomas Gainsborough, 1776 · Oil on canvas · Liceo Musicale, Bologna Photo: akg/Nimatallah

98/99 Bach at the court of Frederick the Great: Playing the organ for the king in Potsdam on May 7/8 1747 Wood engraving, coloured, by Knesing after a painting by Hermann Kaulbach, 1870 · Photo: akg-images

101 Frederick the Great, King of Prussia · Painting by Antoine Pesne, c. 1745 · Oil on canvas, 81 x 65 cm · Niedersächsisches Landesmuseum, Hannover · Photo: akg-images

102/103 Frederick the Great playing a flute concert at Sanssouci · Painting by Adolph Menzel, c. 1850 · Oil on canvas, 142 x 205 cm · National Gallery · Photo: bpk / Jörg P. Anders

104/105 Potsdam Sanssouci Palace. "Prospect of the Royal Summer Residence Sanssouci near Potsdam" Copper engraving, coloured, by Johann David Schleuen d. Ä., 1748 (38,5 x 59,6 cm) · Photo: akg-images

106 Final bars of the unfinished quadruple fugue from "The Art of the Fugue" with Philipp Emanuel Bach's end note: "Whilst writing this fugue containing the name B A C H the composer passed away." · Photo: bpk / SBB

107 Johann Sebastian Bach's burial-place in St Thomas' Church · Photo: Bach Archive

109 Bach memorial outside St Thomas' Church in Leipzig Sculpture by Carl Seffner, 1908 · Photo akg-images/ Dieter Hoppe

ISBN-10: 3-937406-77-8
ISBN-13: 978-3-937406-77-0

Editorial direction by Astrid Fischer/edel
Text and concept by Detmar Huchting
Photo editorial by Tanja Ohde, www.in-multimedias-res.de, Cologne/Germany
Music compiled by Bernd Kussin/edel
Translation by Marc Staudacher
Proof-reading by LfW/Hamburg

Design by Gerd Schröder/edel
Art direction by RAWA GmbH Print und neue Medien/Hamburg

Produced by optimal media production GmbH, Röbel/Germany
Printed and manufactured in Germany

earBOOKS is a division of edel CLASSICS GmbH

For more information about earBOOKS please visit **www.earbooks.net**

Passio Domini nostri
J. C. secundum Evangelistam Matthæum

Poesia per Dominum Henrici
alias Picander dictus

Musica di G. S. Bach

Prima Parte.

JOHANN SEBASTIAN BACH

MATTHÄUS-PASSION

ST. MATTHEW PASSION BWV 244

41.b.

Titelseite:
Juan de Juanes (um 1523–1579) »Ecce Homo«

Vorherige Seite:
Johann Sebastian Bach: »Matthäus-Passion«
(BWV 244), Titelblatt, 1. Teil *(eigenhändig)*

Rechte Seite:
Jan van Eyck *(mit Hubert van Eyck)*
»Die Anbetung des Lammes«, 1432 vollendet
(Ausschnitt)

ISBN 3-937406-23-9

Art Direction and Design by Mica Witt and Karin Sieber
Photo Editorial: Tanja Ohde, www.in-multimedias-res.de,
Cologne/Germany
Editorial Direction: Astrid Fischer/edel

Produced by optimal media production GmbH, Röbel/Germany
Printed and manufactured in Germany

EarBooks is a division of edel CLASSICS GmbH

For more information about EarBooks please visit
www.earbooks.net

edel CLASSICS   optimal MEDIA PRODUCTION

MATTHÄUS-PASSION

ST. MATTHEW PASSION BWV 244

ERSTER TEIL

NR. 1 (1)

CHOR I UND II
Kommt, ihr Töchter, helft mir klagen,
Sehet! Wen? Den Bräutigam!
Seht ihn! Wie? Als wie ein Lamm. –
Sehet! Was? Seht die Geduld,
Seht! Wohin? Auf unsre Schuld.
Sehet ihn aus Lieb und Huld
Holz zum Kreuze selber tragen.

Choral
O Lamm Gottes, unschuldig
am Stamm des Kreuzes geschlachtet,
allzeit erfunden geduldig,
wiewohl du warest verachtet.
All Sünd hast du getragen,
sonst müßten wir verzagen.
Erbarm dich unser, o Jesu!

Oben: Johann Sebastian Bach, Bachs Unterschrift als Thomaskantor in Leipzig, 1740
Rogier van der Weyden (1399-1466) »Die Beweinung Christi« *(Ausschnitt: Maria Magdalena)*

NR. 2 (2)

EVANGELIST
Da Jesus diese Rede vollendet hatte, sprach er zu seinen Jüngern:

JESUS
Ihr wisset, daß nach zween Tagen Ostern wird, und des Menschen Sohn wird überantwortet werden, daß er gekreuziget werde.

NR. 3 (3) *Choral*

Herzliebster Jesu, was hast du verbrochen,
daß man ein solch scharf Urteil hat gesprochen?
Was ist die Schuld, in was für Missetaten
bist du geraten?

NR. 4A (4)

EVANGELIST
Da versammleten sich die Hohenpriester und Schriftgelehrten und die Ältesten im Volk in den Palast des Hohenpriesters, der da hieß Kaiphas, und hielten Rat, wie sie Jesum mit Listen griffen und töteten. Sie sprachen aber:

NR. 4B (5)

CHOR
Ja nicht auf das Fest, auf daß nicht ein Aufruhr werde im Volk.

Duccio di Buoninsegna
»Der Pakt des Judas«, 1308–11
(Ausschnitt: Hohepriester)

Johann Sebastian Bach: »Matthäus-Passion« (BWV 244), Partiturautograph – Nr. 4c (6): Rezitativ: »Da nun Jesus war zu Bethanien« und Nr. 4d (7): *Chor*: »Wozu dienet dieser Unrat«

NR. 4C (6)

EVANGELIST

Da nun Jesus war zu Bethanien, im Hause Simonis des Aussätzigen, trat zu ihm ein Weib, das hatte ein Glas mit köstlichem Wasser und goß es auf sein Haupt, da er zu Tische saß. Da das seine Jünger sahen, wurden sie unwillig und sprachen:

NR. 4D (7)

CHOR

Wozu dienet dieser Unrat? Dieses Wasser hätte mögen teuer verkauft und den Armen gegeben werden.

NR. 4E (8)

EVANGELIST

Da das Jesus merkete, sprach er zu ihnen:

JESUS

Was bekümmert ihr das Weib? Sie hat ein gut Werk an mir getan. Ihr habet allezeit Arme bei euch, mich aber habt ihr nicht allezeit. Daß sie dies Wasser hat auf meinen Leib gegossen, hat sie getan, daß man mich begraben wird. Wahrlich, ich sage euch: Wo dies Evangelium gepredigt wird in der ganzen Welt, da wird man auch sagen zu ihrem Gedächtnis, was sie getan hat.

NR. 5 (9) *Rezitativ (Alt)*

Du lieber Heiland du,
wenn deine Jünger töricht streiten,
daß dieses fromme Weib
mit Salben deinen Leib
zum Grabe will bereiten;
so lasse mir inzwischen zu,
von meiner Augen Tränenflüssen
ein Wasser auf dein Haupt
zu gießen.

NR. 6 (10) *Arie (Alt)*

Buß und Reu
knirscht das Sündenherz entzwei,
daß die Tropfen meiner Zähren
angenehme Spezerei,
treuer Jesu, dir gebären.

Johann Sebastian Bach: »Matthäus-Passion« (BWV 244), Partiturautograph Nr. 4e (8): Rezitativ *(Ende)*: »... Wo dies Evangelium gepredigt wird in der ganzen Welt ...« und Nr. 5 (9): Rezitativ »Du lieber Heiland«

Da ging hin der Zwölfen einer mit Namen Judas Ischarioth zu den Hohenpriestern und sprach:

JUDAS

Was wollt ihr mir geben? Ich will ihn euch verraten.

EVANGELIST

Und sie boten ihm dreißig Silberlinge. Und von da an suchte er Gelegenheit, daß er ihn verriete.

Ach, ein Kind, das du erzogen,
das an deiner Brust gesogen,
droht den Pfleger zu ermorden,
denn es ist zur Schlange worden.

Giotto di Bondone »Der Verrat des Judas«, um 1303/05 *(Ausschnitt)*

Das Abendmahl

NR. 9A (13)

EVANGELIST
Aber am ersten Tage der süßen Brot traten die Jünger zu Jesu und sprachen zu ihm:

NR. 9B (14)

CHOR
Wo willst du, daß wir dir bereiten, das Osterlamm zu essen?

NR. 9C (15)

EVANGELIST
Er sprach:

JESUS
Gehet hin in die Stadt zu einem und sprecht zu ihm: Der Meister läßt dir sagen: Meine Zeit ist hier, ich will bei dir die Ostern halten mit meinen Jüngern.

EVANGELIST
Und die Jünger täten, wie ihnen Jesus befohlen hatte, und bereiteten das Osterlamm. Und am Abend setzte er sich zu Tische mit den Zwölfen. Und da sie aßen, sprach er:

JESUS
Wahrlich, ich sage euch: Einer unter euch wird mich verraten.

NR. 9D

EVANGELIST
Und sie wurden sehr betrübt und huben an, ein jeglicher unter ihnen, und sagten zu ihm:

NR. 9E

CHOR
Herr, bin ichs?

NR. 10 (16) *Choral*

Ich bins, ich sollte büßen,
an Händen und an Füßen
gebunden in der Höll!
Die Geißeln und die Banden,
und was du ausgestanden,
das hat verdienet meine Seel.

Fra Eustachio »Lamm Gottes«, 1520

NR. 11 (17)

EVANGELIST

Er antwortete und sprach:

JESUS

Der mit der Hand mit mir in die Schüssel tauchet, der wird mich verraten. Des Menschen Sohn gehet zwar dahin, wie von ihm geschrieben stehet; doch wehe dem Menschen, durch welchen des Menschen Sohn verraten wird. Es wäre ihm besser, daß derselbige Mensch noch nie geboren wäre.

EVANGELIST

Da antwortete ihm Judas, der ihn verriet, und sprach:

JUDAS

Bin ichs, Rabbi?

EVANGELIST

Er sprach zu ihm:

JESUS

Du sagest's.

Meister des Hausbuchs »Das Abendmahl«, 1475–1480

Fortsetzung NR. 11 (17)

EVANGELIST
Da sie aber aßen, nahm Jesus das Brot, dankete und brachs und gabs den Jüngern und sprach:

JESUS
Nehmet, esset, das ist mein Leib.

EVANGELIST
Und er nahm den Kelch und dankete, gab ihnen den und sprach:

JESUS
Trinket alle daraus, das ist mein Blut des Neuen Testaments, welches vergossen wird für viele zur Vergebung der Sünden. Ich sage euch: Ich werde von nun an nicht mehr von diesem Gewächs des Weinstocks trinken bis an den Tag, da ichs neu trinken werde mit euch in meines Vaters Reich.

Vorherige Seite: Leonardo da Vinci »Das Abendmahl«, 1495-97

Leonardo da Vinci »Das Abendmahl«, 1495–97 (*Ausschnitt: Mittelgruppe mit Christus)*

Leonardo da Vinci »Das Abendmahl«, 1495–97
(Ausschnitt: Apostelgruppe)

NR. 12 (18) *Rezitativ (Sopran)*

Wiewohl mein Herz in Tränen schwimmt,
daß Jesus von mir Abschied nimmt,
so macht mich doch sein Testament erfreut:
Sein Fleisch und Blut, o Kostbarkeit,
vermacht er mir in meine Hände.
Wie er es auf der Welt mit denen Seinen
nicht böse können meinen,
so liebt er sie bis an das Ende.

NR. 13 (19) *Arie (Sopran)*

Ich will dir mein Herze schenken,
senke dich, mein Heil, hinein!
Ich will mich in dir versenken;
ist dir gleich die Welt zu klein,
ei, so sollst du mir allein
mehr als Welt und Himmel sein.

Leonardo da Vinci »Das Abendmahl«, 1495–97
(Ausschnitt: Apostelgruppe)

Christus am Ölberg

NR. 14 (20)

EVANGELIST
Und da sie den Lobgesang gesprochen hatten, gingen sie hinaus an den Ölberg. Da sprach Jesus zu ihnen:
JESUS
In dieser Nacht werdet ihr euch alle ärgern an mir. Denn es stehet geschrieben: Ich werde den Hirten schlagen, und die Schafe der Herde werden sich zerstreuen. Wenn ich aber auferstehe, will ich vor euch hingehen in Galiläam.

NR. 15 (21) *Choral*

Erkenne mich, mein Hüter,
mein Hirte, nimm mich an!
Von dir, Quell aller Güter,
ist mir viel Gut's getan.
Dein Mund hat mich gelabet
mit Milch und süßer Kost,
dein Geist hat mich begabet
mit mancher Himmelslust.

Duccio di Buoninsegna
»Christus am Ölberg«, um 1308/11

NR. 16 (22)

EVANGELIST
Petrus aber antwortete und sprach zu ihm:
PETRUS
Wenn sie auch alle sich an dir ärgerten, so will ich doch mich nimmermehr ärgern.
EVANGELIST
Jesus sprach zu ihm:
JESUS
Wahrlich, ich sage dir: In dieser Nacht, ehe der Hahn krähet, wirst du mich dreimal verleugnen.
EVANGELIST
Petrus sprach zu ihm:
PETRUS
Und wenn ich mit dir sterben müßte, so will ich dich nicht verleugnen.
EVANGELIST
Desgleichen sagten auch alle Jünger.

NR. 17 (23) *Choral*

Ich will hier bei dir stehen;
verachte mich doch nicht!
Von dir will ich nicht gehen,
wenn Dir dein Herze bricht.
Wenn dein Herz wird erblassen
im letzten Todesstoß,
alsdann will ich dich fassen
in meinen Arm und Schoß.

Masaccio »Der Zinsgroschen«, 1425
(Ausschnitt: Petrus und die Jünger)

Gethsemane

NR. 18 (24)

EVANGELIST
Da kam Jesus mit ihnen zu einem Hofe, der hieß Gethsemane, und sprach zu seinen Jüngern:

JESUS
Setzet euch hie, daß ich dort hingehe und bete.

EVANGELIST
Und nahm zu sich Petrum und die zween Söhne Zebedäi und fing an zu trauern und zu zagen. Da sprach Jesus zu ihnen:

JESUS
Meine Seele ist betrübt bis an den Tod, bleibet hie und wachet mit mir.

NR. 19 (25) *Rezitativ (Tenor) mit Choral*

TENOR
O Schmerz! hier zittert das gequälte Herz.
Wie sinkt es hin, wie bleich sein Angesicht!

CHOR
Was ist die Ursach aller solcher Plagen?

TENOR
Der Richter führt ihn vor Gericht.
Da ist kein Trost, kein Helfer nicht.

CHOR
Ach, meine Sünden haben dich geschlagen!

TENOR
Er leidet alle Höllenqualen,
er soll für fremden Raub bezahlen.

CHOR
Ich, ach Herr Jesu, habe dies verschuldet,
was du erduldet.

TENOR
Ach, könnte meine Liebe dir,
mein Heil, dein Zittern und dein Zagen
vermindern oder helfen tragen,
wie gerne blieb ich hier!

NR. 20 (26) *Arie (Tenor) mit Chor*

TENOR
Ich will bei meinem Jesu wachen.

CHOR
So schlafen unsre Sünden ein.

TENOR
Meinen Tod büßet seine Seelennot,
sein Trauern machet mich voll Freuden.

CHOR
Drum muß uns sein verdienstlich Leiden
recht bitter und doch süße sein.

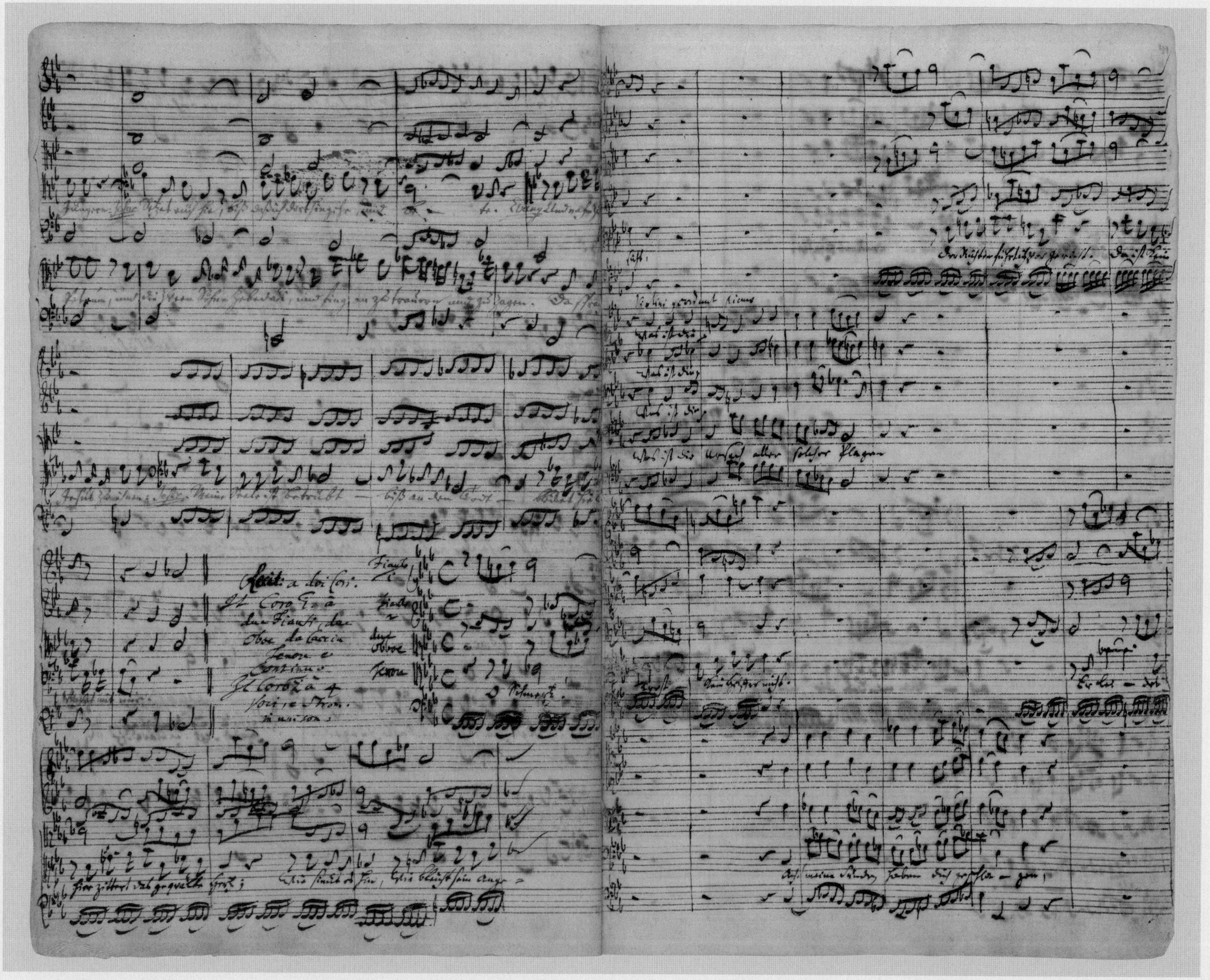

Johann Sebastian Bach: »Matthäus-Passion« (BWV 244), Partiturautograph – Nr. 18 (24): Rezitativ *Jesus*: »Setzet Euch hie, daß ich dorthin gehe und bete«, *Evangelist*: »Und nahm sich Petrus und die zween Söhne Zebedäi«, *Jesus*: »Meine Seele ist betrübt bis an den Tod« und Nr. 19 (25): Rezitativ *Tenor*: »O Schmerz! hier zittert das gequälte Herz«

NR. 21 (27)

EVANGELIST
Und ging hin ein wenig, fiel nieder auf
sein Angesicht und betete und sprach:
JESUS
Mein Vater, ists möglich, so gehe dieser
Kelch von mir, doch nicht wie ich will,
sondern wie du willst.

NR. 22 (28) *Rezitativ (Baß)*

Der Heiland fällt vor seinem Vater nieder;
dadurch erhebt er mich und alle
von unserm Falle
hinauf zu Gottes Gnade wieder.
Er ist bereit,
den Kelch, des Todes Bitterkeit,
zu trinken,
in welchen Sünden dieser Welt
gegossen sind und häßlich stinken,
weil es dem lieben Gott gefällt.

NR. 23 (29) *Arie (Baß)*

Gerne will ich mich bequemen,
Kreuz und Becher anzunehmen,
trink ich doch dem Heiland nach.
Denn sein Mund,
der mit Milch und Honig fließet,
hat den Grund
und des Leidens herbe Schmach
durch den ersten Trunk versüßet.

El Greco »Christus am Ölberg«, um 1590/98

30 Sandro Botticelli »Christus am Ölberg«, um 1500 *(Ausschnitt: Gebet Christi am Ölberg)*

NR. 24 (30)

EVANGELIST

Und er kam zu seinen Jüngern und fand sie schlafend und sprach zu ihnen:

JESUS

Könnet ihr denn nicht eine Stunde mit mir wachen? Wachet und betet, daß ihr nicht in Anfechtung fallet. Der Geist ist willig, aber das Fleisch ist schwach.

EVANGELIST

Zum andern Male ging er hin, betete und sprach:

JESUS

Mein Vater, ists nicht möglich, daß dieser Kelch von mir gehe, ich trinke ihn denn, so geschehe dein Wille.

NR. 25 (31) *Choral*

Was mein Gott will, das g'scheh allzeit,
sein Will', der ist der beste;
zu helfen den' er ist bereit,
die an ihn glauben feste.
Er hilft aus Not, der fromme Gott,
und züchtiget mit Maßen.
Wer Gott vertraut, fest auf ihn baut,
den will er nicht verlassen.

NR. 26 (32)

EVANGELIST

Und er kam und fand sie aber schlafend, und ihre Augen waren voll Schlafs. Und er ließ sie und ging abermals hin und betete zum drittenmal und redete dieselbigen Worte. Da kam er zu seinen Jüngern und sprach zu ihnen:

JESUS

Ach! wollt ihr nun schlafen und ruhen? Siehe, die Stunde ist hier, daß des Menschen Sohn in der Sünder Hände überantwortet wird. Stehet auf, lasset uns gehen; siehe, er ist da, der mich verrät.

Hans Multscher »Christus am Ölberg«, 1437

Die Gefangennahme

Fortsetzung NR. 26 (32)

EVANGELIST
Und als er noch redete, siehe, da kam Judas, der Zwölfen einer, und mit ihm eine große Schar mit Schwerten und Stangen von den Hohenpriestern und Ältesten des Volks. Und der Verräter hatte ihnen ein Zeichen gegeben und gesagt: Welchen ich küssen werde, der ists, den greifet. Und alsbald trat er zu Jesu und sprach:
JUDAS
Gegrüßet seist du, Rabbi!
EVANGELIST
Und küssete ihn. Jesus aber sprach zu ihm:
JESUS
Mein Freund, warum bist du kommen?
EVANGELIST
Da traten sie hinzu und
legten die Hände an Jesum und griffen ihn.

NR. 27A (33) *Duett (Sopran und Alt) mit Chor*

SOLI
So ist mein Jesus nun gefangen.
CHOR
Laßt ihn, haltet, bindet nicht!
SOLI
Mond und Licht
ist vor Schmerzen untergangen,
weil mein Jesus ist gefangen.
CHOR
Laßt ihn, haltet, bindet nicht!
SOLI
Sie führen ihn, er ist gebunden.

NR. 27B

CHOR
Sind Blitze, sind Donner in Wolken verschwunden?
Eröffne den feurigen Abgrund, o Hölle,
zertrümmre, verderbe, verschlinge, zerschelle
mit plötzlicher Wut
den falschen Verräter, das mördrische Blut!

Meister der Gefangennahme *(Maestro della Cattura)* »Gefangennahme Christi« *(Ausschnitt: Der Judaskuss)*, um 1290/95

NR. 28 (34)

EVANGELIST

Und siehe, einer aus denen, die mit Jesu waren, reckete die Hand aus und schlug des Hohenpriesters Knecht und hieb ihm ein Ohr ab. Da sprach Jesus zu ihm:

JESUS

Stecke dein Schwert an seinen Ort, denn wer das Schwert nimmt, der soll durchs Schwert umkommen. Oder meinest du, daß ich nicht könnte meinen Vater bitten, daß er mir zuschickte mehr denn zwölf Legion Engel? Wie würde aber die Schrift erfüllet? Es muß also gehen.

EVANGELIST

Zu der Stund sprach Jesus zu den Scharen:

JESUS

Ihr seid ausgegangen, als zu einem Mörder, mit Schwerten und mit Stangen, mich zu fangen; bin ich doch täglich bei euch gesessen und habe gelehret im Tempel, und ihr habt mich nicht gegriffen. Aber das ist alles geschehen, daß erfüllet würden die Schriften der Propheten.

EVANGELIST

Da verließen ihn alle Jünger und flohen.

Duccio di Buoninsegna »Christi Gefangennahme«, um 1308/11
Folgeseite: Giovanni Boccati »Gefangennahme Christi«, 1447

NR. 29 (35) *Choral*

O Mensch, bewein dein Sünde groß,
darum Christus sein's Vaters Schoß
äußert und kam auf Erden.
Von einer Jungfrau rein und zart
für uns er hie geboren ward,
er wollt der Mittler werden.
Den Toten er das Leben gab
und legt darbei all Krankheit ab,
bis sich die Zeit herdrange,
daß er für uns geopfert würd,
trüg unsrer Sünden schwere Bürd
wohl an dem Kreuze lange.

Links: Fra Angelico »Christus an der Martersäule«, um 1450 *(Ausschnitt)*
Oben: Johann Sebastian Bach »Matthäus-Passion« (BWV 244), Partiturautograph – Nr. 28 (34): Rezitativ *Jesus:* »... habe gelehret im Tempel und ihr habt mich nicht gegriffen«, *Evangelist:* »Da verließen ihn alle Jünger und flohen« und Nr. 29 (35): Choral: »Oh Mensch, bewein Dein Sünde groß«

NR. 30 (36) *Arie (Alt) mit Chor*

ALT
Ach, nun ist mein Jesus hin!
CHOR
Wo ist denn dein Freund hingegangen,
o du schönste unter den Weibern?
ALT
Ist es möglich, kann ich schauen?
CHOR
Wo hat sich mein Freund hingewandt?
ALT
Ach, mein Lamm in Tigerklauen!
Ach, wo ist mein Jesus hin?
CHOR
So wollen wir mit dir ihn suchen.
ALT
Ach, was soll ich der Seele sagen,
wenn sie mich wird ängstlich fragen?
Ach, wo ist mein Jesus hin?

Raffael »Die Sixtinische Madonna«, um 1513 *(Ausschnitt: Maria mit Kind)*

Christus vor Kaiphas

NR. 31 (37)

EVANGELIST
Die aber Jesum gegriffen hatten, führeten ihn zu dem Hohenpriester Kaiphas, dahin die Schriftgelehrten und Ältesten sich versammlet hatten. Petrus aber folgete ihm nach von ferne bis in den Palast des Hohenpriesters und ging hinein und satzte sich bei die Knechte, auf daß er sähe, wo es hinaus wollte. Die Hohenpriester aber und Ältesten und der ganze Rat suchten falsche Zeugnis wider Jesum, auf daß sie ihn töteten, und funden keines.

NR. 32 (38) *Choral*

Mir hat die Welt trüglich gericht'
mit Lügen und mit falschem G'dicht,
viel Netz und heimlich Stricke.
Herr, nimm mein wahr in dieser G'fahr,
b'hüt mich für falschen Tücken.

Fra Angelico »Christus vor Kaiphas«, um 1450 *(Ausschnitt)*

NR. 33 (39)

EVANGELIST
Und wiewohl viel falsche Zeugen herzutraten, funden sie doch keins. Zuletzt traten herzu zween falsche Zeugen und sprachen:
ZEUGEN *(Alt und Tenor)*
Er hat gesagt: Ich kann den Tempel Gottes abbrechen und in dreien Tagen denselben bauen.
EVANGELIST
Und der Hohepriester stund auf und sprach zu ihm:
HOHERPRIESTER
Antwortest du nichts zu dem, das diese wider dich zeugen?
EVANGELIST
Aber Jesus schwieg stille.

NR. 34 (40) *Rezitativ (Tenor)*

Mein Jesus schweigt
zu falschen Lügen stille,
um uns damit zu zeigen,
daß sein erbarmensvoller Wille
vor uns zum Leiden sei geneigt,
und daß wir in dergleichen Pein
ihm sollen ähnlich sein
und in Verfolgung stille schweigen.

NR. 35 (41) *Arie (Tenor)*

Geduld, Geduld!
Wenn mich falsche Zungen stechen.
Leid ich wider meine Schuld
Schimpf und Spott,
ei, so mag der liebe Gott
meines Herzens Unschuld rächen.
Geduld, Geduld!

NR. 36A (42) *Rezitativ*

EVANGELIST
Und der Hohepriester antwortete und sprach zu ihm:
HOHERPRIESTER:
Ich beschwöre dich bei dem lebendigen Gott, daß du uns sagest, ob du seiest Christus, der Sohn Gottes.
EVANGELIST
Jesus sprach zu ihm:
JESUS
Du sagests. Doch sage ich euch: Von nun an wirds geschehen, daß ihr sehen werdet des Menschen Sohn sitzen zur Rechten der Kraft und kommen in den Wolken des Himmels.
EVANGELIST
Da zerriß der Hohepriester seine Kleider und sprach:
HOHERPRIESTER
Er hat Gott gelästert; was dürfen wir weiter Zeugnis? Siehe, jetzt habt ihr seine Gotteslästerung gehöret. Was dünket euch?
EVANGELIST
Sie antworteten und sprachen:

NR. 36B

CHOR
Er ist des Todes schuldig.

Francesco Ubertini »Christus vor Kaiphas«, 1535 *(Ausschnitt)*

Giotto di Bondone »Christus vor Kaiphas«, um 1303/05 *(Ausschnitt: Kaiphas)*

NR. 36C (43)

EVANGELIST
Da speieten sie aus in sein Angesicht und schlugen ihn mit Fäusten. Etliche aber schlugen ihn ins Angesicht und sprachen:

NR. 36D

CHOR
Weissage uns, Christe, wer ists, der dich schlug?

NR. 37 (44) *Choral*

Wer hat dich so geschlagen,
mein Heil, und dich mit Plagen
so übel zugericht'?
Du bist ja nicht ein Sünder
wie wir und unsre Kinder;
von Missetaten weißt du nicht.

Matthias Grünewald
»Verspottung Christi«, 1503

Fra Angelico »Die Verspottung Christi«, um 1450 *(Ausschnitt)*

NR. 38A (45)

EVANGELIST
Petrus aber saß draußen im Palast; und es trat zu ihm eine Magd und sprach:
1. MAGD
Und du warest auch mit dem Jesu aus Galiläa.
EVANGELIST
Er leugnete aber vor ihnen allen und sprach:
PETRUS
Ich weiß nicht, was du sagest.
EVANGELIST
Als er aber zur Tür hinausging, sahe ihn eine andere und sprach zu denen, die da waren:
2. MAGD
Dieser war auch mit dem Jesu von Nazareth.
EVANGELIST
Und er leugnete abermal und schwur dazu:
PETRUS
Ich kenne des Menschen nicht.
EVANGELIST
Und über eine kleine Weile traten hinzu, die da stunden, und sprachen zu Petro:

NR. 38B (46)

CHOR
Wahrlich, du bist auch einer von denen, denn deine Sprache verrät dich.

NR. 38C

EVANGELIST
Da hub er an, sich zu verfluchen und zu schwören:
PETRUS
Ich kenne des Menschen nicht!
EVANGELIST
Und alsbald krähete der Hahn. Da dachte Petrus an die Worte Jesu, da er zu ihm sagte: Ehe der Hahn krähen wird, wirst du mich dreimal verleugnen; und ging heraus und weinete bitterlich.

NR. 39 (47) *Arie (Alt)*

Erbarme dich, mein Gott,
um meiner Zähren willen;
schaue hier, Herz und Auge
weint vor dir bitterlich.

NR. 40 (48) *Choral*

Bin ich gleich von dir gewichen,
stell ich mich doch wieder ein;
hat uns doch dein Sohn verglichen
durch sein Angst und Todespein.
Ich verleugne nicht die Schuld;
aber deine Gnad und Huld
ist viel größer als die Sünde,
die ich stets in mir befinde.

El Greco »Der reuige Petrus«, um 1585/90

Christus vor Pilatus

NR. 41A (49)

EVANGELIST
Des Morgens aber hielten alle Hohepriester und die Ältesten des Volks einen Rat über Jesum, daß sie ihn töteten. Und bunden ihn, führeten ihn hin und überantworteten ihn dem Landpfleger Pontio Pilato. Da das sahe Judas, der ihn verraten hatte, daß er verdammt war zum Tode, gereuete es ihn und brachte herwieder die dreißig Silberlinge den Hohenpriestern und Ältesten und sprach:
JUDAS
Ich habe übel getan, daß ich unschuldig Blut verraten habe.
EVANGELIST
Sie sprachen:

NR. 41B

CHOR
Was gehet uns das an? Da siehe du zu!

Duccio di Buoninsegna »Christus vor Pilatus«, um 1308/11

NR. 41C (50)

EVANGELIST
Und er warf die Silberlinge in den Tempel, hub sich davon, ging hin und erhängete sich selbst. Aber die Hohenpriester nahmen die Silberlinge und sprachen:

1. UND 2. PRIESTER
Es taugt nicht, daß wir sie in den Gotteskasten legen, denn es ist Blutgeld.

NR. 42 (51) *Arie (Baß)*

Gebt mir meinen Jesum wieder!
Seht, das Geld, den Mörderlohn,
wirft euch der verlorne Sohn
zu den Füßen nieder.
Gebet mir meinen Jesum wieder!

Duccio di Buoninsegna »Der Pakt des Judas«, 1308-11 *(Ausschnitt: Judas)*

NR. 43 (52)

EVANGELIST
Sie hielten aber einen Rat und kauften einen Töpfersacker darum zum Begräbnis der Pilger. Daher ist derselbige Acker genennet der Blutacker bis auf den heutigen Tag. Da ist erfüllet, das gesagt ist durch den Propheten Jeremias, da er spricht: Sie haben genommen dreißig Silberlinge, damit bezahlet ward der Verkaufte, welchen sie kauften von den Kindern Israel; und haben sie gegeben um einen Töpfersacker, als mir der Herr befohlen hat. Jesus aber stund vor dem Landpfleger; und der Landpfleger fragte ihn und sprach:
PILATUS
Bist du der Juden König?
EVANGELIST
Jesus aber sprach zu ihm:
JESUS
Du sagests.
EVANGELIST
Und da er verklagt war von den Hohenpriestern und Ältesten, antwortete er nichts. Da sprach Pilatus zu ihm:
PILATUS
Hörest du nicht, wie hart sie dich verklagen?
EVANGELIST
Und er antwortete ihm nicht auf ein Wort, also, daß sich auch der Landpfleger sehr verwunderte.

NR. 44 (53) *Choral*

Befiehl du deine Wege
und was dein Herze kränkt
der allertreusten Pflege
des, der den Himmel lenkt.
der Wolken, Luft und Winden
gibt Wege, Lauf und Bahn,
der wird auch Wege finden,
da dein Fuß gehen kann.

»Pilatus«, undatiert, unbekannter italienischer Maler des 16. Jahrhunderts

ECCE
HOMO

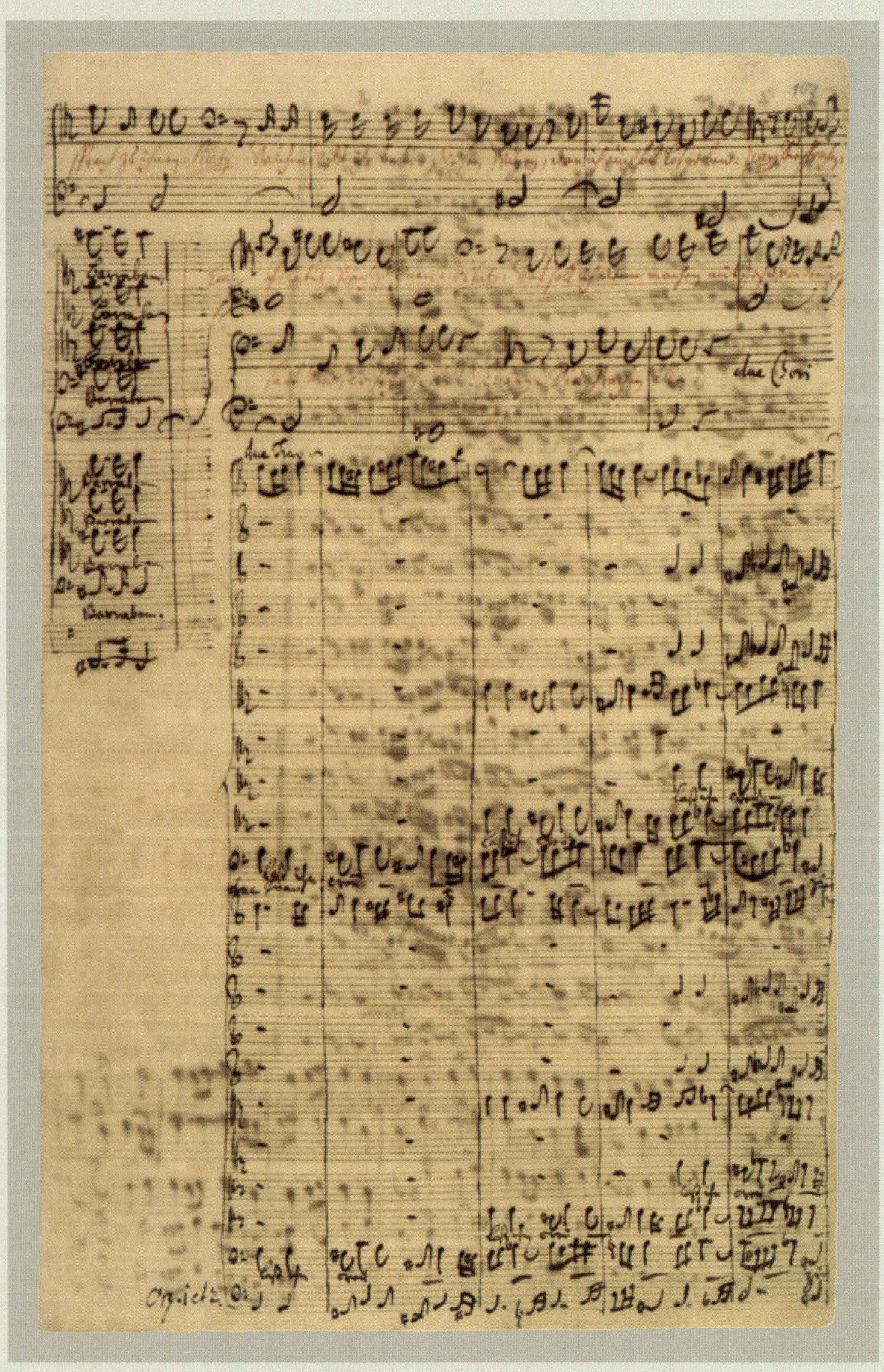

NR. 45A (54)

EVANGELIST

Auf das Fest aber hatte der Landpfleger Gewohnheit, dem Volk einen Gefangenen loszugeben, welchen sie wollten. Er hatte aber zu der Zeit einen Gefangenen, einen sonderlichen vor andern, der hieß Barrabas. Und da sie versammlet waren, sprach Pilatus zu ihnen:

PILATUS

Welchen wollet ihr, daß ich euch losgebe? Barrabam oder Jesum, von dem gesaget wird, er sei Christus?

EVANGELIST

Denn er wußte wohl, daß sie ihn aus Neid überantwortet hatten. Und da er auf dem Richtstuhl saß, schickete sein Weib zu ihm und ließ ihm sagen:

PILATI WEIB

Habe du nichts zu schaffen mit diesem Gerechten; ich habe heute viel erlitten im Traum von seinetwegen.

Oben: Johann Sebastian Bach »Matthäus-Passion« (BWV 244), Partiturautograph – Nr. 45a (54): Rezitativ *Pilatus*: »Welchen wollt ihr unter diesen zweien, den ich Euch soll losgeben?«, *Chor*: »Barrabam« und Nr. 45b: *Chor*: »Laß ihn kreuzigen«
Rechts: Meister des Wiener Schottenstifts »Christus vor Pilatus«, um 1469/75

Fortsetzung NR. 45A (54)

EVANGELIST
Aber die Hohenpriester und die Ältesten überredeten das Volk, daß sie um Barrabam bitten sollten und Jesum umbrächten. Da antwortete nun der Landpfleger und sprach zu ihnen:
PILATUS
Welchen wollt ihr unter diesen zweien, den ich euch soll losgeben?
EVANGELIST
Sie sprachen:
CHOR
Barrabam!
EVANGELIST
Pilatus sprach zu ihnen:
PILATUS
Was soll ich denn machen mit Jesu, von dem gesagt wird, er sei Christus?
EVANGELIST
Sie sprachen alle:

NR. 45B

CHOR
Laß ihn kreuzigen!

NR. 46 (55) *Choral*

Wie wunderbarlich ist doch diese Strafe!
Der gute Hirte leidet für die Schafe;
die Schuld bezahlt der Herre, der Gerechte,
für seine Knechte!

NR. 47 (56)

EVANGELIST
Der Landpfleger sagte:
PILATUS
Was hat er denn Übels getan?

NR. 48 (57) *Rezitativ (Sopran)*

Er hat uns allen wohlgetan.
Den Blinden gab er das Gesicht,
die Lahmen macht er gehend;
er sagt uns seines Vaters Wort,
er trieb die Teufel fort,
Betrübte hat er aufgericht';
er nahm die Sünder auf und an;
sonst hat mein Jesus nichts getan.

NR. 49 (58) *Arie (Sopran)*

Aus Liebe will mein Heiland sterben,
von einer Sünde weiß er nichts,
daß das ewige Verderben
und die Strafe des Gerichts
nicht auf meiner Seele bliebe.

NR. 50A (59)

EVANGELIST
Sie schrieen aber noch mehr und sprachen:

NR. 50B

CHOR
Laß ihn kreuzigen!

Quentin Massys »Christus wird dem Volk gezeigt«, um 1515

NR. 50C

EVANGELIST
Da aber Pilatus sahe, daß er nichts schaffete, sondern daß ein viel größer Getümmel ward, nahm er Wasser und wusch die Hände vor dem Volk und sprach:

PILATUS
Ich bin unschuldig an dem Blut dieses Gerechten. Sehet ihr zu!

EVANGELIST
Da antwortete das ganze Volk und sprach:

NR. 50D

CHOR
Sein Blut komme über uns und unsre Kinder!

Oben und rechts: Albrecht Altdorfer, »Die Handwaschung Pilati«, um 1510/12 *(Ausschnitt)*

Die Geißelung

NR. 50E

EVANGELIST
Da gab er ihnen Barrabam los, aber Jesum ließ er geißeln und überantwortete ihn, daß er gekreuziget würde.

NR. 51 (60) *Rezitativ (Alt)*

Erbarm es Gott!
Hier steht der Heiland angebunden.
O Geißelung, o Schläg, o Wunden!
Ihr Henker, haltet ein!
Erweichet euch der Seelen Schmerz,
der Anblick solches Jammers nicht?
Ach ja! ihr habt ein Herz,
das muß der Martersäule gleich
und noch viel härter sein.
Erbarmt euch, haltet ein!

NR. 52 (61) *Arie (Alt)*

Können Tränen meiner
Wangen nichts erlangen,
oh, so nehmt mein Herz hinein!
Aber laßt es bei den Fluten,
wenn die Wunden milde bluten,
auch die Opferschale sein!

Sandro Botticelli (1445-1510) »Geißelung Christi«

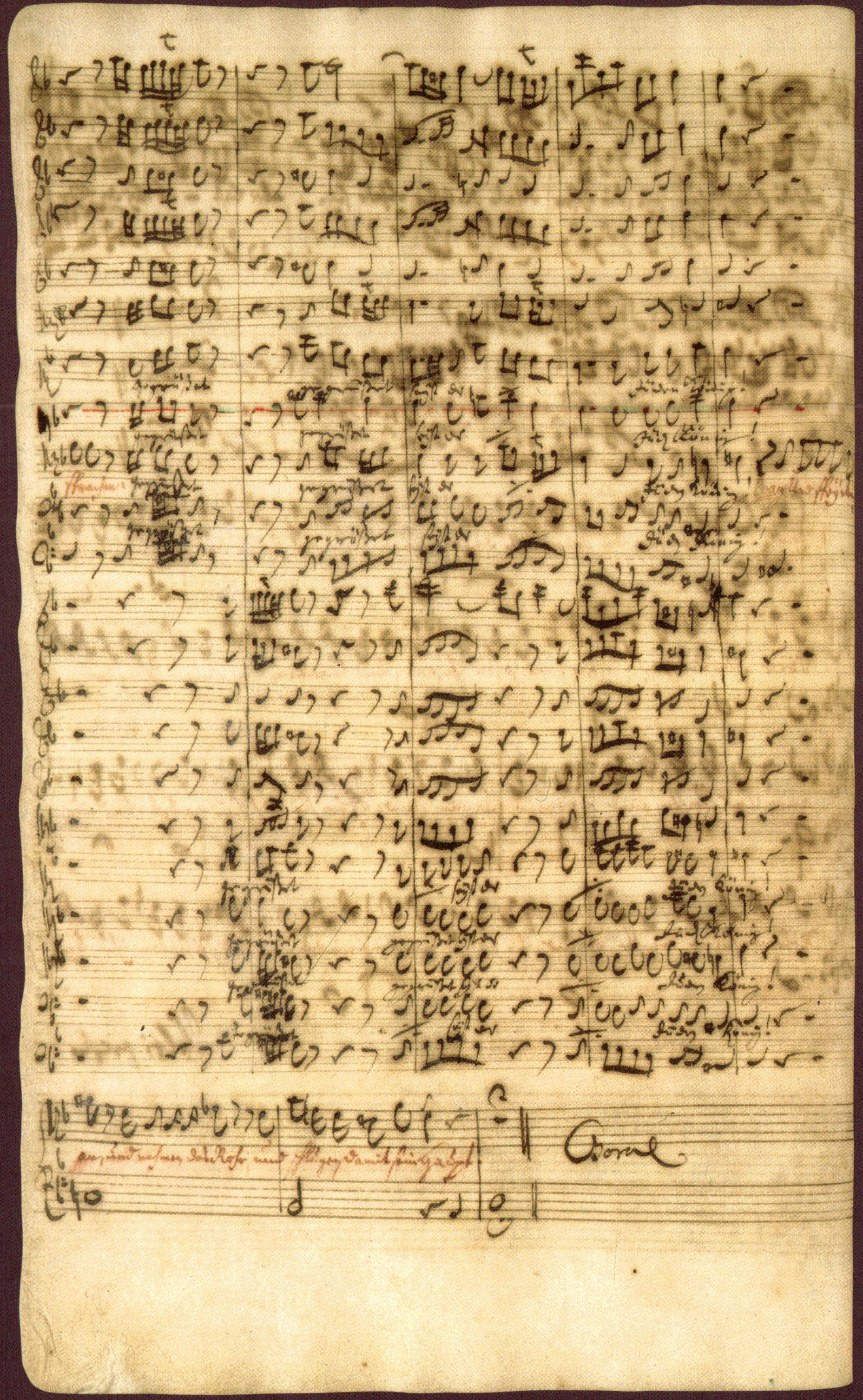

NR. 53A (62)

EVANGELIST

Da nahmen die Kriegsknechte des Landpflegers Jesum zu sich in das Richthaus und sammleten über ihn die ganze Schar und zogen ihn aus und legeten ihm einen Purpurmantel an und flochten eine dornene Krone und satzten sie auf sein Haupt und ein Rohr in seine rechte Hand und beugeten die Knie vor ihm und spotteten ihn und sprachen:

NR. 53B

CHOR

Gegrüßet seist du, Judenkönig!

NR. 53C

EVANGELIST

Und speieten ihn an und nahmen das Rohr und schlugen damit sein Haupt.

Johann Sebastian Bach: »Matthäus-Passion« (BWV 244), Partiturautograph – Nr. 53b (62): Chor: »Gegrüßet seist du, Judenkönig!«, Nr. 53c (63): Choral: »… und nahmen das Rohr und schlugen damit sein Haupt«, Nr. 55 (64): »Und da sie ihn verspottet hatten, zogen sie ihm den Mantel aus …« und Nr. 56 (65): Rezitativ: »Ja freilich will in uns das Fleisch und Blut zum Kreuz gezwungen sein«

Meister der Karlsruher Passion »Die Dornenkrönung Christi«, um 1450/55

Hieronymus Bosch »Der verhöhnte Christus« *(Die Dornenkrönung)*, um 1490-1500 *(Ausschnitt)*

IHS XPS

NR. 54 (63) *Choral*

O Haupt voll Blut und Wunden,
voll Schmerz und voller Hohn,
o Haupt, zu Spott gebunden
mit einer Dornenkron!
O Haupt, sonst schön gezieret
mit höchster Ehr und Zier,
jetzt aber hoch schimpfieret:
Gegrüßet seist du mir!
Du edles Angesichte,
vor dem sonst schrickt und scheut
das große Weltgerichte,
wie bist du so bespeit!
Wie bist du so erbleichet,
wer hat dein Augenlicht,
dem sonst kein Licht nicht gleichet,
so schändlich zugericht'?

Fra Angelico »Vera Ikon« *(Christus mit der Dornenkrone)*, um 1440/50

Die Kreuztragung

NR. 55 (64)

EVANGELIST
Und da sie ihn verspottet hatten, zogen sie ihm den Mantel aus und zogen ihm seine Kleider an und führeten ihn hin, daß sie ihn kreuzigten. Und indem sie hinausgingen, funden sie einen Menschen von Kyrene mit Namen Simon, den zwungen sie, daß er ihm sein Kreuz trug.

NR. 56 (65) *Rezitativ (Baß)*

Ja freilich will in uns das Fleisch und Blut
zum Kreuz gezwungen sein;
je mehr es unsrer Seele gut,
je herber geht es ein.

NR. 57 (66) *Arie (Baß)*

Komm, süßes Kreuz, so will ich sagen,
mein Jesu, gib es immer her!
Wird mir mein Leiden einst zu schwer,
so hilfst du mir es selber tragen.

Quentin Massys (1466-1530) »Ecce homo«

Pieter Bruegel d. Ä.
»Die Kreuztragung Christi«, 1564

NR. 58A (67)

EVANGELIST

Und da sie an die Stätte kamen mit Namen Golgatha, das ist verdeutschet Schädelstätt, gaben sie ihm Essig zu trinken mit Gallen vermischet, und da ers schmeckete, wollte ers nicht trinken. Da sie ihn aber gekreuziget hatten, teilten sie seine Kleider und wurfen das Los darum, auf daß erfüllet würde, das gesagt ist durch den Propheten: Sie haben meine Kleider unter sich geteilet, und über mein Gewand haben sie das Los geworfen. Und sie saßen allda und hüteten sein. Und oben zu seinen Haupte hefteten sie die Ursach seines Todes beschrieben, nämlich: Dies ist Jesus, der Juden König. Und da wurden zween Mörder mit ihm gekreuziget, einer zur Rechten und einer zur Linken. Die aber vorübergingen, lästerten ihn und schüttelten ihre Köpfe und sprachen:

NR. 58B

CHOR

Der du den Tempel Gottes zerbrichst und bauest ihn in dreien Tagen, hilf dir selber! Bist du Gottes Sohn, so steig herab vom Kreuz!

Albrecht Dürer »Die Anheftung Christi ans Kreuz«, 1495 · Anthonis van Dyck »Die Kreuzaufrichtung«, um 1630/31

INRI

 Hans Memling »Kreuzigung«, 1471/1472 und Ausschnitt *(oben)*

Hans Memling »Kreuzigung«, 1471/1472 (*Ausschnitt: Hohepriester*)

NR. 58C

EVANGELIST
Desgleichen auch die Hohenpriester spotteten sein samt den Schriftgelehrten und Ältesten und sprachen:

NR. 58D

CHOR
Andern hat er geholfen und kann ihm selber nicht helfen! Ist er der König Israel, so steige er nun vom Kreuz, so wollen wir ihm glauben. Er hat Gott vertrauet, der erlöse ihn nun, lüstets ihn; denn er hat gesagt: Ich bin Gottes Sohn.

NR. 58E

EVANGELIST
Desgleichen schmäheten ihn auch die Mörder, die mit ihm gekreuziget waren.

NR. 59 (69) *Rezitativ (Alt)*

Ach, Golgatha, unsel'ges Golgatha!
Der Herr der Herrlichkeit muß schimpflich hier verderben,
der Segen und das Heil der Welt
wird als ein Fluch ans Kreuz gestellt.
Der Schöpfer Himmels und der Erden
soll Erd und Luft entzogen werden;
die Unschuld muß hier schuldig sterben.
Das gehet meiner Seele nah;
ach Golgatha,
unsel'ges Golgatha!

NR. 60 (70) *Arie (Alt) mit Chor*

ALT
Sehet, Jesus hat die Hand,
Uns zu fassen, ausgespannt;
kommt!

CHOR
Wohin?

ALT
In Jesu Armen
sucht Erlösung, nehmt Erbarmen,
suchet!

CHOR
Wo?

ALT
In Jesu Armen.
Lebet, sterbet, ruhet hier,
ihr verlassnen Küchlein ihr,
bleibet

CHOR
Wo?

ALT
In Jesu Armen.

NR. 61A (71)

EVANGELIST
Und von der sechsten Stunde an war eine Finsternis über das ganze Land bis zu der neunten Stunde. Und um die neunte Stunde schriee Jesus laut und sprach:
JESUS
Eli, Eli, lama asabthani?
EVANGELIST
Das ist: Mein Gott, mein Gott, warum hast du mich verlassen? Etliche aber, die da stunden, da sie das höreten, sprachen sie:

NR. 61B

CHOR
Der rufet dem Elias.

NR. 61C

EVANGELIST
Und bald lief einer unter ihnen, nahm einen Schwamm und füllete ihn mit Essig und steckete ihn auf ein Rohr und tränkete ihn. Die anderen aber sprachen:

NR. 61D

CHOR
Halt, laß sehen, ob Elias komme und ihm helfe!

NR. 61E

EVANGELIST
Aber Jesus schriee abermal laut und verschied.

Karel Dujardin »Der Kalvarienberg«, 1661

NR. 62 (72) *Choral*

Wenn ich einmal soll scheiden,
so scheide nicht von mir!
Wenn ich den Tod soll leiden,
so tritt du dann herfür!
Wenn mir am allerbängsten
wird um das Herze sein,
so reiß mich aus den Ängsten
kraft deiner Angst und Pein!

Matthias Grünewald »Kreuzigung«, um 1513/15 und Ausschnitt *(oben)*

I·N·R·I
ILLVM OPORTET
CRESCERE·
MINVI:

NR. 63A (73)

EVANGELIST

Und siehe da, der Vorhang im Tempel zerriß in zwei Stück von oben an bis unten aus. Und die Erde erbebete, und die Felsen zerrissen, und die Gräber täten sich auf, und stunden auf viel Leiber der Heiligen, die da schliefen, und gingen aus den Gräbern nach seiner Auferstehung und kamen in die heilige Stadt und erschienen vielen. Aber der Hauptmann und die bei ihm waren und bewahreten Jesum, da sie sahen das Erdbeben und was da geschah, erschraken sie sehr und sprachen:

NR. 63B

CHOR

Wahrlich, dieser ist Gottes Sohn gewesen.

Paul Chenavard »La resurrection des morts« *(Die Auferstehung der Toten)*, 1845

EVANGELIST

Und es waren viel Weiber da, die von ferne zusahen, die da waren nachgefolget aus Galiläa und hatten ihm gedienet. Unter welchen war Maria Magdalena und Maria, die Mutter Jakobi und Joses, und die Mutter der Kinder Zebedäi. Am Abend aber kam ein reicher Mann von Arimathia, der hieß Joseph, welcher auch ein Jünger Jesu war. Der ging zu Pilato und bat ihn um den Leichnam Jesu. Da befahl Pilatus, man sollte ihm ihn geben.

NR. 64 (74) *Rezitativ (Baß)*

Am Abend, da es kühle war,
ward Adams Fallen offenbar;
am Abend drücket ihn der Heiland nieder.
Am Abend kam die Taube wieder
und trug ein Ölblatt in dem Munde.
O schöne Zeit! O Abendstunde!
Der Friedensschluß ist nun mit Gott gemacht,
denn Jesus hat sein Kreuz vollbracht.
Sein Leichnam kömmt zur Ruh.
Ach! liebe Seele, bitte du,
geh, lasse dir den toten Jesum schenken,
o heilsames, o köstlich's Angedenken!

Il Sodoma »Kreuzabnahme«, um 1515 · Albrecht Dürer »Beweinung Christi«, um 1498 *(Ausschnitt)*

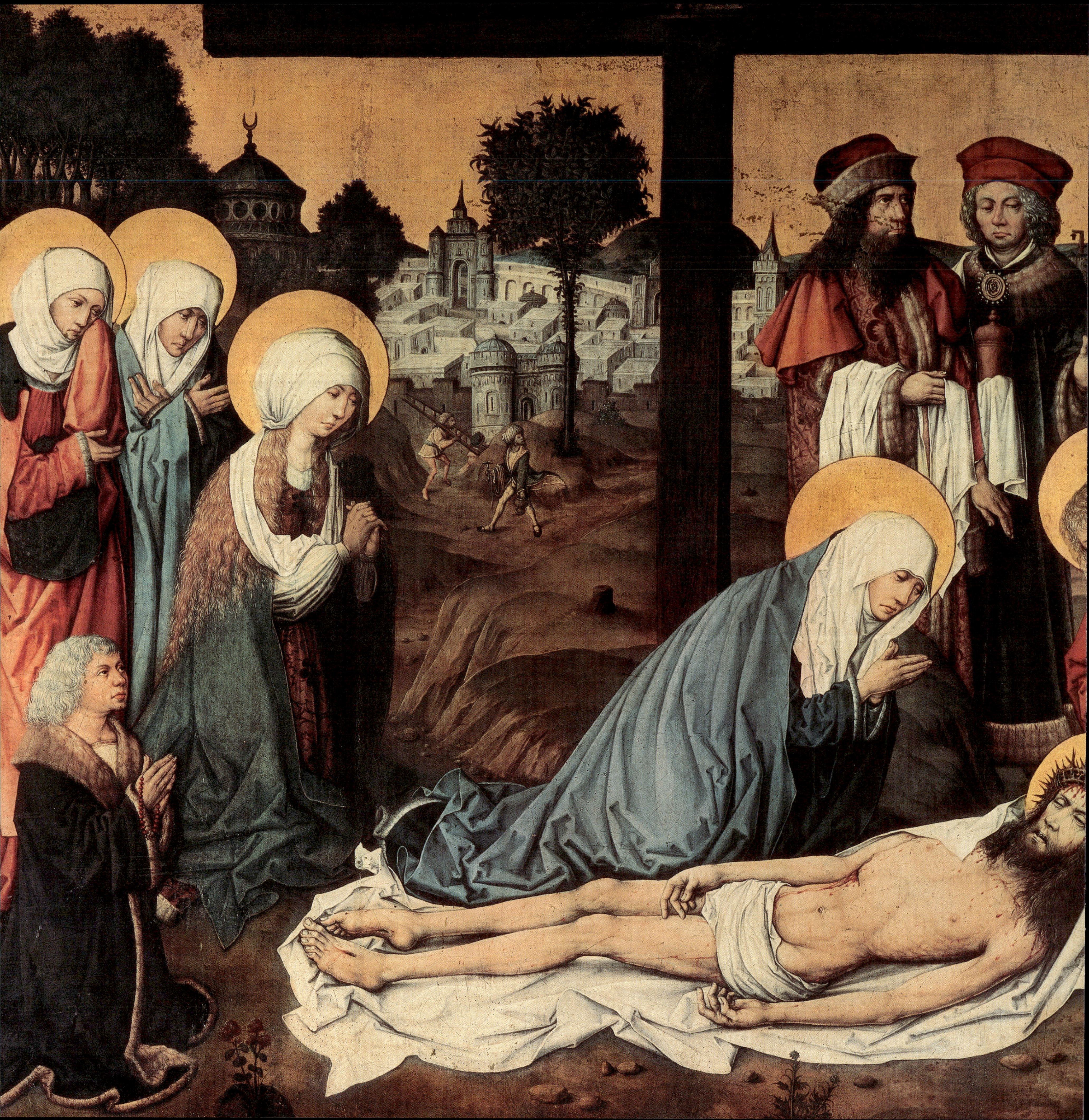

Die Grablegung

NR. 65 (75) *Arie (Baß)*

Mache dich, mein Herze, rein,
ich will Jesum selbst begraben;
denn er soll nunmehr in mir
für und für
seine süße Ruhe haben.
Welt, geh aus, laß Jesum ein!

Meister des Hausbuchs, »Die Beweinung Christi«, nach 1480
Folgeseite: Cosme Tura »Christi Leichnam von Engeln gehalten«, um 1475

EVANGELIST

Und Joseph nahm den Leib und wickelte ihn in ein rein Leinwand und legte ihn in sein eigen neu Grab, welches er hatte lassen in einen Fels hauen, und wälzete einen großen Stein vor die Tür des Grabes und ging davon. Es war aber allda Maria Magdalena und die andere Maria, die satzten sich gegen das Grab. Des andern Tages, der da folget nach dem Rüsttage, kamen die Hohenpriester und Pharisäer sämtlich zu Pilato und sprachen:

Peter Paul Rubens "Grablegung Christi", um 1616

NR. 66B

CHOR
Herr, wir haben gedacht, daß dieser Verführer sprach, da er noch lebete: Ich will nach dreien Tagen wieder auferstehen. Darum befiehl, daß man das Grab verwahre bis an den dritten Tag, auf daß nicht seine Jünger kommen und stehlen ihn und sagen zu dem Volk: Er ist auferstanden von den Toten; und werde der letzte Betrug ärger denn der erste.

NR. 66C

EVANGELIST
Pilatus sprach zu ihnen:

PILATUS
Da habt ihr die Hüter. Gehet hin und verwahrets,
wie ihrs wisset.

EVANGELIST
Sie gingen hin und verwahreten das Grab mit Hütern und versiegelten den Stein.

Rogier van der Weyden »Das Begräbnis«, um 1450 *(Ausschnitt)*

Caravaggio »Grablegung Christi«, 1602/04

Nun ist der Herr zur Ruh gebracht.

CHOR

Mein Jesu, gute Nacht!

TENOR

Die Müh ist aus, die unsre Sünden ihm gemacht.

CHOR

Mein Jesu, gute Nacht!

ALT

O selige Gebeine,
seht, wie ich euch mit Buß und Reu beweine,
daß euch mein Fall in solche Not gebracht!

CHOR

Mein Jesu, gute Nacht!

SOPRAN

Habt lebenslang
vor euer Leiden tausend Dank,
daß ihr mein Seelenheil so wert geacht'.

CHOR

Mein Jesu, gute Nacht!

und rufen dir im Grabe zu:
Ruhe sanfte, sanfte ruh'!
Ruht, ihr ausgesognen Glieder!
Ruhet sanfte, ruhet wohl!
Euer Grab und Leichenstein
soll dem ängstlichen Gewissen
ein bequemes Ruhekissen
und der Seelen Ruhstatt sein.
Höchst vergnügt schlummern da die Augen ein.

Sandro Botticelli »Die Beweinung«, um 1490 *(Ausschnitt)*

Johann Sebastian Bach (1685–1750)

MATTHÄUS-PASSION BWV 244

St. Matthew Passion

CD 1

Erster Teil · *Part One*

[1] 1. Chor · *Chorus* 8:50
Kommt, ihr Töchter, helft mir klagen
Come ye daughters, share my wailing

[2] 2. Evangelist, Jesus · *Evangelist, Jesus* 0:55
Da Jesus diese Rede vollendet hatte
When Jesus had finished all these sayings

[3] 3. Choral · *Chorale* 0:58
Herzliebster Jesu, was hast du verbrochen
Dearest Jesus, what is Thy transgression

[4] 4a. Evangelist · *Evangelist* 3:37
Da versammleten sich die Hohenpriester
Then assembled together the chief priests

4b. Chor · *Chorus*
Ja nicht auf das Fest
Not upon the feast

4c. Evangelist · *Evangelist*
Da nun Jesus war zu Bethanien
Now when Jesus was in Bethany

4d. Chor · *Chorus*
Wozu dienet dieser Unrat
To what purpose is that waste?

4e. Evangelist, Jesus · *Evangelist, Jesus*
Da das Jesus merkete
When Jesus understood it

[5] 5. Rezitativ · *Recitative* (Alt/*Alto*) 0:57
Du lieber Heiland du
My dearest Savior Thou

[6] 6. Arie · *Aria* (Alt/*Alto*) 4:46
Buß und Reu
Woe and rue

[7] 7. Evangelist, Judas · *Evangelist, Judas* 0:39
Da ging hin der Zwölfen einer
Then one of the twelve

[8] 8. Arie · *Aria* (Sopran/*Soprano*) 4:44
Blute nur, du liebes Herz
Bleed thou must

[9] 9a. Evangelist · *Evangelist* 2:31
Aber am ersten Tage der süßen Brot
Now, the first day of the feast of unleavened bread

9b. Chor · *Chorus*
Wo willst du, daß wir dir bereiten
Where will Thou that we prepare for Thee

9c. Evangelist, Jesus · *Evangelist, Jesus*
Er sprach: Gehet hin in die Stadt
And He said: Go into the city

9d. Evangelist · *Evangelist*
Und sie wurden sehr betrübt
And they were exceeding sorrowful

9e. Chor · *Chorus*
Herr, bin ichs?
Lord; is it I?

[10] 10. Choral · *Chorale* 0:56
Ich bins, ich sollte büßen
'Tis I who should suffer

[11] 11. Evangelist, Jesus · *Evangelist, Jesus* 4:08
Er antwortete und sprach
And he answered back and said

[12] 12. Rezitativ · *Recitative* (Sopran/*Soprano)* 1:24
Wiewohl mein Herz in Tränen schwimmt
Alas! my heart is bathed in tears

[13] 13. Arie · *Aria* (Sopran/*Soprano*) 4:10
Ich will dir mein Herze schenken
Lord, my heart I gladly grant Thee

[14] 14. Evangelist, Jesus · *Evangelist, Jesus* 1:16
Und da sie den Lobgesang gesprochen hatten
And when they had sung an hymn

[15] 15. Choral · *Chorale* 1:13
Erkenne mich, mein Hüter
Remember me, my Savior

[16] 16. Evangelist, Jesus, Petrus · *Evangelist, Jesus, Peter* 1:24
Petrus aber antwortete und sprach zu ihm
Peter answered, and said unto Him

[17] 17. Choral · *Chorale* 1:15
Ich will hier bei dir stehen
I stand here close beside thee

[18] 18. Evangelist, Jesus · *Evangelist, Jesus* 2:01
Da kam Jesus mit ihnen zu einem Hofe
Then cometh Jesus with them unto a place

[19] 19. Rezitativ · *Recitative* 1:43
(Tenor, Chor/*Tenor, Chorus*)
O Schmerz! hier zittert das gequälte Herz
Ah woe! how trembles His tormented heart

[20] 20. Arie · *Aria* (Tenor, Chor/*Tenor, Chorus*) 5:30
Ich will bei meinem Jesu wachen
Yea, I will watch Jesus gladly

[21] 21. Evangelist, Jesus · *Evangelist, Jesus* 0:56
Und ging hin ein wenig
And He went a little farther

[22] 22. Rezitativ · *Recitative* (Baß/*Bass*) 1:13
Der Heiland fällt vor seinem Vater nieder
The Savior falling down before His Father

[23] 23. Arie · *Aria* (Baß/*Bass*) 4:22
Gerne will ich mich bequemen
Gladly will I, fear disdaining

CD 2

[1] 24. Evangelist, Jesus · *Evangelist, Jesus* 1:40
Und er kam zu seinen Jüngern
And He cometh unto the disciples

[2] 25. Choral · *Chorale* 1:17
Was mein Gott will, das g'scheh allzeit
What God resolves will he achieve

[3] 26. Evangelist, Jesus, Judas · *Evangelist, Jesus, Judas* 2:35
Und er kam und fand sie aber schlafend
And He came and found them asleep again

[4] 27a. Arie · *Aria* 5:11
(Sopran, Alt, Chor/*Soprano, Alto, Chorus*)
So ist mein Jesus nun gefangen
Behold, my Jesus now is taken

27b. Chor · *Chorus*
Sind Blitze, sind Donner in Wolken verschwunden
Will lightning and thunder in ruin engulf them?

[5] 28. Evangelist, Jesus · *Evangelist, Jesus* 3:07
Und siehe, einer aus denen
And behold, one of them

[6] 29. Choral · *Chorale* 6:18
O Mensch, bewein dein Sünde groß
O man, thy grievous sins bemoan

Zweiter Teil · *Part Two*

[7] 30. Arie · *Aria* (Alt/*Alto*, Chor/*Chorus*) 4:15
Ach, nun ist mein Jesus hin
Ah! now is my Jesus gone

[8] 31. Evangelist · *Evangelist* 1:08
Die aber Jesum gegriffen hatten
And they that laid hold of Jesus

[9] 32. Choral · *Chorale* 0:52
Mir hat die Welt trüglich gericht'
The world, with treachery replete

[10] 33. Evangelist, Hoherpriester, Zeugen I, II
Evangelist, Caiaphas, Witnesses I, II 1:14
Und wiewohl viel falsche Zeugen herzutraten
Yea, though many false witnesses came

[11] 34. Rezitativ · *Recitative* (Tenor/*Tenor*) 0:50
Mein Jesus schweigt zu falschen Lügen stille
He answers not, to lying tongues is silent

[12] 35. Arie · *Aria* (Tenor/*Tenor*) 4:09
Geduld
Be calm, be calm

[13] 36a. Evangelist, Hoherpriester, Jesus
Evangelist, Caiaphas, Jesus 2:29
Und der Hohepriester antwortete
And the high priest answered

36b. Chor · *Chorus*
Er ist des Todes schuldig
He is worthy of death

36c. Evangelist · *Evangelist*
Da speieten sie aus
Then they did spit

36d. Chor · *Chorus*
Weissage uns, Christe
Now tell us, Thou Christ

[14] 37. Choral · *Chorale* 1:03
Wer hat dich so geschlagen
Who was it, Lord, did smite Thee

[15] 38a. Evangelist, Magd I, II, Petrus
Evangelist, Damsels I, II, Peter 2:38
Petrus aber saß draußen im Palast
Now Peter sat without in the palace

38b. Chor · *Chorus*
Wahrlich, du bist auch einer von denen
Surely thou also art one of them

38c. Evangelist, Petrus · *Evangelist, Peter*
Da hub er an, sich zu verfluchen
Then began he to curse and to swear

[16] 39. Arie · *Aria* (Alt/*Alto*) 7:10
Erbarme dich
Have mercy

[17] 40. Choral · *Chorale* 1:08
Bin ich gleich von dir gewichen
Tho' from Thee temptation lured me

[18] 41a. Evangelist, Judas · *Evangelist, Judas* 1:51
Des Morgens aber hielten alle Hohenpriester
When the morning was come, all the chief priests

41b. Chor · *Chorus*
Was gehet uns das an?
But what is that to us?

41c. Evangelist, Priester I, II · *Evangelist, Priest I, II*
Und er warf die Silberlinge in den Tempel
And he cast down the pieces of silver in the temple

[19] 42. Arie · *Aria* (Baß/*Bass*) 3:21
Gebt mir meinen Jesum wieder
Give me back my Lord I pray ye

[20] 43. Evangelist, Pilatus, Jesus
Evangelist, Pilate, Jesus 2:19
Sie hielten aber einen Rat
And they took counsel together

[21] 44. Choral · *Chorale* 1:16
Befiehl du deine Wege
Entrust thy ways unto Him

CD 3

[1] 45a. Evangelist, Pilatus, Pilati Weib, Chor
Evangelist, Pilate, Wife of Pilate, Chorus 2:41
Auf das Fest aber hatte der Landpfleger Gewohnheit
Now at that feast the governor was wont

45b. Chor · *Chorus*
Laß ihn kreuzigen
Let him be crucified

[2] 46. Choral · *Chorale* 1:01
Wie wunderbarlich ist doch diese Strafe
How strange, how wondrous strange, this crucifixion

[3] 47. Evangelist, Pilatus · *Evangelist, Pilate* 0:18
Der Landpfleger sagte
And the governor said

[4] 48. Rezitativ · *Recitative* (Sopran/*Soprano*) 1:20
Er hat uns allen wohlgetan
For us He naught but good has done

[5] 49. Arie · *Aria* (Sopran/*Soprano*) 4:21
Aus Liebe will mein Heiland sterben
For love of me my Lord is dying

[6] 50a. Evangelist · *Evangelist* 2:08
Sie schrieen aber noch mehr
But they cried out the more

50b. Chor · *Chorus*
Laß ihn kreuzigen
Let Him be crucified

50c. Evangelist, Pilatus · *Evangelist, Pilate*
Da aber Pilatus sahe
When Pilate saw that

50d. Chor · *Chorus*
Sein Blut komme über uns
His blood be on us

50e. Evangelist · *Evangelist*
Da gab er ihnen Barrabam los
Then he released Barabbas unto them

[7] 51. Rezitativ · *Recitative* (Alt/*Alto*) 0:58
Erbarm es Gott!
O gracious God!

[8] 52. Arie · *Aria* (Alt/*Alto*) 6:48
Können Tränen meiner Wangen
If my weeping may not reach Thee

[9] 53a. Evangelist · *Evangelist* 1:04
Da nahmen die Kriegsknechte
Then the soldiers of the governor

53b. Chor · *Chorus*
Gegrüßet seist du, Judenkönig
Hail, King of the Jews!

53c. Evangelist · *Evangelist*
Und speieten ihn an
And they spit upon Him

[10] 54. Choral · *Chorale* 2:48
O Haupt voll Blut und Wunden
Oh Head, all scarr'd and bleeding

[11] 55. Evangelist · *Evangelist* 0:49
Und da sie ihn verspottet hatten
And after they had mocked him

[12] 56. Rezitativ · *Recitative* (Baß/*Bass*) 0:42
Ja freilich will in uns das Fleisch und Blut
Yes, truly flesh and blood

[13] 57. Arie · *Aria* (Baß/*Bass*) 6:04
Komm, süßes Kreuz
Come blessed cross

[14] 58a. Evangelist · *Evangelist* 3:55
Und da sie an die Stätte kamen
When they were come unto a place

58b. Chor · *Chorus*
Der du den Tempel Gottes zerbrichst
Thou that destroyest the temple of God

58c. Evangelist · *Evangelist*
Desgleichen auch die Hohenpriester
Likewise also the chief priests

58d. Chor · *Chorus*
Andern hat er geholfen
He saved others

58e. Evangelist · *Evangelist*
Desgleichen schmäheten ihn auch die Mörder
The thieves also which were crucified with Him

[15] 59. Rezitativ · *Recitative* (Alt/*Alto*) 1:40
Ach Golgatha
Ah Golgotha

[16] 60. Arie · *Aria* (Alt, Chor/*Alto, Chorus*) 3:42
Sehet, Jesus hat die Hand
Look ye, Jesus waiting stands

[17] 61a. Evangelist, Jesus · *Evangelist, Jesus* 2:44
Und von der sechsten Stunde an
Now from the sixth hour

61b. Chor · *Chorus*
Der rufet dem Elias
He calleth for Elias

61c. Evangelist · *Evangelist*
Und bald lief einer unter ihnen
And straightway one of them ran

61d. Chor · *Chorus*
Halt! laß sehen
Let me, let us see

61e. Evangelist · *Evangelist*
Aber Jesus schriee abermal
Jesus, when He had cried again

[18] 62. Choral · *Chorale* 1:53
Wenn ich einmal soll scheiden
When comes my hour of parting

[19] 63a. Evangelist · *Evangelist* 2:56
Und siehe da, der Vorhang im Tempel zerriß
And, behold, the veil of the temple was rent in twain

63b. Chor · *Chorus*
Wahrlich, dieser ist Gottes Sohn gewesen
Truly, this was the Son of God

63c. Evangelist · *Evangelist*
Und es waren viel Weiber da
And many women were there

[20] 64. Rezitativ · *Recitative* (Baß/*Bass*) 2:14
Am Abend, da es kühle war
At even, sweet, cool hour of rest

[21] 65. Arie · *Aria* (Baß/*Bass*) 7:18
Mache dich, mein Herze, rein
Let my heart be pure as Thine

[22] 66a. Evangelist · *Evangelist* 2:53
Und Joseph nahm den Leib
And when Joseph had taken the body

66b. Chor · *Chorus*
Herr, wir haben gedacht
Sir, we remember

66c. Evangelist, Pilatus · *Evangelist, Pilate*
Pilatus sprach zu ihnen
Pilate said unto them

[23] 67. Rezitativ · *Recitative* (Sopran, Alt, Tenor, Baß, Chor/*Soprano, Alto, Tenor, Bass, Chorus*) 2:34
Nun ist der Herr zur Ruh gebracht
And now the Lord is laid to rest

[24] 68. Chor · *Chorus* 6:52
Wir setzen uns mit Tränen nieder
Here at Thy grave sit we all weeping

Evangelist · *Evangelist* — Peter Schreier, Tenor/*Tenor*
Jesus · *Jesus* — Theo Adam, Baß/*Bass*
Petrus · *Peter* — Siegfried Vogel, Baß/*Bass*
Judas · *Judas* — Johannes Künzel, Baß/Bass
Pontius Pilatus · *Pilate* — Hermann Christian Polster, Baß/*Bass*
Hoherpriester · *Caiaphas* — Hans Martin Nau, Baß/*Bass*
1. Priester · *1st priest* — Hans-Joachim Rotzsch, Tenor/*Tenor*
2. Priester · *2nd priest* — Hans Martin Nau, Baß/*Bass*
1. Zeuge · *1st witness* — Gerda Schriever, Alt/*Alto*
2. Zeuge · *2nd witness* — Hans-Joachim Rotzsch, Tenor/*Tenor*
1. Magd · *1st damsel* — Erika Wustmann, Sopran/*Soprano*
2. Magd · *2nd damsel* — Gerda Schriever, Alt/*Alto*
Pilati Weib · *Wife of Pilate* — Eva Hassbecker, Sopran/*Soprano*

Arien und Rezitative · ***Arias and recitatives***

Adele Stolte, Sopran/*Soprano*
Annelies Burmeister, Alt/*Alto*
Hans-Joachim Rotzsch, Tenor/*Tenor*
Günther Leib, Baß/*Bass*

Intrumentalsolisten · ***Solo players***

Chorus I:
Horst Sannemüller, Violine/*Violin*, Siegfried Pank, Viola da gamba/*Viola da gamba*, Karl-Heinz Passin, Joachim Naumann, Flöte/*Flute*, Thekla Waldbaur, Eva Kästner, Blockflöte/*Recorder*, Peter Fischer, Hans-Ludwig Mörchen, Oboe & Oboe d'amore/*Oboe & Oboe d'amore*, Fritz Hunger, Gerhard Flade, Oboe da caccia/*Oboe da caccia*

Continuo I:
Siegfried Arnold, Violoncello/*Cello* · Konrad Siebach, Kontrabaß/*Double-Bass* · Werner Seltmann, Fagott/*Bassoon* · Hannes Kästner, Orgel/*Organ*

Chorus II:
Gerhard Bosse, Violine/*Violin* · Siegfried Pank, Viola da gamba/*Viola da gamba* · Heinz Hörtzsch, Fritz Brittall, Flöte/*Flute* · Klaus-Peter Gütz, Willi Gerlach, Oboe & Oboe d'amore/*Oboe & Oboe d'amore*

Continuo II:
Burkhard Schmidt, Violoncello/*Cello* · Willy Neumann, Kontrabaß/*Double-Bass* · Heinz Pupke, Fagott/*Bassoon* · Herbert Collum, Orgel/*Organ*

DRESDNER KREUZCHOR
THOMANERCHOR LEIPZIG
GEWANDHAUSORCHESTER LEIPZIG

Musikalische Leitung · *Musical direction:*
RUDOLF MAUERSBERGER
ERHARD MAUERSBERGER

Recording: Dresden, Lukaskirche 1,2/1970
Recording Producer: Reimar Bluth
Balance Engineer: Claus Strüben
Recording Engineer: Jürgen Regler
Editing: Annelene Dziengel, Hildegard Miehe

CD 4

Johann Sebastian Bach (1685–1750)

OSTERKANTATEN

Easter Cantatas

CHRIST LAG IN TODESBANDEN
BWV 4
Kantate zum ersten Ostertag
Cantata for the first day of Easter

Text: Martin Luther

[1]	1. Sinfonia	1:10
[2]	2. Versus 1 (Chor/*Chorus*) Christ lag in Todesbanden *Christ lay in death's bonds*	4:25
[3]	3. Versus 2 (Chor: Sopran, Alt *Chorus: Soprano, Alto*) Den Tod niemand zwingen kann *No one could conquer death*	3:12
[4]	4. Versus 3 (Chor, Tenor/*Chorus, Tenor*) Jesus Christus, Gottes Sohn *Jesus Christ, God's Son*	2:03
[5]	5. Versus 4 (Chor/*Chorus*) Es war ein wunderlicher Krieg *It was a strange battle*	2:29
[6]	6. Versus 5 (Chor: Baß/*Chorus: Bass*) Hier ist das rechte Osterlamm *Here is the true Easter lamb*	3:20
[7]	7. Versus 6 (Chor: Sopran/*Chorus: Soprano*) So feiern wir das hohe Fest *So we celebrate the high feast*	2:12
[8]	8. Versus 7 (Choral/*Chorale*) Wir essen und leben wohl *We eat and live well*	1:07

Ludwig Güttler
Trompete/*Trumpet*
Gerhard Essbach
Altposaune alter Mensur/*Narrowbare alto trombone*
Karl Semsch
Tenorposaune alter Mensur/*Narrowbare tenor trombone*
Rolf Bachmann
Baßposaune alter Mensur/*Narrowbare bass trombone*

Walter Heinz Bernstein, Orgel/*Organ*
Burkhard Schmidt, Violoncello/*Cello*
Achim Beyer, Kontrabaß/*Double-bass*
Gerd Schulze, Fagott/*Bassoon*

Thomanerchor Leipzig
Neues Bachisches Collegium Musicum
Hans-Joachim Rotzsch

EIN HERZ, DAS SEINEN JESUM LEBEND WEISS
BWV 134
Kantate zum dritten Ostertag
Cantata for the third day of Easter

Text: unbekannt · *unknown*

[9]	1. Rezitativ · *Recitative* (Alt, Tenor/*Alto, Tenor*) Ein Herz, das seinen Jesum lebend weiß *A heart that knows its Jesus is living*	0:48
[10]	2. Arie · *Aria* (Tenor/*Tenor*) Auf, Gläubige, singet die lieblichen Lieder *Up, believers, sing the delightful songs*	6:52
[11]	3. Rezitativ · *Recitative* (Alt, Tenor/*Alto, Tenor*) Wohl dir, Gott hat an dich gedacht *Happiness to you, God has thought of you*	2:55
[12]	4. Arie · *Aria* (Alt, Tenor/*Alto, Tenor*) Wir danken und preisen *We thank and praise*	9:43
[13]	5. Rezitativ · *Recitative* (Alt, Tenor/*Alto,Tenor*) Doch würke selbst den Dank *But bring about yourself the thanks*	2:10
[14]	6. Chor · *Chorus* Erschallet, ihr Himmel, erfreue dich, Erde *Resound, you heavens, rejoice, earth*	8:38

Ortrun Wenkel, Alt/*Alto*
Peter Schreier, Tenor/*Tenor*

Walter Heinz Bernstein, Orgel/*Organ*
Burkhard Schmidt, Violoncello/*Cello*
Achim Beyer, Kontrabaß/*Double-bass*
Gerd Schulze, Fagott/*Bassoon*

THOMANERCHOR LEIPZIG
NEUES BACHISCHES COLLEGIUM MUSICUM
HANS-JOACHIM ROTZSCH

DER HIMMEL LACHT, DIE ERDE JUBILIERT
BWV 31
Kantate zum ersten Ostertag
Cantata for the first day of Easter
(Leipziger Fassung · *Leipzig version*)

[15]	1. Sonata	2:39
[16]	2. Chor · *Chorus* Der Himmel lacht, die Erde jubilieret *Heaven laughs, earth exults*	4:00
[17]	3. Rezitativ · *Recitative* (Baß/*Bass*) Erwünschter Tag! Sei Seele wieder froh! *Longed for day! Be joyful again, soul!*	2:18
[18]	4. Arie · *Aria* (Baß/*Bass*) Fürst des Lebens, starker Streiter *Prince of life, strong fighter*	2:58
[19]	5. Rezitativ · *Recitative* (Tenor/*Tenor*) So stehe denn, du Gott ergeb'ne Seele *So rise up, you God-given soul*	1:16
[20]	6. Arie · *Aria* (Tenor/*Tenor*) Adam muß in uns verwesen *Adam must in us decay*	2:26
[21]	7. Rezitativ · *Recitative* (Sopran/*Soprano*) Weil denn das Haupt sein Glied natürlich nach sich zieht *For since the head naturally* *takes his limbs with him*	1:00
[22]	8. Arie · *Aria* (Sopran/*Soprano*) Letzte Stunde, brich herein *Final hour, break now forth*	4:54
[23]	9. Choral · *Chorale* So fahr' ich hin zu Jesu Christ *So forth I'll go to Jesus Christ*	1:11

Helga Termer, Sopran/*Soprano*
Eberhard Büchner, Tenor/*Tenor*
Hermann Christian Polster, Baß/*Bass*

Armin Männel, Trompete/*Trumpet I*
Hartmut Thieme, Trompete/*Trumpet II*
Harry Haertel, Trompete/*Trumpet III*
Peter Fischer, Oboe/*Oboe*
Almuth Reuter, Orgel/*Organ*
Burkhard Schmidt, Violoncello/*Cello*
Heinz Morawietz, Kontrabaß/*Double-bass*

THOMANERCHOR LEIPZIG
GEWANDHAUSORCHESTER LEIPZIG
HANS-JOACHIM ROTZSCH

Recordings: Leipzig, Paul-Gerhardt-Kirche 1/1981 (BWV 4 & 134), 1,12/1976 (BWV 31)
Recording Producers: Reimar Bluth (BWV 4 & 134), Heinz Wegner (BWV 31)
Balance Engineer: Eberhard Richter
Recording Engineers: Gerald Junge (BWV 4 & 134), Hartmut Kölbach/Horst Langheinrich (BWV 31)
Editing: Annelene Dziengel (BWV 4 & 134), Hildegard Miehe (BWV 31)

BILDNACHWEIS

Titelseite
Juan de Juanes (ca. 1523–1579) »Ecce homo« · Öl auf Holz, 83 x 62 cm · Museo del Prado, Madrid · *Photo: akg-images*

Seite 1
Johann Sebastian Bach »Matthäus-Passion« (BWV 244), Partiturautograph *(verkleinert)*, o. J. · Staatsbibliothek zu Berlin, Preußischer Kulturbesitz, Musikabteilung · Titelblatt, 1. Teil *(eigenhändig)* · *© BPK Berlin, 2004*

Seite 2/3
Jan van Eyck *(in Zusammenarbeit mit Hubert van Eyck)* »Die Anbetung des Lammes«, 1432 vollendet *(Ausschnitt)* · Genter Altar, Innenseite, Mitte · Auf Holz, Gesamtmaße in geöffnetem Zustand ca. 350 x 450 cm · S. Bravo, Gent · *Photo: akg-images*

Seite 4
Johann Sebastian Bach, Komponist, 1685–1750 · Bachs Unterschrift als Thomaskantor in Leipzig, 1740 · *Photo: akg-images*

Seite 5
Rogier van der Weyden (1399–1466) »Die Beweinung Christi« *(Ausschnitt: Maria Magdalena)* · Auf Holz, 20 x 25 cm · Musée Royaux des Beaux-Arts, Brüssel · *© 1990, Photo Scala, Florenz*

Seite 6/7
Duccio di Buoninsegna »Der Pakt des Judas«, 1308–11 *(Ausschnitt: Hohepriester)* · Rückseite der »Maestà« · Tempera und Goldgrund auf Holz, 50 x 53 cm · Museo dell'Opera Metropolitana, Siena · *© 1990, Photo Opera Metropolitana Siena/Scala, Florenz*

Seite 8
Johann Sebastian Bach »Matthäus-Passion« (BWV 244), Partiturautograph *(verkleinert)*, o. J. · Staatsbibliothek zu Berlin, Preußischer Kulturbesitz, Musikabteilung · Nr. 4c (6): Rezitativ: »Da nun Jesus war zu Bethanien« und Nr. 4d (7): Chor: »Wozu dienet dieser Unrat«

Seite 9
Johann Sebastian Bach »Matthäus-Passion« (BWV 244), Partiturautograph *(verkleinert)*, o. J. · Staatsbibliothek zu Berlin, Preußischer Kulturbesitz, Musikabteilung · Nr. 4e (8): Rezitativ *(Ende)*: »... Wo dies Evangelium geprediget wird in der ganzen Welt...« und Nr. 5 (9): Rezitativ: »Du lieber Heiland«

Seite 11
Giotto di Bondone »Der Verrat des Judas«, um 1303/05 *(Ausschnitt)* · Fresko, ca. 150 x 140 cm · Aus dem Zyklus mit Szenen aus dem Leben Mariae und Christi · Arenakapelle *(Cappella degli Scrovegni)*, Stirnwand, mittlere Reihe, links, Padua *Photo: akg-images/Cameraphoto*

Seite 12
Fra Eustachio *(eigentl. Tommaso di Baldassare)* »Lamm Gottes«, 1520 · Buchmalerei · Aus einem Antiphonar, M 25, fol. 4 r · Museo dell'Opera del Duomo, Florenz · *Photo: akg-images/Orsi Battaglini*

Seite 13
Meister des Hausbuchs »Das Abendmahl«, 1475–1480 Altarbild, Öl auf Nadelholz, 130 x 75 cm · Außenseite des rechten Flügels eines Passionsaltars *(Speyerer Altar)* · Staatliche Museen zu Berlin, Preußischer Kulturbesitz, Gemäldegalerie/2073, Berlin *Photo: BPK/Jörg P. Anders*

Seite 14/15
Leonardo da Vinci »Das Abendmahl«, 1495–97 · Wandgemälde, 460 x 880 cm · Kloster S. Maria delle Grazie, Refektorium, Mailand *(Aufnahme 1999, nach der Restaurierung)* · *Photo: akg-images/ Pietro Baguzzi*

Seite 16/17
Leonardo da Vinci »Das Abendmahl«, 1495–97 *(Ausschnitt: Mittelgruppe mit Christus)* · Wandgemälde, 460 x 880 cm · Kloster S. Maria delle Grazie, Refektorium, Mailand *(Aufnahme 1999, nach der Restaurierung)* · *Photo: akg-images/Pietro Baguzzi*

Seite 18/19
Leonardo da Vinci »Das Abendmahl«, 1495–97 *(Ausschnitt: Apostelgruppe)* · Wandgemälde, 460 x 880 cm · Kloster S. Maria delle Grazie, Refektorium, Mailand *(Aufnahme 1999, nach der Restaurierung)* · *Photo: akg-images/Pietro Baguzzi*

Seite 20/21
Leonardo da Vinci »Das Abendmahl«, 1495–97 *(Ausschnitt: Apostelgruppe)* · Wandgemälde, 460 x 880 cm · Kloster S. Maria delle Grazie, Refektorium, Mailand *(Aufnahme 1999, nach der Restaurierung)* · *Photo: akg-images/Pietro Baguzzi*

Seite 22/23
Duccio di Buoninsegna »Christus am Ölberg«, um 1308/11 Aus der Serie der Passionsszenen · Rückseite der »Maestà« Tempera und Goldgrund auf Holz, 50 x 76 cm · Museo dell'Opera Metropolitana, Siena · *Photo: akg-images/Erich Lessing*

Seite 24/25
Masaccio *(eigentl. Tommaso di Giovanni di Simone Guidi)* »Der Zinsgroschen«, 1425 *(Ausschnitt: Petrus und die Jünger)* · Fresko, 255 x 598 cm · S. Maria del Carmine, Cappella Brancacci, Florenz *Photo: akg-images/Erich Lessing*

Seite 27
Johann Sebastian Bach »Matthäus-Passion« (BWV 244), Partiturautograph *(verkleinert)*, o. J. · Staatsbibliothek zu Berlin, Preußischer Kulturbesitz, Musikabteilung · Nr. 18 (24): Rezitativ *Jesus*: »Setzet Euch hie, daß ich dorthin gehe und bete«, *Evangelist*: »Und nahm sich Petrus und die zween Söhne Zebedäi«, *Jesus*: »Meine Seele ist betrübt bis an den Tod« und Nr. 19 (25): Rezitativ *Tenor*: »O Schmerz! hier zittert das gequälte Herz«

Seite 28/29
El Greco *(eigentl. Domenikos Theotokopoulos)* »Christus am Ölberg«, um 1590/98 · Öl auf Leinwand, 126 x 140 cm · The Toledo Museum of Art, Toledo *(Ohio)* · *Photo: akg-images/ Joseph Martin*

Seite 30/31
Sandro Botticelli »Christus am Ölberg«, um 1500 *(Ausschnitt: Gebet Christi am Ölberg)* · Öl auf Holz, 53 x 35 cm · Capilla Real, Granada · *Photo: BPK/Alfredo Dagli Orti*

Seite 33
Hans Multscher »Christus am Ölberg«, 1437 · Innenseite *(links oben)* des Wurzacher Altars · Öl auf Tannenholz, 150 x 140 cm Staatliche Museen zu Berlin, Preußischer Kulturbesitz, Gemäldegalerie/1621 D, Berlin · *Photo: BPK/Jörg P. Anders*

Seite 34
Meister der Gefangennahme *(Maestro della Cattura)* »Gefangennahme Christi«, um 1290/95 *(Ausschnitt: Der Judaskuss)* S. Francesco, Oberkirche, Langhaus, 3. Joch, Südwand, Assisi *(Umbrien, Italien)* · *Photo: akg-images/Rabatti & Domingie*

Seite 36/37
Duccio di Buoninsegna »Christi Gefangennahme«, um 1308/11 Aus der Serie der Passionsszenen · Rückseite der »Maestà«, dritte Reihe, Mitte · Tempera und Goldgrund auf Holz, 50 x 76 cm Museo dell'Opera Metropolitana, Siena · *Photo: akg-images/ Erich Lessing*

Seite 38/39
Giovanni Boccati *(eigentl. Giovanni da Camerino)* »Gefangennahme Christi«, 1447 · Teil der Predella der »Madonna della Pergola« *(Altarbild der Bruderschaft der Disciplinati in S. Domenico zu Perugia)* · Auf Holz, 41 x 70 cm · Galleria Nazionale dell'Umbria, Perugia · *Photo: akg-images/Rabatti & Domingie*

Seite 40
Fra Angelico *(eigentl. Fra Giovanni da Fiesole)* und Werkstatt »Christus an der Martersäule«, um 1450 *(Ausschnitt)* · 24. Bild aus der Serie neutestamentlicher Szenen des Silberschranks *(Armadio degli Argenti)*, ehemals im Oratorium von Santissima Annunziata in Florenz · Tempera auf Holz, 38,5 x 37 cm · Museo di San Marco, Florenz · *Photo: akg-images/Orsi Battaglini*

Seite 41
Johann Sebastian Bach »Matthäus-Passion« (BWV 244), Partiturautograph *(verkleinert)*, o. J. · Staatsbibliothek zu Berlin, Preußischer Kulturbesitz, Musikabteilung · Nr. 28 (34): Rezitativ *Jesus*: »... habe gelehret im Tempel und ihr habt mich nicht gegriffen«, *Evangelist*: »Da verließen ihn alle Jünger und flohen« und Nr. 29 (35): Choral: »Oh Mensch, bewein Dein Sünde groß«

Seite 43
Raffael *(eigentl. Raffaello Santi)* »Die Sixtinische Madonna«, um 1513 *(Ausschnitt: Maria mit Kind)* · Öl auf Leinwand, 265 x 196 cm Gemäldegalerie Alte Meister, Dresden · *Photo: akg-images*

Seite 44/45
Fra Angelico *(eigentl. Fra Giovanni da Fiesole)* und Werkstatt »Christus vor Kaiphas«, um 1450 *(Ausschnitt)* · 22. Bild aus der Serie neutestamentlicher Szenen des Silberschranks *(Armadio degli Argenti)*, ehemals im Oratorium von Santissima Annunziata in Florenz · Tempera auf Holz, 38,5 x 37 cm · Museo di San Marco, Florenz · *Photo: akg-images/Orsi Battaglini*

Seite 47
Francesco Ubertini *(eigentl. Francesco d'Ubertino)* genannt Bachiacca, »Christus vor Kaiphas«, 1535 *(Ausschnitt)* · Öl auf Holz, 50 x 41 cm · Galleria degli Uffizi, Florenz · *Photo: akg-images/ Rabatti & Domingie*

Seite 48
Giotto di Bondone »Christus vor Kaiphas«, um 1303/05 *(Ausschnitt: Christus)* · Fresko, ca. 185 x 200 cm · Aus dem Zyklus mit Szenen aus dem Leben Mariae und Christi, Arenakapelle *(Cappella degli Scrovegni)*, rechte Wand, untere Reihe, 4. Bild, Padua · *Photo: akg-images/Cameraphoto*

Seite 49
Giotto di Bondone »Christus vor Kaiphas«, um 1303/05 *(Ausschnitt: Kaiphas)* · Fresko, ca. 185 x 200 cm · Aus dem Zyklus mit Szenen aus dem Leben Mariae und Christi, Arenakapelle *(Cappella degli Scrovegni)*, rechte Wand, untere Reihe, 4. Bild, Padua · *Photo: akg-images/Cameraphoto*

Seite 50
Matthias Grünewald »Verspottung Christi«, 1503 · Öl auf Nadelholz, 109 x 73,5 cm · Alte Pinakothek/10352, München *Photo: BPK/Lutz Braun*

Seite 51
Fra Angelico *(eigentl. Fra Giovanni da Fiesole)* und Werkstatt »Die Verspottung Christi«, um 1450 *(Ausschnitt)* · Bild aus der Serie neutestamentlicher Szenen des Silberschranks *(Armadio degli Argenti)*, ehemals im Oratorium von Santissima Annunziata in Florenz · Tempera auf Holz, 38,5 x 37 cm · Museo di San Marco, Florenz · *Photo: akg-images/Orsi Battaglini*

Seite 53
El Greco *(eigentl. Domenikos Theotokopoulos)* »Der reuige Petrus«, um 1585/90 · Gemälde · Hospital Tavera, Toledo · *Photo: akg-images/ Erich Lessing*

Seite 54/55
Duccio di Buoninsegna »Christus vor Pilatus«, um 1308/11 Aus der Serie der Passionsszenen · Rückseite der »Maestà«, oberste Reihe links, 1. Bildfeld · Tempera und Goldgrund auf Holz, 50 x 57 cm · Museo dell'Opera Metropolitana, Siena *Photo: akg-images/Erich Lessing*

Seite 56
Duccio di Buoninsegna »Der Pakt des Judas«, 1308–11 *(Ausschnitt: Judas)* · Rückseite der »Maestà« · Tempera und Goldgrund auf Holz, 50 x 53 cm · Museo dell'Opera Metropolitana, Siena *© 1990, Photo Opera Metropolitana Siena/Scala, Florenz*

Seite 59
Pontius Pilatus, röm. Prokuratur von Judaea zur Zeit Jesu *(26-36 n. Chr.)* »Pilatus«, undat., unbekannter italienischer Maler des 16. Jahrhunderts · Öl auf Holz, 58 x 42 cm · Galleria dell'Accademia, Venedig · *Photo: akg-images/Cameraphoto*

Seite 60
Johann Sebastian Bach »Matthäus-Passion« (BWV 244), Partiturautograph *(verkleinert)*, o. J. · Staatsbibliothek zu Berlin, Preußischer Kulturbesitz, Musikabteilung · Nr. 45a (54): Rezitativ *Pilatus*: »Welchen wollt ihr unter diesen zweien, den ich Euch soll losgeben?«, Chor: »Barrabam« und Nr. 45b: Chor: »Laß ihn kreuzigen«

Seite 61
Meister des Wiener Schottenstifts »Christus vor Pilatus«, um 1469/75 · Tempera auf Eichenholz, 80 x 80 cm · Tafel vom Hochaltar der Schottenkirche in Wien, Schottenstift, Wien *Photo: akg-images/Erich Lessing*

Seite 62/63
Quentin Massys »Christus wird dem Volk gezeigt«, um 1515 Öl auf Holz, 160 x 120 cm · Museo del Prado/2801, Madrid *Photo: BPK/Jochen Remmer*

Seite 64
Albrecht Altdorfer »Die Handwaschung Pilati«, um 1510/12 *(Ausschnitt)* · Von einem Passionsaltar · Auf Holz, 128 x 94 cm Augustiner Chorherrenstift, St. Florian · *Photo: akg-images/ Erich Lessing*

Seite 65
Albrecht Altdorfer »Die Handwaschung Pilati«, um 1510/12 (Ausschnitt) Von einem Passionslatar · Auf Holz, 128 x 94 cm Augustiner Chorherrenstift, St. Florian · *Photo: akg-images/ Erich Lessing*

Seite 67
Sandro Botticelli *(1445-1510)* zugeschrieben, »Geißelung Christi« · Gemälde, 132 x 107 cm · Galleria degli Uffizi, Florenz *Photo: akg-images/Rabatti & Domingie*

Seite 68
Johann Sebastian Bach »Matthäus-Passion« (BWV 244), Partiturautograph *(verkleinert)*, o. J. · Staatsbibliothek zu Berlin, Preußischer Kulturbesitz, Musikabteilung · Nr. 53b (62): Chor: »Gegrüßet seist du, Judenkönig!«, Nr. 53c (63): Choral: »... und nahmen das Rohr und schlugen damit sein Haupt«, Nr. 55 (64): »Und da sie ihn verspottet hatten, zogen sie ihm den Mantel aus ...« und Nr. 56 (65) Rezitativ: »Ja freilich will in uns das Fleisch und Blut zum Kreuz gezwungen sein«

Seite 69
Meister der Karlsruher Passion »Die Dornenkrönung Christi«, um 1450/55 · Aus einer Serie von sieben Tafeln eines Passionszyklus · Mischtechnik auf Nussholz, 67 x 47 cm · Staatliche Kunsthalle, Karlsruhe · *Photo: akg-images*

Seite 70/71
Hieronymus Bosch »Der verhöhnte Christus« *(Die Dornenkrönung)*, um 1490–1500 *(Ausschnitt)* · Öl auf Holz, 73,5 x 59,1 cm · National Gallery/4744, London · *Photo: BPK/Lutz Braun*

Seite 72
Fra Angelico *(eigentl. Fra Giovanni da Fiesole)* »Vera Ikon« *(Christus mit der Dornenkrone)*, um 1440/50 · Auf Holz, 55 x 39 cm Depot Santa Maria del Soccorso · Museo Civico Giovanni Fattori, Livorno · *Photo: akg-images*

Seite 74/75
Quentin Massys (1466-1530) »Ecce homo« · Gemälde Dogenpalast, Pinacoteca, Venedig · *Photo: akg-images/Cameraphoto*

Seite 76
Sebastiano del Piombo, eigentl. Sebastiano Luciani »Kreuztragung Christi«, um 1520 · Öl auf Leinwand, 121 x 100 cm Museo del Prado, Madrid · *Photo: akg-images*

Seite 77
Hieronymus Bosch »Die Kreuztragung Christi«, um 1505/07 Öl auf Holz, 150 x 94 cm · Escorial, Madrid · *Photo: akg-images/ Joseph Martin*

Seite 78/79
Pieter Bruegel d.Ä. »Die Kreuztragung Christi«, 1564 · Öl auf Eichenholz, 124 x 170 cm · Kunsthistorisches Museum, Wien *Photo: BPK*

Seite 80
Albrecht Dürer »Die Anheftung Christi ans Kreuz«, 1495 Auf Nadelholz, 62 x 46,5 cm · Aus der Folge von sieben Tafeln »Die Sieben Schmerzen Mariae« · Gemäldegalerie, Alte Meister, Dresden · *Photo: akg-images*

Seite 81
Anthonis van Dyck »Die Kreuzaufrichtung«, um 1630/31 Öl auf Leinwand, 345 x 280 cm · Onze Lieve-Vrouwekerk, Kortrijk *Photo: akg-images*

Seite 82
Hans Memling »Kreuzigung«, 1471/1472 *(Ausschnitt)* · Detail vom Weltgerichtsaltar · Öl auf Holz · Muzeum Pomorskie, Danzig *Photo: BPK*

Seite 83
Hans Memling »Kreuzigung«, 1471/1472 · Detail vom Weltgerichtsaltar · Öl auf Holz · Muzeum Pomorskie, Danzig *Photo: BPK*

Seite 84
Hans Memling »Kreuzigung«, 1471/1472 *(Ausschnitt)* · Detail vom Weltgerichtsaltar · Öl auf Holz · Muzeum Pomorskie, Danzig *Photo: BPK*

Seite 86/87
Karel Dujardin »Der Kalvarienberg«, 1661 · Öl auf Leinwand, 97 x 84 cm · Musee du Louvre, Paris · *Photo: akg-images/ Erich Lessing*

Seite 88
Matthias Grünewald »Kreuzigung«, um 1513/15 *(Ausschnitt)* Isenheimer Altar; linker und rechter Außenflügel in geschlossenem Zustand · Auf Holz, 260 x 650 cm Unterlindenmuseum, Colmar *Photo: akg-images/Erich Lessing*

Seite 89
Matthias Grünewald »Kreuzigung«, um 1513/15 Isenheimer Altar; linker und rechter Außenflügel in geschlossenem Zustand Auf Holz, 260 x 650 cm · Unterlindenmuseum, Colmar *Photo: akg-images/Erich Lessing*

Seite 90/91
Paul Chenavard »La resurrection des morts« *(Die Auferstehung der Toten)*, 1845 · Öl auf Leinwand, 290 x 305 cm · Pfarrkirche, Bohal *(Frankreich)* · *Photo: akg-images/Erich Lessing*

Seite 92
Il Sodoma *(eigentl. Giovan Antonio Bazzi)* »Kreuzabnahme«, um 1515 · Pinacoteca, Siena · *Photo: BPK/Stefan Diller*

Seite 93
Albrecht Dürer »Beweinung Christi«, um 1498 · Germanisches Nationalmuseum, Nürnberg · *Photo: © 2001 Photo Scala, Florenz*

Seite 94/95
Meister des Hausbuchs »Die Beweinung Christi«, nach 1480 Öl auf Fichtenholz, 131 x 171 cm · Gemäldegalerie Alte Meister/1868 A, Dresden · *Photo: BPK*

Seite 96/97
Cosme Tura »Christi Leichnam von Engeln gehalten«, um 1475 Von Holz auf Leinwand übertragen, 44,5 x 86 cm Kunsthistorisches Museum, Wien · *Photo: akg-images/Erich Lessing*

Seite 99
Peter Paul Rubens »Grablegung Christi«, um 1616 · Öl auf Leinwand, 398 x 280 cm · Cambrai, St. Gery · *Photo: akg-images*

Seite 100/101
Rogier van der Weyden »Das Begräbnis«, um 1450 *(Ausschnitt)* Auf Holz, 110 x 96 cm · Galleria degli Uffizi, Florenz *Photo: akg-images/Rabatti & Domingie*

Seite 102/103
Caravaggio *(eigentl. Michelangelo Merisi)* »Grablegung Christi«, 1602/04 · Öl auf Leinwand, 300 x 203 cm · Pinacoteca Vaticana, Rom · *Photo: akg-images*

Seite 105
Sandro Botticelli »Die Beweinung Christi«, um 1490 *(Ausschnitt)* · Öl auf Pappelholz, 207 x 140 cm · Alte Pinakothek, München · *Photo: akg-images/Erich Lessing*

Johann Sebastian Bach (1685–1750)

ST. MATTHEW PASSION BWV 244

PART ONE

NO. 1 (1)

CHORUS I AND II
Come ye daughters, share my wailing,
See ye! Whom? The Bridegroom, see!
See Him! How? A Lamb is He,
Look ye! What? How patient He,
See! Ah, where? How guilty we;
See ye Him, for love of me.
He himself His cross must carry.
Chorale
O Lamb of God unspotted
Serene and ever patient,
Upon the cross Thou art slaughtered
Tho' scorned and cruelly tortured
All sin for our sake bearing
Else would we die despairing
Have pity on us, Jesus!

NO. 2 (2)

EVANGELIST
When Jesus had finished all these sayings,
He said unto His disciples:
JESUS
Ye know that after two days is the Passover, and the Son of Man is betrayed to be crucified.

NO. 3 (3) *Chorale*

Dearest Jesus, what is Thy transgression
That Thou should be so punished?
What is Thy guilt, what is the crime
Of Thine?

NO. 4A (4)

EVANGELIST
Then assembled together the chief priests, and the scribes and the elders of the people, unto the palace of the high priest, who was called Caiaphas, and consulted that they might take Jesus by subtilty, and kill Him. But they said:

NO. 4B (5)

CHORUS
Not upon the feast, lest haply there be an uproar among the people.

NO. 4C (6)

EVANGELIST
Now when Jesus was in Bethany, in the house of Simon the leper, there came unto him a woman, having an alabaster box of very precious ointment, and poured it on His head, as He sat at meat. But when his disciples saw it, they had indignation, saying

NO. 4D (7)

CHORUS
To what purpose is that waste? For this ointment might have been sold for much, and given to the poor.

NO. 4E (8)

EVANGELIST
When Jesus understood it, He said unto them:
JESUS
Why trouble ye the woman? For she hath wrought a good work upon Me. Ye shall always have the poor with you, but Me ye shall not have always. Verily I say unto you, Wheresover this Gospel shall be preached in the whole world, there shall also this, that this woman hath done, be told of her for a memorial.

NO. 5 (9) *Recitative (Alto)*

My dearest Savior Thou,
While Thy disciples foolish quarrel
Because this woman sought,
With precious ointment brought,
For burial to prepare Thee,
Like her let me anoint Thee now,
And weeping in Thy passion's hour
Upon Thy head my blessings shower.

NO. 6 (10) *Aria (Alto)*

Woe and rue
Tear my sinful heart in two;
Tear-drops falling serve to show Thee,
Show Thee, Jesus, once again
What a mighty debt I owe Thee.

Judas' Betrayal

NO. 7 (11)

EVANGELIST
Then one of the twelve, called Judas Iscariot, went unto the chief priests, and said:
JUDAS
What will ye give me, and I will deliver Him unto you?
EVANGELIST
And they covenanted with him for thirty pieces of silver. And from that time he sought opportunity to betray Him.

NO. 8 (12) *Aria (Soprano)*

Bleed thou must, beloved heart!
Ah, a child whom Thou didst nourish,
At Thy bosom fondly cherish,
Foully plots by craft to slay Thee;
Like a very snake betray Thee.

Last Supper

NO. 9A (13)

EVANGELIST
Now, the first day of the feast of unleavened bread, the disciples came to Jesus, saying unto Him:

NO. 9B (14)

CHORUS
Where wilt Thou that we prepare for Thee to eat the Passover?

NO. 9C (15)

EVANGELIST
And He said:
JESUS
Go into the city to such a man, and say unto Him, The Master saith, "My time is at hand, I will keep the Passover at Thy house with My disciples."
EVANGELIST
And the disciples did as Jesus appointed them, and they made ready the Passover. Now when the even was come, He sat down with the twelve. And as they did eat, He said:
JESUS
Verily, I say unto you, that one of you shall betray Me.

NO. 9D

EVANGELIST
And they were exceeding sorrowful and began every one of them to say unto Him:

NO. 9E

CHORUS
Lord, is it I?

NO. 10 (16) *Chorale*

'Tis I who should suffer,
Bound hands and feet in hell,
The scourges and the bands,
And what Thou wast made to stand,
I swear it deserves my soul.

NO. 11 (17)

EVANGELIST
And he answered back and said:
JESUS
He that dippeth his hand with Me in the dish, the same shall betray Me. The Son of Man goeth as it is written of Him; but woe unto that man by whom the Son of Man is betrayed:

It has been good for that man, if he had not been born.

EVANGELIST
Then answered Judas, which betrayed Him, and said:

JUDAS
Master, is it I?

EVANGELIST
He said unto him:

JESUS
Thou hast said.

EVANGELIST
And as they were eating, Jesus took bread, and blessed it, and brake it, and gave it to the disciples, and said:

JESUS
Take, eat, this is My Body.

EVANGELIST
And he took the cup, and gave thanks, and gave it to them saying:

JESUS
Drink ye all of it; For this is my Blood of the New Testament, which is shed for many for the remission of sins. But I say unto you, I will not drink henceforth of this fruit of the vine, until that day when I drink it new with you in My Father's Kingdom.

NO.12 (18) *Recitative (Soprano)*

Alas! my heart is bathed in tears
That Jesus' dread departure nears,
Yet doth His Testament my soul uplift,
His flesh and blood, o precious gift,
Bequeathed to me to keep and cherish.
As He was true on earth to those who loved
Him, To them was faithless never,
So loves He all His own forever.

NO. 13 (19) *Aria (Soprano)*

Lord, my heart I gladly grant Thee,
Enter there, I ask of Thee,
Deep in it would I emplant Thee;
Though this earth to Thee be small,
Though shalt be my all in all,
More than earth and heav'n to me.

Christ at the Mount of Olives

NO. 14 (20)

EVANGELIST
And when they had sung an hymn, they went out into the mount of Olives. Then saith Jesus unto them:

JESUS
All ye shall be offended because of Me this night, for it is written, I will smite the shepherd, and the sheep of the flock shall be scattered abroad. But after I am risen again, I will go before you into Galilee.

NO. 15 (21) *Chorale*

Remember me, my Savior,
My Shepherd, take Thou me;
The source of ev'ry blessing
Wilt Thou forever be.
By Thine abundance nourished,
With milk and honey blest,
Thy spirit brings me comfort
And heav'nly joy and rest.

NO. 16 (22)

EVANGELIST
Peter answered, and said unto Him:

PETER
Though all men shall be offended because of Thee, yet will I never be offended.

EVANGELIST
Jesus said unto him:

JESUS
Verily I say unto Thee, That this night before the cock crow, thou shalt deny Me thrice.

EVANGELIST
Peter said unto Him:

PETER
Though I shall die with Thee, yet will I not deny Thee.

EVANGELIST
Likewise also said the disciples.

NO. 17 (23) *Chorale*

I stand here close beside thee,
Thine anguish I would share.
O Lord, do not despise me
In this Thy heart's despair.
For when Thy heart is drooping
In death's last agony,
My arms will be about Thee
And hold Thee close to me.

Gethsemane

NO. 18 (24)

EVANGELIST
Then cometh Jesus with them unto a place called Gethsemane, and saith unto the disciples:

JESUS
Sit ye here, while I go yonder and pray.

EVANGELIST
And he took with Him Peter and the two sons of Zebedee, and began to be sorrowful, and very heavy. Then saith He unto them:

JESUS
My soul is exceedingly sorrowful, even unto death; tarry ye here and watch with Me.

NO. 19 (25) *Recitative (Tenor) and Chorale*

TENOR
Ah woe! how trembles His tormented heart;
It sinks away, how pale His face and wan!

CHORUS
What is the cause of this Thy tribulation?

TENOR
Before the judge must He appear,
There is no help, no comfort near.

CHORUS
The sins were mine for which Thou dost now suffer.

TENOR
He suffers hellish pain and terrors.
Ah, He must pay for other's errors.

CHORUS
Mine is the blame, o Lord, for Thine affliction, 'Tis I should bear it!

TENOR
Ah, if my love could be,
My Savoir, a balm to soothe Thy sorrow
Or help to mitigate Thine anguish,
How gladly bide I here!

NO. 20 (26) *(Tenor) and Chorus*

TENOR
Yea, I will watch Jesus gladly,

CHORUS
So all our sins will fall asleep,

TENOR
Tho' I die, naught have I to fear thereby;
His aching heart has brought me gladness.

CHORUS
His pain and woe and all His sadness,
how bitter, yet how sweet are they.

NO. 21 (27)

EVANGELIST
And He went a little farther, and fell on His face and prayed, saying:

JESUS
My father, if it be possible, let this cup pass from me, yet not as I will, but as Thou wilt.

NO. 22 (28) *Recitative (Bass)*

The Savior falling down before His Father;
Thereby has raised up me and all,
From our curse and fall
Uplifted us and gained us mercy.
He is prepared
To drink
The bitter, bitter cup,
Death's chalice with all the sins of mortals filled
And brimming o'er with hate and malice,
For thus it was that God hath willed.

NO. 23 (29) *Aria (Bass)*

Gladly will I, fear disdaining,
Drink the cup without complaining,
Drink it as my Savior did,
By His lips.
With milk and with honey flowing,
All its shame
And bitterness has been rid,
Sweetness on its dregs bestowing.

NO. 24 (30)

EVANGELIST
And He cometh unto the disciples, and findeth them asleep, and saith unto Peter:

JESUS
What, could ye not watch with Me one hour? Watch and pray, that ye enter not into temptation; the spirit indeed is willing but the flesh is weak.

EVANGELIST
He went away the second time, and prayed, saying:

JESUS
O My Father, if this cup may not pass away from me, except I drink it, Thy will be done.

NO. 25 (31) *Chorale*

What God resolves will he achieve.
His will is perfect ever.
He succors all who firm believe,
And for the best endeavor.
Our help in need, our God indeed,
With gentle moderation.
He chastens us; if Him we trust,
We need not fear damnation.

The Arrest

NO. 26 (32)

EVANGELIST
And He came and found them asleep again: For theireyes were heavy. And He left them and went away again, and prayed the third time, saying the same words. Then cometh He to His disciples, and saith unto them:

JESUS
Sleep on now, and take your rest, behold, the hour is at hand, and the Son of Man is betrayed into the hands of sinners. Rise, let us be going; behold, he is at hand that doth betray Me.

EVANGELIST
And while yet He spoke, lo Judas, one of the twelve, came and with him a great multitude with swords and staves from the chief priests and elders of the people, saying: Whomsoever I shall kiss, that same is He, hold Him fast. "And forthwith he came to Jesus and said:

JUDAS
Hail Master!

EVANGELIST
And he kissed Him. And Jesus said unto him:

JESUS
Friend, wherefore art thou come?

EVANGELIST
Then came they, and laid hands on Jesus and took Him.

NO. 27A (33)
Duet (Soprano and Alto) and Chorus

SOLOISTS
Behold, my Jesus now is taken.

CHORUS
Loose Him, halt ye, bind Him not!

SOLOISTS
All is dark
And for grief creation shaken,
For my Jesus has been taken.

CHORUS
Loose Him, halt ye, bind Him not!

SOLOISTS
They lead him away, he is bound.

NO. 27B

CHORUS
Will lightning and thunder in ruin engulf them?
May hell's fiery furnace in fury surround them,
Devour them, destroy them,
The blood-thirsty horde,
The false-hearted traitor who murdered
his Lord!

NO. 28 (34)

EVANGELIST
And behold, one of them that were with Jesus, stretched out his hand, and struck a servant of the High Priest's, and smote off his ear. Then said Jesus unto him:

JESUS
Put thy sword in its place, for all they that take the sword shall perish with the sword. For thinkest thou that I cannot now pray to my Father, and he shall presently give me more than twelve legions of angels? But how then shall the Scriptures be fulfilled, that thus it must be?

EVANGELIST
In that hour Jesus spake unto the multitudes:

JESUS
Are ye come out, as against a thief, with swords and staves for to take Me? I sat daily with you teaching in the temple and ye laid no hold on Me. But all this was done, that the Scriptures of the Prophets might be fulfilled.

EVANGELIST
Then all the disciples forsook Him, and fled.

NO. 29 (35) *Chorale*

O man, thy grievous sins bemoan;
Thy Savior left His Father's throne
And came to earth to end them.
His mother was the virgin fair.
He came the sins of man to bear;
From judgement to defend them.
He banished illness, grief and pain,
The dead He brought to life again,
And when His time was ended,
He shed His precious blood for us,
In sacrifice miraculous,
Upon the cross suspended.

PART TWO

NO. 30 (36) *Aria (Alto) and Chorus*

ALTO
Ah! now is my Jesus gone.

CHORUS
Wither has thy Dear One departed?
O thou fairest, fairest among women?

ALTO
Ah my Jesus, can I bear it?

CHORUS
Wither has thy friend gone away?

ALTO
Ah! my lamb in Tiger's clutches!
Ah! where has my Jesus gone?

CHORUS
For we would go with thee to seek him.

ALTO
Ah! what say you spirit so weary?
What to ev'ry anxious query?
Ah! where has my Jesus gone?

Christ before Caiaphas

NO. 31 (37)

EVANGELIST
And they that laid hold of Jesus led Him away to Christ before Caiaphas the high priest, where the scribes and the elders were assembled. But Peter followed him afar off unto the high priest's palace, and went in and sat with the servants to see the end. Now the chief priests and elders and all the council saw false witness against Jesus, that they might kill Him, but found none.

NO. 32 (38) *Chorale*

The world, with treachery replete,
With lies and fraud and false deceit
Would tangle and ensnare me.
Lord, keep Thou me from danger free,
From evil malice spare me!

NO. 33 (39)

EVANGELIST
Yea, though many false witnesses came, yet found they none. At the last came two false witnesses, and said:

1ST AND 2ND WITNESS
This fellow said, "I am able to destroy the temple of God, and to built it in three days."

EVANGELIST
And the high priest arose, and said unto Him:

CAIAPHAS
Answerest Thou nothing? What is it which these witness against Thee?

EVANGELIST
But Jesus held His peace.

NO. 34 (40) *Recitative (Tenor)*

He answers not,
To lying tongues is silent,
That thereby He may show us
How He, in steadfast loving kindness,
For us with patience bears His lot,
So many we when in like distress
Be stead-fast nonetheless
In persecution, suffer silent.

NO. 35 (41) *Aria (Tenor)*

Be calm, be calm!
Tho' the serpent's tongue shall sting Thee
Patient ever bear thy lot.
Shame and scorn,
If with patience they be borne,
Lying tongues will know God's vengeance.
Be calm, be calm!

NO. 36A (42)

EVANGELIST
And the high priest answered and said unto to Him:

CAIAPHAS
I adjure Thee by the living God that Thou tell us whether Thou be the Christ the Son of God.

EVANGELIST
Jesus saith unto Him:

JESUS
Thou hast said. Nevertheless I say unto you, henceforth shall ye see the Son of Man sitting on the right hand of power, and coming in the clouds of heaven.

EVANGELIST
Then the high priest rent his clothes, saying:

CAIAPHAS
He hath spoken blasphemy: What further need have we of witness? Behold, now ye have heard His blasphemy, What think ye?

EVANGELIST
They answered and said:

No. 36B

CHORUS
He is worthy of death.

NO. 36C (43)

EVANGELIST
Then they did spit in His face, and buffetted Him, and others smote Him with the palms of their hands, saying:

NO. 36D

CHORUS
Now tell us, Thou Christ, who is he that smote Thee?

NO. 37 (44) *Chorale*

Who was it, Lord, did smite Thee,
Thy good with requite Thee,
So foully treated Thee?
For Thou wert no offender,
Nor didst to sin surrender,
From evil Thou wert ever free.

NO. 38A (45)

EVANGELIST
Now Peter sat without in the palace, and a damsel came unto him, saying:
1ST DAMSEL
Thou also wast with Jesus of Galilee.
EVANGELIST
But he denied before them all, saying:
PETER
I know not what thou sayest.
EVANGELIST
And when he was gone out into the porch, another maid saw him and said unto them that were there:
2ND DAMSEL
This fellow was also with Jesus of Nazareth.
EVANGELIST
And again he denied with an oath:
PETER
I know not the man.
EVANGELIST
And after a while came unto him they that stood by and said to Peter:

NO. 38B (46)

CHORUS
Surely thou also art one of them, for thy speech betrayeth thee.

NO. 38C

EVANGELIST
Then began he to curse and to swear, saying:
PETER
I know not the man.
EVANGELIST
And immediately the cock crew. And Peter remembered the word of Jesus, which said unto him, "Before the cock crow thou shalt deny Me thrice." And he went out, and wept bitterly.

NO. 39 (47) *Aria (Alto)*

Have mercy, Lord my God,
Let Thou my tears persuade Thee.
Look on me, how my heart doth
Weep for thee bitterly.

NO. 40 (48) *Chorale*

Tho' from Thee temptation lured me,
Lord, to Thee I come again.
Thy forgiveness is assured me
Through Thy Son's despair and pain.
I do not deny my guilt,
But Thy mercy, if Thou wilt,
Far exceedeth my transgression,
Of which I must make confession.

Christ before Pilate

NO. 41A (49)

EVANGELIST
When the morning was come, all the chief priests and elders of the people took counsel against Jesus and put Him to death. And when they had bound Him, they led Him away to Pontius Pilate the governor. Then Judas, which had betrayed Him, when he saw that He was condemned, repented himself, and brought again the thirty pieces of silver to the chief priests and elders, saying:
JUDAS
I have sinned, in that I have betrayed the innocent blood.
EVANGELIST
And they said,

NO. 41B

CHORUS
But what is that to us? See thou to that.

NO. 41C (50)

EVANGELIST
And he cast down the pieces of silver in the temple, and departed, and went and hanged himself. And the chief priests took the silver pieces, and said:
1ST AND 2ND PRIEST
It is not lawful for us to put them in the treasury, because it is the price of blood.

NO. 42 (51) *Aria (Bass)*

Give me back my Lord I pray ye!
See he flings it at your feet,
Flings the price of his deceit,
He who did betray Thee,
Give me back my Lord I pray ye!

NO. 43 (52)

EVANGELIST
And they took counsel together, and bought with them the potter's field, to bury strangers in: Wherefore that field was called the field of blood, until this day. Then was fulfilled that which was spoken by Jeremy the Prophet, saying: "And they took the thirty pieces of silver, the price of Him that was valued, which they brought to the children of Israel, and gave them for the potter's field, as the Lord appointed me." And Jesus stood before the governor, and the governor asked him, saying:
PILATE
Art Thou the King of the Jews?
EVANGELIST
And Jesus said unto Him:
JESUS
Thou sayest.
EVANGELIST
And when He was accused of the chief priests and elders, He answered nothing. Then said Pilate unto Him:
PILATE
Hearest Thou not how many things they witness against Thee?
EVANGELIST
And He answered never a word, insomuch that the governor marvelled greatly.

NO. 44 (53) *Chorale*

Entrust thy ways unto Him
And all thy spirit craves,
The ever faithful Guardian
Who guides the wind and waves,
Who rules the clouds of Heaven
And bids the breezes blow,
He best can choose the pathway
On which our steps should go.

NO. 45A (54)

EVANGELIST
Now at that feast the governor was wont to release unto the people a prisoner, whom they would. And they had held a notable prisoner called Barabbas. Therefore when they were gathered together, Pilate said unto them:
PILATE
Whom will ye that I release unto you? Barabbas, or Jesus, who is called Christ?
EVANGELIST
For he knew that for envy they had delivered Him. When he was set down on the judgement seat, his wife sent unto him, saying:
WIFE OF PILATE
Have thou nothing to do with that just man! For I have suffered many things this day in a dream because of Him.
EVANGELIST
But the chief priests and the elders persuaded the multitudes that they should ask for Barabbas and destroy Jesus. The governor answered and said unto them:
PILATE
Whether of the twain will ye that I release unto you?
EVANGELIST
They said:
CHORUS
Barabbas!
EVANGELIST
Pilate said unto them:
PILATE
What shall I do then with Jesus, which is called Christ?
EVANGELIST
They all said unto him:

NO. 45B

CHORUS
Let him be crucified.

NO. 46 (55) *Chorale*

How strange, how wondrous strange, this crucifixion; The Shepherd for His sheep must bear affliction, The good King pays His subject's obligation, Despite His station!

NO. 47 (56)

EVANGELIST
And the governor said:
PILATE
Why, what evil hath He done?

no. 48 (57) *Recitative (Soprano)*

For us He naught but good has done.
The blinded gave he back their sight,
The lame can walk aright;
The word of God to us He brought,
And Satan set at naught;
Gave comfort to the mourning one,
From sin for us salvation won;
No wrong has Jesus ever done.

no. 49 (58) *Aria (Soprano)*

For love of me my Lord is dying,
For sin He dies whose sins were none,
Sin and death and hell defying
Our salvation thus is won
For us all forgiveness buying.

no. 50a (59)

evangelist
But they cried out the more, saying:

no. 50b

chorus
Let Him be crucified!

no. 50c

evangelist
When Plate saw that he could prevail nothing, but that rather a tumult was made, he took water, and washed his hands before the multitude, saying:
pilate
I am innocent of this just person: see ye to it.
evangelist
Then answered all the people, and said:´

no. 50d

chorus
His blood be on us and on our children.

The Flagellation

no. 50e

evangelist
Then he released Barabbas unto them; and when he had scourged Jesus he delivered Him to be crucified.

no. 51 (60) *Recitative (Alto)*

O gracious God!
Here stands the Savior chained and fettered.
O buffeting, o wounds, o scourges!
Tormentor, stay your hand.
Does not the sight of such despair
Yet soften you that you forbear?
But no, your heart is hard,
Much harder than the rock itself.
Nor can you understand.
Yet hold ye, stay your hand!

no. 52 (61) *Aria (Alto)*

If my weeping may not reach Thee,
I beseech Thee,
Take, o take this heart from me!
Then, tho' vain my tears and pleading,
It may, when Thy wounds are bleeding,
Like an altar-chalice be.

no. 53a (62)

evangelist
Then the soldiers of the governor took Jesus into the common hall, and gathered unto Him the whole band of soldiers, and stripped Him, and put on Him a scarlet robe and when they had platted a crown of thorns, they put it upon His head, and a reed in His right hand, and they bowed the knee before Him, and mocked Him, and said:

no. 53b

chorus
Hail, King of the Jews!

no. 53c

evangelist
And they spit upon Him, and took the reed, and smote Him on the head.

no. 54 (63) *Chorale*

Oh Head, all scarr'd and bleeding,
And heap'd with cruel scorn!
Oh Head, so fill'd with sorrow,
And bound with crown of thorn!
Oh Head, that was so honor'd,
So lovely fair to see,
And now so low degraded;
My heart goes out to Thee!
Thou countenance so noble
Yet now so pale and wan
Which all the world should honor,
Yet foully spat upon!
O Lord, we will not jeer Thee,
As they who mocked Thee there,
But comfort, love and cheer Thee,
In anguish and despair.

Carrying the Cross

no. 55 (64)

evangelist
And after they had mocked him they took the robe off from Him, and put his own raiment on Him, and led Him away, to crucify Him. And as they came out, they found a man of Cyrene, Simon by name, him compelled they to bear His Cross.

no. 56 (65) *Recitative (Bass)*

Yes, truly flesh and blood
Is loath to bear the cross unless compelled;
And that for which we most should care
In least esteem is held.

no. 57 (66) *Aria (Bass)*

Come blessed cross, with Thee I share it,
My Jesus, share it Thou with me!
And if too great my burden be,
I took Thee for help to bear it.

The Crucifixion

no. 58a (67)

evangelist
When they were come unto a place called Golgotha (that is, a place of a skull), they gave him vinegar to drink mixed with gall. He would not drink. And they crucified Him, and parted His garments, casting lots; that it might be fulfilled which was spoken by the Prophet, "They parted My garments among them, and upon my vesture They did cast lots." And sitting down, they watched Him there. And they set up over His head His accusation, written, "This is Jesus, the King of the Jews!" Then were there two thieves crucified with Him, one on the right hand, and another on the left. And they that passed by reviled Him, wagging their heads, and saying:

no. 58b

chorus
Thou that destroyest the temple of God, and buildest it in three days, save Thyself if Thou be the Son of God, come down from the cross.

no. 58c

evangelist
Likewise also the chief priests mocking Him with the scribes and elders said:

no. 58 d

chorus
He saved others. Himself He cannot save. If He be the King of Israel, let Him now come down from the cross, and we will believe Him; He trusted in God, let Him deliver Him now, if He will have Him, for He hath said, "I am the Son of God."

no. 58e (68)

evangelist
The thieves also which were crucified with Him cast the same in His teeth.

no. 59 (69) *Recitative (Alto)*

Ah Golgotha, accursed Golgotha!
The Lord of Glory they in shame are crucifying; The blest redeemer of mankind,
Is spat on, tortured and maligned.
Of earth and sky, from Him derived,
Will He who made them, be deprived;
The sinless now for sin is dying;
And so no cheer my soul may find.
Ah Golgotha, accursed Golgotha!

no. 60 (70) *Aria (Alto) and Chorus*

alto
Look ye, Jesus waiting stands
Reaching out with eager hands,
Come!
chorus
Come where?
alto
In Jesus' bosom
Seek forgiveness, find redemption,
Seek it!
chorus
Where?
alto

In Jesus' bosom.
Live ye, die ye, rest ye here,
Poor forsaken children all,
Stay ye!
CHORUS
Where?
ALTO
In Jesus' bosom.

NO. 61A (71)

EVANGELIST
Now from the sixth hour there was darkness over all the land until the ninth hour. And about the ninth hour, Jesus cried with a loud voice, saying:
JESUS
Eli, Eli, lama sabachthani.
EVANGELIST
That is to say, "My God, My God, why hast Thou forsaken Me?" Some of them that stood there, when they heard that, said:

NO. 61B

CHORUS
He calleth for Elias.

NO. 61C

EVANGELIST
And straightway one of them ran, and took a sponge, and filled it with vinegar, and put it on a reed, and gaveHim to drink.
The rest said:

NO. 61D

CHORUS
Let me, let us see whether Elias will come to save Him.

NO. 61E

EVANGELIST
Jesus, when He had cried again with a loud voice, yielded up the ghost.

NO. 62 (72) *Chorale*

When comes my hour of parting,
Do not Thou part from me.
As death's dread hour approaches
Beside me Thou wilt be.
And when, in awful anguish,
My time of death is nigh,
Thy cross will then uphold me
That stead-fast I may die.

NO. 63A (73)

EVANGELIST
And, behold, the veil of the temple was rent in twain, and from the top unto the bottom, the earth did quake, and the rocks rent. And the graves were opened, and there arose many bodies of the saints which had slept, and came out of the graves after His resurrection, and went into the holy city, and appeared unto many. Now when the centurion, and they that were with him, watching Jesus, saw the earthquake, and those things that were done, they feared greatly, saying:

NO. 63B

CHORUS
Truly, this was the Son of God.

The Deposition

NO. 63C

EVANGELIST
And many women were there (beholding afar off) which followed Jesus from Galilee, ministering unto Him. Among which was Mary Magdalene and Mary the mother of James And Joses, and the mother of Zebedee's children. When the even was come, there came a rich man of Arimathea, who also himself was Jesus' disciple: He went to Pilate, and begged the body of Jesus. Then Pilate commanded the body to be delivered.

NO. 64 (74) *Recitative (Bass)*

At even, sweet, cool hour of rest,
Was Adam's fall made manifest.
At even ends the Savior's cross and pain;
At even come the dove again,
With leaf of olive in her bill.
O lovely hour so cool and still!
Our peace with God is evermore assured,
For Jesus hath His cross endured.
His body rests in peace.
Ah, thank Him ever, never cease,
Soul, think Thou of thy Savior,
lying yonder, O holy thought, o precious thought to ponder!

The Entombment

NO. 65 (75) *Aria (Bass)*

Let my heart be pure as Thine,
There a precious grave I make Thee,
Dwell Thou there, whom I adore,
Ever more, There to sweetest rest betake
Thee,World away, come Jesus mine!

NO. 66 (76)

EVANGELIST
And when Joseph had taken the body, he wrapped it in a clean linen cloth, and laid it in his own tomb, which he had hewn out in he rock, and he rolled a great stone to the door of the sepulchre, and departed. And there was Mary Magdalene, and the other Mary sitting over against the sepulchre. Now the day that followed the day of the preparation, the chief priests and Pharisees came together unto Pilate, saying:

NO. 66B

CHORUS
Sir, we remember that the deceiver said, while He was yet alive, "After three days I will rise again." Therefore command the grave to be made sure, until the third day, lest His disciples come by night and steal Him away, and say unto the people, "He is risen from the dead", so the last error shall be worse than the first.

NO. 66C

EVANGELIST
Pilate said unto them:
PILATE
Ye have a watch, go your way, make it as sure as you can.
EVANGELIST
So they went and made the sepulchre sure, sealing the stone, and setting a watch.

NO. 67 (77) *Recitative and Chorus*

BASS
And now the Lord is laid to rest
CHORUS
Lord Jesus, fare Thee well!
TENOR
Thy pain is done, forgiveness for my sins
is won.
CHORUS
Lord Jesus, fare Thee well!
ALTO
O precious blessed body,
Look that my tears of penitence
may show Thee,
How my default has brought to
Thee such woe.
CHORUS
Lord Jesus, fare Thee well!
SOPRANO
My thanks to Thee
Will flow a never ending stream,
That Thou hast held my soul in such esteem.
CHORUS
Lord Jesus, fare Thee well!

NO. 68 (78) *Final Chorus*

Here at Thy grave sit we all weeping
And call Thee as in grief we weep:
Sleep Thou sweetly. Sweetly sleep!
Rest, Thou weary, tortured body!
Let Thy tombstone and Thy grave
Be the sweet alleviation,
In our woe the consolation,
Which our weary spirits crave.
Sweetly sleep, sink to slumber sweet and deep.

Translation: Henry S. Drinker
(except the text of the gospel)

PICTURE CREDITS

Frontpage
Juan de Juanes (c. 1523–1579) "Ecce homo" · Oil on wood, 83 x 62 cm · Museo del Prado, Madrid · *Photo: akg-images*

Page 1
Johann Sebastian Bach "St. Matthew Passion" (BWV 244), score autograph *(reduced)*, n. d. · National Museums in Berlin, Prussian Cultural Heritage Foundation, Music Division · Title page, 1st part *(in his own hand)* · *© BPK Berlin, 2004*

Page 2/3
Jan van Eyck *(in collaboration with Hubert van Eyck)* "Adoration of the Lamb", completed in 1432 · Ghent Altar, inner side, middle On wood, overall dimensions when opened c. 350 x 450 cm S. Bravo, Ghent · *Photo: akg-images*

Page 4
Johann Sebastian Bach, Composer, 1685–1750. Bach's signature as cantor at St. Thomas church in Leipzig, 1740 · *Photo: akg-images*

Page 5
Rogier van der Weyden (1399–1466) "Pietà" *(Detail: Maria Magdalena)* · On wood, 20 x 25 cm · Musée Royaux des Beaux-Arts, Brussels · *© 1990, Photo Scala, Florence*

Page 6/7
Duccio di Buoninsegna "Judas's Agreement", 1308–11 *(Detail: High Priests)* · "Maesta", back: Judas's Agreement · Tempera on wood, 50 x 53 cm - Museo dell'Opera Metropolitana, Siena *© 1990, Photo Opera Metropolitana Siena/Scala, Florence*

Page 8
Johann Sebastian Bach "St. Matthew Passion" (BWV 244), score autograph *(reduced)*, n. d. · National Museums in Berlin, Prussian Cultural Heritage Foundation, Music Division · No. 4c (6): Recitative: "Now when Jesus was in Bethany" and No. 4d (7): Chorus: "To what purpose is that waste?"

Page 9
Johann Sebastian Bach "St. Matthew Passion" (BWV 244), score autograph *(reduced)*, n. d. · National Museums in Berlin, Prussian Cultural Heritage Foundation, Music Division · No. 4e (8): Recitative *(End)*: "... Wheresoever this Gospel shall be preached in the whole world ..." and No. 5 (9): Recitative: "My dearest Savior Thou"

Page 11
Giotto di Bondone "The Betrayal of Judas", c. 1303/05 *(Detail)* Fresco, c. 150 x 140 cm · From the cycle with scenes from the life of Mary and Christ · Arena Chapel *(Cappella degli Scrovegni)*, front wall, middle row, left, Padua · *Photo: akg-images/Cameraphoto*

Page 12
Fra Eustachio *(real name Tommaso di Baldassare)* "Lamb of God", 1520 · Illumination · From an antiphonary, M 25, fol. 4 r Museo dell'Opera del Duomo, Florence · *Photo: akg-images/ Orsi Battaglini*

Page 13
Master of the Housebook "The Last Supper", 1475–1480 Altarpiece, depicting the Passion – Oil on wood, 130 x 75 cm – Outer left wing of the triptych *(Speyer Altar)* · National Museums in Berlin, Prussian Cultural Heritage Foundation, Picture Gallery/2073, Berlin *Photo: BPK / Jörg P. Anders*

Page 14/15
Leonardo da Vinci "The Last Supper", 1495–97 · Mural, 460 x 880 cm · Monastery S. Maria delle Grazie, refectory, Milan *(Photograph 1999, after restauration)* · *Photo: akg-images/Pietro Baguzzi*

Page 16/17
Leonardo da Vinci "The Last Supper", 1495–97 *(Detail: central group with Christ)* · Mural, 460 x 880 cm · Monastery S. Maria delle Grazie, refectory, Milan *(Photograph 1999, after restauration)* *Photo: akg-images/Pietro Baguzzi*

Page 18/19
Leonardo da Vinci "The Last Supper", 1495–97 *(Detail: Apostle Group)* · Mural, 460 x 880 cm · Monastery S. Maria delle Grazie, refectory, Milan *(Photograph 1999, after restauration)* *Photo: akg-images/Pietro Baguzzi*

Page 20/21
Leonardo da Vinci "The Last Supper", 1495–97 *(Detail: Apostle Group)* · Mural, 460 x 880 cm · Monastery S. Maria delle Grazie, refectory, Milan *(Photograph 1999, after restauration)* *Photo: akg-images/Pietro Baguzzi*

Page 22/23
Duccio di Buoninsegna "Christ at the Mount of Olives", c. 1308/11 · From the series of Passion scenes · Reverse of the "Maestà", fourth row, middle · Tempera on wood, gold ground, 50 x 76 cm · Museo dell'Opera Metropolitana, Siena *Photo: akg-images/Erich Lessing*

Page 24/25
Masaccio *(real name Tommaso di Giovanni di Simone Guidi)* "Tribute money", 1425 *(Detail: St. Peter and the Disciples)* · Fresco, 255 x 598 cm · S. Maria del Carmine, Cappella Brancacci, Florence *Photo: akg-images/Erich Lessing*

Page 27
Johann Sebastian Bach "St. Matthew Passion" (BWV 244), score autograph *(reduced)*, n. d. · National Museums in Berlin, Prussian Cultural Heritage Foundation, Music Division · No. 18 (24): Recitative *Jesus*: "Sit ye here, while I go yonder and pray", *Evangelist*: "And he took with Him Peter and the two sons of Zebedee", *Jesus*: "My soul is exceedingly sorrowful even unto death" and No. 19 (25): Recitative *Tenor*: "Ah woe! How trembles His tormented heart"

Page 28/29
El Greco *(real name Domenikos Theotokopoulos)* "Christ at the Mount of Olives", 1590/98 · Oil on canvas, 126 x 140 cm · The Toledo Museum of Art, Toledo · *Photo: akg-images/Joseph Martin*

Page 30/31
Sandro Botticelli "Christ at the Mount of Olives", c. 1500 *(Detail: Christ's Prayer at the Mount of Olives)* · Oil on wood, 53 x 35 cm · Capilla Real, Granada · *Photo: BPK/Alfredo Dagli Orti*

Page 33
Hans Multscher "Prayer on the Mount of Olives", 1437 · Interior of the Wurzacher Altarpiece *(left side)* · Oil on pinewood, 150 x 140 cm · National Museums in Berlin, Prussian Cultural Heritage Foundation/1621 D, Berlin · *Photo: BPK/Jörg P. Anders*

Page 34
The Master of the Capture (Maestro della Cattura) "The Arrest of Christ", c. 1290/95 *(Detail: Kiss of Judas)* · Fresco · S. Francesco, upper church nave, 3rd bay, south wall, Assisi *(Umbria, Italy)* *Photo: akg-images/Rabatti & Domingie*

Page 36/37
Duccio di Buoninsegna "The Arrest of Christ", c. 1308/11 From the series of Passion scenes · Reverse of the "Maestà", third row, middle · Tempera on wood, gold ground, 50 x 76 cm · Museo dell'Opera Metropolitana, Siena · *Photo: akg-images/Erich Lessing*

Page 38/39
Giovanni Boccati *(real name Giovanni da Camerino)* "Christ's Arrest", 1447 · Part of the predella of the "Madonna della Pergola" *(Altar picture of the Disciplinati brotherhood in S. Domenico Perugia)* On wood, 41 x 70 cm · Galleria Nazionale dell'Umbria, Perugia *Photo: akg-images/Rabatti & Domingie*

Page 40
Fra Angelico *(real name Fra Giovanni da Fiesole)* and workshop "Christ at the Column of Flagellation", c. 1450 *(Detail)* · 24th panel of the series of New Testament scenes fr. the Armadio degli Argenti *(silver cupboard)*, form. at the oratory of Santissima Annunziata in Florence · Tempera on wood, 38,5 x 37 cm · Museo di San Marco, Florence · *Photo: akg-images/Orsi Battaglini*

Page 41
Johann Sebastian Bach "St. Matthew Passion" (BWV 244), score autograph *(reduced)*, n. d. · National Museums in Berlin · Prussian Cultural Heritage Foundation, Music Division · No. 28 (34) Recitative *Jesus*: "... I sat daily with you teaching in the temple and ye laid no hold on Me", *Evangelist*: "Then all the disciples forsook Him, and fled" and No. 29 (35): Chorale: "O man, thy grievous sins bemoan"

Page 43
Raphael *(real name Raffaello Santi)* "The Sistine Madonna", c. 1513 *(Detail: Mary with the Christ Child)* · Oil on canvas, 265 x 196 cm Gemaeldegalerie Alte Meister, Dresden · *Photo: akg-images*

Page 44/45
Fra Angelico *(real name Fra Giovanni da Fiesole)* and workshop "Christ before Caiaphas", c. 1450 *(Detail)* · 22nd panel of the series of New Testament scenes fr. the Armadio degli Argenti *(silver cupboard)*, form. at the oratory of Santissima Annunziata in Florence Tempera on wood, 38,5 x 37 cm · Museo di San Marco, Florence *Photo: akg-images/Orsi Battaglini*

Page 47
Francesco Ubertini *(real name Francesco d'Ubertino)*, called Bachiacca "Christ before Caiaphas", 1535 *(Detail)* · Oil on wood, 50 x 41 cm · Galleria degli Uffizi, Florence · *Photo: akg-images/ Rabatti & Domingie*

Page 48
Giotto di Bondone "Christ before Caiaphas", c. 1303/05 *(Detail: Christ)* · Fresco, c. 185 x 200 cm · From a cycle of scenes of the life of Mary and Christ · Arena chapel *(Cappella degli Scrovegni)*, right wall, lower row, 4th panel, Padua · *Photo: akg-images/Cameraphoto*

Page 49
Giotto di Bondone "Christ before Caiaphas", c. 1303/05 *(Detail: Caiaphas)* · Fresco, c. 185 x 200 cm · From a cycle of scenes of the life of Mary and Christ · Arena chapel *(Cappella degli Scrovegni)*, right wall, lower row, 4th panel, Padua · *Photo: akg-images/ Cameraphoto*

Page 50
Matthias Grünewald "The Mocking of Christ", 1503 · Oil on pinewood, 109 x 73,5 cm · Alte Pinakothek/10352, Munich *Photo: BPK/Lutz Braun*

Page 51
Fra Angelico *(real name Fra Giovanni da Fiesole)* and workshop "The Mocking of Christ", c. 1450 *(Detail)* · Panel of the series of New Testament scenes fr. the Armadio degli Argenti *(silver cupboard)*, form. at the oratory of Santissima Annunziata in Florence Tempera on wood, 38,5 x 37 cm · Museo di San Marco, Florence *Photo: akg-images/Orsi Battaglini*

Page 53
El Greco *(real name Domenikos Theotokopoulos)* "The Repentant Peter", c. 1585/90 · Painting · Hospital Tavera, Toledo
Photo: akg-images/Erich Lessing

Page 54/55
Duccio di Buoninsegna "Christ before Pilate", c. 1308/11 · From the series of Passion scenes · Reverse of the "Maestà", upper row left, 1st panel · Tempera on wood, gold ground, 50 x 57 cm · Museo dell'Opera Metropolitana, Siena · *Photo: akg-images/Erich Lessing*

Page 56
Duccio di Buoninsegna "Judas' Agreement", 1308–11 *(Detail: Judas)* · "Maestà", back: Judas' Agreement · Tempera on wood, 50 x 53 cm · Museo dell'Opera Metropolitana, Siena · *© 1990, Photo Opera Metropolitana Siena/Scala, Florence*

Page 59
Pontius Pilate, Roman procuratur of Judaea at the time of Jesus (26-36 AD) "Pilate", undated, unknown Italian painter of the 16th century · Oil on wood, 58 x 42 cm · Galleria dell'Accademia, Venice · *Photo: akg-images/Cameraphoto*

Page 60
Johann Sebastian Bach "St. Matthew Passion" (BWV 244), score autograph *(reduced)*, n. d. · National Museums in Berlin · Prussian Cultural Heritage Foundation, Music Division · No. 45a (54): Recitative *Pilatus*: "Whether of the twain will ye that I release unto you?", Chorus: "Barrabas", and No. 45b: Chorus: "Let him be crucified"

Page 61
Master of the Vienna Schottenstift *(Benedictine foundation)* "Christ before Pilate", c. 1469/75 · Tempera on oakwood, 80 x 80 cm · Panel from the high altar of the Schottenkirche *(Benedictine church)* · Schottenstift, Wien · *Photo: akg-images/ Erich Lessing*

Page 62/63
Quentin Massys "Ecce Homo", c. 1515 · Oil on wood, 160 x 120 cm · Museo del Prado, Madrid · *Photo: BPK/Jochen Remmer*

Page 64
Albrecht Altdorfer "Pilates's washing of the hands", c. 1510/12 *(Detail)* · From a Passion altar · On wood, 128 x 94 cm · Foundation of th. Augustinian Canons, St. Florian · *Photo: akg-images/ Erich Lessing*

Page 65
Albrecht Altdorfer "Pilates's washing of the hands", c. 1510/12 From a Passion altar · On wood, 128 x 94 cm · Foundation of th. Augustinian Canons, St. Florian · *Photo: akg-images/Erich Lessing*

Page 67
Sandro Botticelli (1445-1510) ascribed to "Flagellation of Christ" · Painting, 132 x 107 cm · Galleria degli Uffizi, Florence
Photo: akg-images/Rabatti & Domingie

Page 68
Johann Sebastian Bach "St. Matthew Passion" (BWV 244), score autograph *(reduced)*, n. d. · National Museums in Berlin, Prussian Cultural Heritage Foundation, Music Division · No. 53b (62): Chorus: "Hail, Kind of Jews!", No. 53c (63): Chorale: "... and took the reed, and smote Him on the head", No. 55 (64): "And after they hat mocked him they took the robe off ..." and No. 56 (65): Recitative: "Yeah truly flesh and blood is loath to bear the cross unless compelled"

Page 69
Master of the Karlsruhe Passion "Christ Crowned with Thorns", c. 1450/55 · From a series of seven panels of a Passion cycle · Mixed media on nutwood, 67 x 47 cm · Staatliche Kunsthalle, Karlsruhe · *Photo: akg-images*

Page 70/71
Hieronymus Bosch "Christ Mocked", c. 1490–1500 · Oil on wood, 73,5 x 59,1 cm · National Gallery/4744, London ·
Photo: BPK/Lutz Braun

Page 72
Fra Angelico *(real name Fra Giovanni da Fiesole)* "Vera Icon" *(Christ with the Crown of Thorns)*, c. 1440/50 · On wood, 55 x 39 cm · Depot Santa Maria del Soccorso · Museo Civico Giovanni Fattori, Livorno · *Photo: akg-images*

Page 74/75
Quentin Massys (1466–1530) "Ecce homo" · Painting · Doge's Palace, Pincateca, Venice · *Photo: akg-images/Cameraphoto*

Page 76
Sebastiano del Piombo *(real name Sebastiano Luciani)* "Christ Carrying the Cross", c. 1520 · Oil on canvas, 121 x 100 cm · Museo del Prado, Madrid · *Photo: akg-images*

Page 77
Bosch, Hieronymus "Christ Carrying the Cross", c. 1505/07 Oil on wood, 150 x 94 cm · Escorial, Madrid · *Photo: akg-images/ Joseph Martin*

Page 78/79
Pieter Bruegel the Elder "Christ Carrying the Cross" · Oil on oak, 124 x 170 cm · Kunsthistorisches Museum, Vienna · *Photo: BPK*

Page 80
Albrecht Dürer "The Nailing of Christ to the Cross", 1495 · On pinewood, 62 x 46,5 cm · From the series of seven panels "The Seven Sorrows of Mary" · Gemaeldegalerie, Alte Meister, Dresden
Photo: akg-images

Page 81
Anthonis van Dyck "Erection of the Cross", c. 1630/31 · Oil on canvas, 345 x 280 cm · Onze Lieve-Vrouwekerk, Kortrijk
Photo: akg-images

Page 82
Hans Memling "Crucifixion", 1471/1472 *(Detail)* · Detail of a triptych · Oil on wood · Muzeum Pomorskie, Gdansk · *Photo: BPK*

Page 83
Hans Memling "Crucifixion", 1471/1472 · Detail of a triptych Oil on wood · Muzeum Pomorskie, Gdansk · *Photo: BPK*

Page 84
Hans Memling "Crucifixion", 1471/1472 *(Detail)* · Detail of a triptych Oil on wood · Muzeum Pomorskie, Gdansk · *Photo: BPK*

Page 86/87
Karel Dujardin, "Calvary", 1661 · Oil on canvas, 97 x 84 cm Musee du Louvre, Paris · *Photo: akg-images/Erich Lessing*

Page 88
Matthias Grünewald "Crucifixion", c. 1513/15 *(Detail)* Isenheim Altar, when closed; right and left outer wings · On wood, 260 x 650 cm · Unterlinden Museum, Colmar · *Photo: akg-images/ Erich Lessing*

Page 89
Matthias Grünewald, "Crucifixion", c. 1513/15 Isenheim Altar, when closed; right and left outer wings · On wood, 260 x 650 cm Unterlinden Museum, Colmar · *Photo: akg-images/ Erich Lessing*

Page 90/91
Paul Chenavard "La resurrection des morts" *(Resurrection of the dead)*, 1845 · Oil on canvas, 290 x 305 cm · Parish church, Bohal *(Frankreich)* · *Photo: akg-images/Erich Lessing*

Page 92
Il Sodoma *(real name Giovan Antonio de Bazzi)* "The Deposition", c. 1515 · Pinacoteca, Siena · *Photo: BPK/Stefan Diller*

Page 93
Albrecht Dürer "Lamentation over the Dead Christ", c. 1498 Germanisches Nationalmuseum, Nuremberg · *Photo: © 2001 Photo Scala, Florence*

Page 94/95
Master of the Housebook "The Lamentation over the Dead Christ", c. 1480 · Oil on wood, 131 x 171 cm · Gemaeldegalerie Alte Meister/1868 A, Dresden · *Photo: BPK*

Page 96/97
Cosme Tura "The Dead Christ held by Angels", c. 1475 Transferred from wood onto canvas, 44,5 x 86 cm Kunsthistorisches Museum, Vienna · *Photo: akg-images/Erich Lessing*

Page 99
Peter Paul Rubens "The Entombment of Christ", c. 1616 · Oil on canvas, 398 x 280 cm · Cambrai, St. Gery · *Photo: akg-images*

Page 100/101
Rogier van der Weyden "The Entombment", c. 1450 *(Detail)* On wood, 110 x 96 cm · Galleria degli Uffizi, Florence
Photo: akg-images/Rabatti & Domingie

Page 102/103
Caravaggio *(real name Michelangelo Merisi)* "The Entombment of Christ", 1602/04 · Oil on canvas, 300 x 203 cm · Pinacoteca Vaticana, Rome · *Photo: akg-images*

Page 105
Sandro Botticelli "Lamentation over the Dead Christ with Saints", c. 1490 *(Detail)* · Tempera on panel, 207 x 140 cm · Alte Pinakothek, Munich · *Photo: akg-images/Erich Lessing*

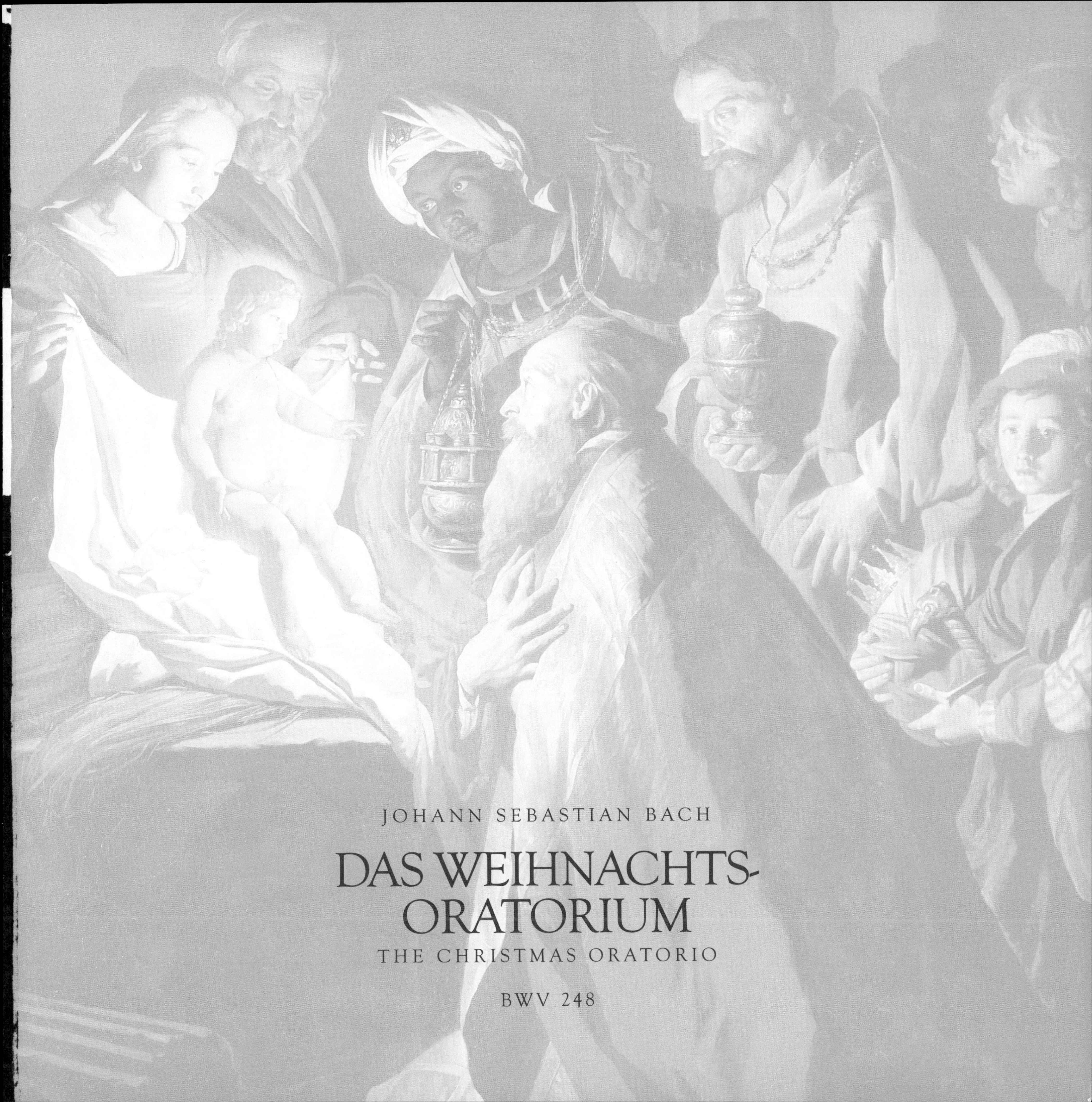

JOHANN SEBASTIAN BACH

DAS WEIHNACHTS-ORATORIUM

THE CHRISTMAS ORATORIO

BWV 248

Titelseite: Matthias Stomer (um 1600 – um 1650) „Anbetung der Heiligen Drei Könige“
Rechts: Gerard van Honthorst „Die Anbetung des Kindes“, um 1620

First edition printed in 2004
Second edition printed in 2006

ISBN-10: 3-937406-02-6
ISBN-13: 978-3-937406-02-2

Art Direction and Design by Gerd Schröder/edel
Photo Editorial: Tanja Ohde, www.in-multimedias-res.de, Cologne/Germany
Editorial Direction: Astrid Fischer/edel

Produced by optimal media production GmbH, Röbel/Germany
Printed and manufactured in Germany

earBooks is a division of edel CLASSICS GmbH

For more information about earBOOKS please visit **www.earbooks.net**

Johann Sebastian Bach: „Weihnachtsoratorium" (BWV 248), Partiturautograph, o.J.
Staatsbibliothek zu Berlin – Preußischer Kulturbesitz, Musikabteilung
Kantate I: Eingangschor und Alt-Accompagnato

Rechts: Giotto-Schule, Engelgruppe aus dem Fresko „Der glorreiche Franziskus", um 1320 (Ausschnitt)

ERSTER TEIL

AM ERSTEN WEIHNACHTS-FEIERTAGE

1. CHOR

Jauchzet, frohlocket! auf, preiset die Tage,
Rühmet, was heute der Höchste getan!
Lasset das Zagen, verbannet die Klage,
Stimmet voll Jauchzen und Fröhlichkeit an!
Dienet dem Höchsten mit herrlichen Chören,
Lasst uns den Namen des Herrschers verehren!

Francesco d'Antonio „Engelskonzert", 1429 (Ausschnitt)

2. REZITATIV (EVANGELIST)

Es begab sich aber zu der Zeit, dass ein Gebot von dem Kaiser Augusto ausging, dass alle Welt geschätzet würde. Und jedermann ging, dass er sich schätzen ließe, ein jeglicher in seine Stadt. Da machte sich auch auf Joseph aus Galiläa, aus der Stadt Nazareth, in das jüdische Land zur Stadt David, die da heißet Bethlehem; darum, dass er von dem Hause und Geschlechte David war: auf dass er sich schätzen ließe mit Maria, seinem vertrauten Weibe, die war schwanger. Und als sie daselbst waren, kam die Zeit, dass sie gebären sollte.

Joseph von Führich „Ankunft der Heiligen Familie vor der Herberge in Bethlehem", 1838 (Ausschnitt)

Jos.
pinx
A.D.

Johann Sebastian Bach: „Weihnachtsoratorium“ (BWV 248), Partiturautograph
Kantate I: Rezitativ: „Es begab sich aber zu der Zeit“

3. ACCOMPAGNATO (ALT)

Nun wird mein liebster Bräutigam,
Nun wird der Held aus Davids Stamm
Zum Trost, zum Heil der Erden
Einmal geboren werden.
Nun wird der Stern aus Jakob scheinen,
Sein Strahl bricht schon hervor.
Auf, Zion, und verlasse nun das Weinen,
Dein Wohl steigt hoch empor!

4. ARIE (ALT)

Bereite dich, Zion, mit zärtlichen Trieben,
Den Schönsten, den Liebsten bald bei dir zu sehn!
Deine Wangen müssen heut viel schöner prangen,
Eile, den Bräutigam sehnlichst zu lieben!

5. CHORAL

Wie soll ich dich empfangen,
Und wie begegn’ ich dir?
O aller Welt Verlangen,
O meiner Seelen Zier!
O Jesu, Jesu, setze
Mir selbst die Fackel bei,
Damit, was dich ergötze,
Mir kund und wissend sei!

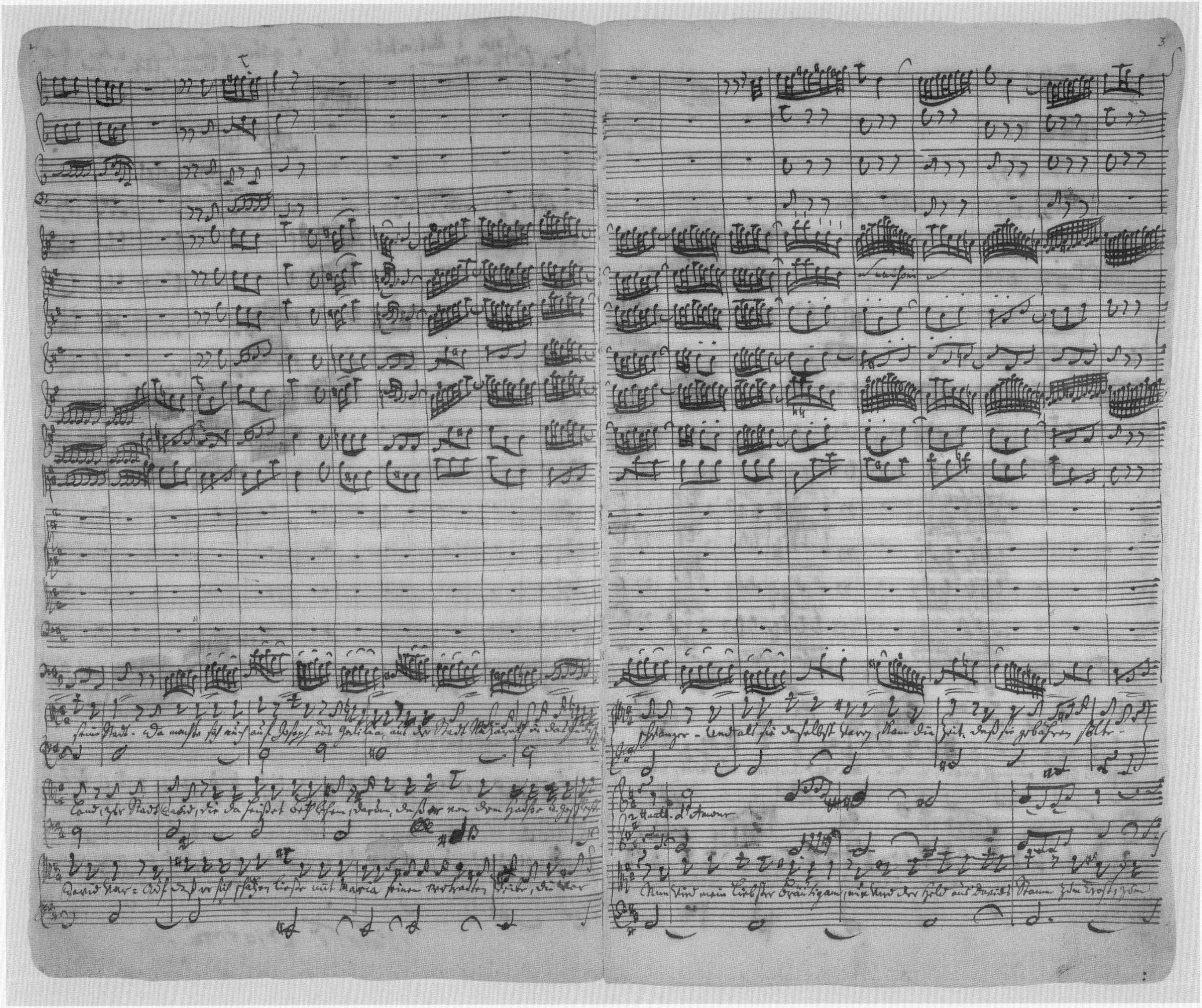

Johann Sebastian Bach: „Weihnachtsoratorium“ (BWV 248), Partiturautograph
Kantate I: Rezitativ (Ende) und Alt-Accompagnato

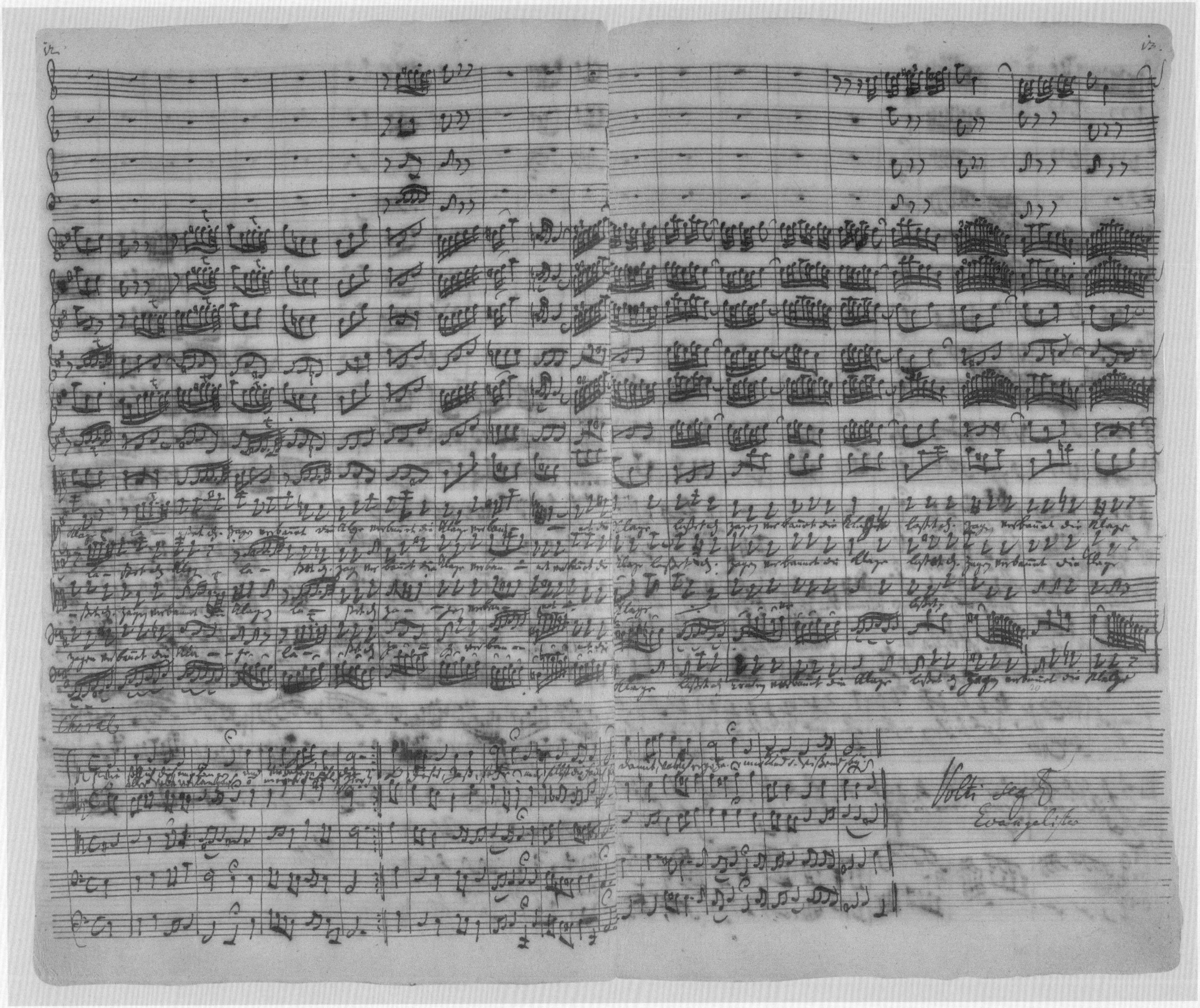

Johann Sebastian Bach: „Weihnachtsoratorium" (BWV 248), Partiturautograph
Kantate I: Eingangschor und Choral: „Wie soll ich Dich empfangen"

Links: Simone Martini (In Zusammenarbeit mit Lippo Memmi) „Verkündigung an Maria", 1333
(Ausschnitt: Engel der Verkündigung)

Sandro Botticelli „Verkündigung von S.Martino", 1481 (Ausschnitt: Engel der Verkündigung)

Rechts: Sandro Botticelli „Verkündigung", 1489/90
Folgeseite: Leonardo Da Vinci „Annunciazione/Verkündigung", um 1472/75

Fra Angelico „Die Geburt Christi mit den Heiligen Katharina von Alexandrien und Petrus Martyr", zwischen 1437 und 1445

Rechts: Fra Filippo Lippi „Anbetung des Kindes mit den Heiligen Hieronymus, Magdalena und Hilarion", um 1453

6. REZITATIV (EVANGELIST)

Und sie gebar ihren ersten Sohn und wickelte ihn in Windeln und legte ihn in eine Krippen, denn sie hatten sonst keinen Raum in der Herberge.

7. CHORAL UND REZITATIV (SOPRAN UND BASS)

Er ist auf Erden kommen arm,
Wer will die Liebe recht erhöh'n,
Die unser Heiland vor uns hegt?
Dass er unser sich erbarm,
Ja, wer vermag es einzusehen,
Wie ihn der Menschen Leid bewegt?
Und in dem Himmel mache reich.
Des Höchsten Sohn kömmt in die Welt,
Weil ihm ihr Heil so wohl gefällt,
Und seinen lieben Engeln gleich.
So will er selbst als Mensch geboren werden.
Kyrieleis!

GLORIA INECELSIS DEO

Rogier van der Weyden „Die Geburt Christi mit dem Stifter Pieter Bladelin“, um 1445 (Ausschnitt)

Hans Multscher „Die Geburt Christi“, 1437 (Ausschnitt)

8. ARIE (BASS)

Großer Herr, o starker König,
Liebster Heiland, o wie wenig
Achtest du der Erden Pracht!
Der die ganze Welt erhält,
Ihre Pracht und Zier erschaffen,
Muss in harten Krippen schlafen.

9. CHORAL

Ach mein herzliebes Jesulein,
Mach dir ein rein sanft Bettelein,
Zu ruhn in meines Herzens Schrein,
Dass ich nimmer vergesse dein!

Fra Angelico „Madonna mit acht Heiligen", zwischen 1437 und 1445
(Ausschnitt: Jesusknabe mit Weltkugel)

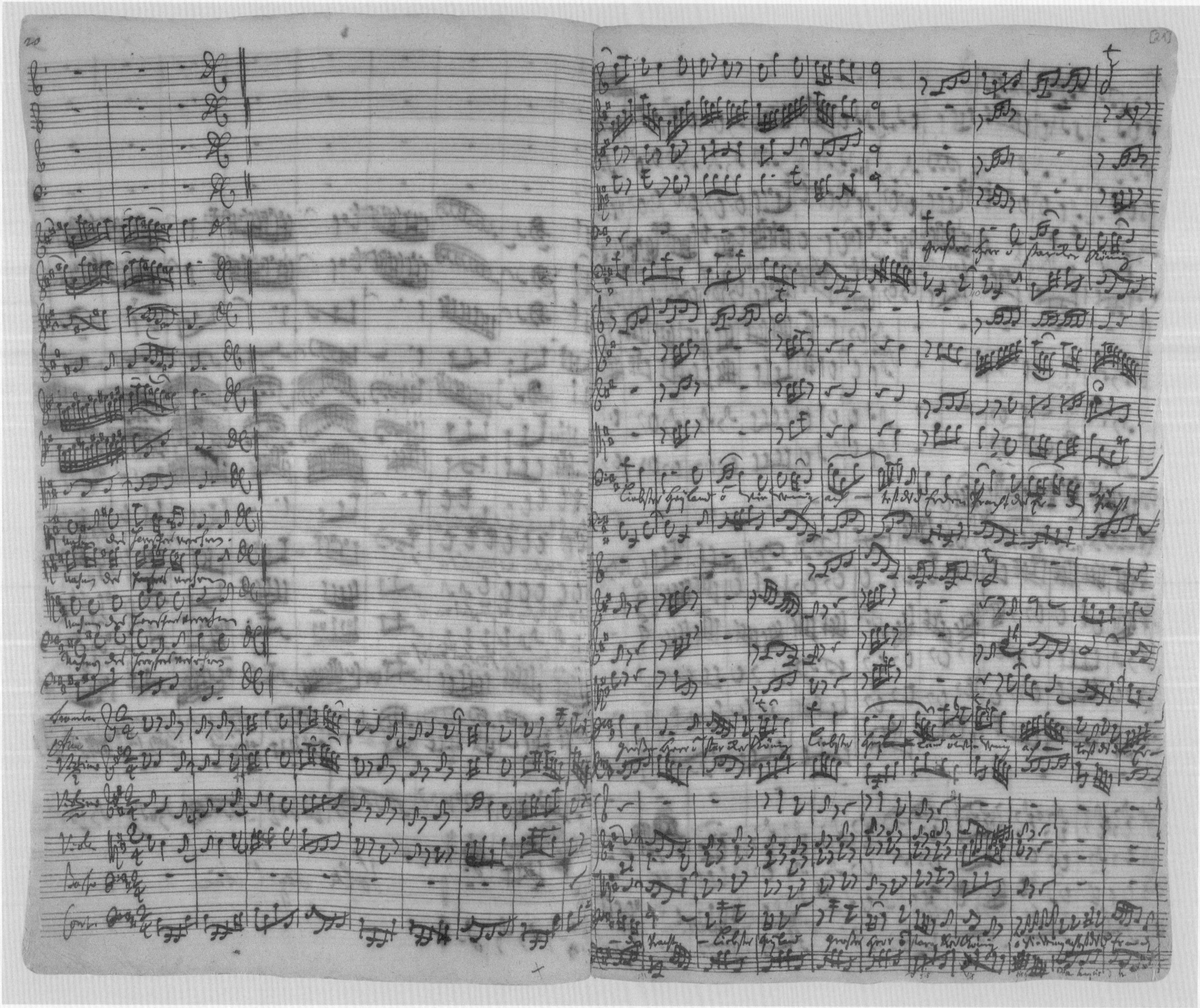

Johann Sebastian Bach: „Weihnachtsoratorium“ (BWV 248), Partiturautograph
Kantate I: Arie: „Großer Herr, o starker König“

Rechts: Stefan Lochner „Geburt Christi“, um 1440 (Ausschnitt)

Johann Sebastian Bach: „Weihnachtsoratorium“ (BWV 248), Partiturautograph
Kantate II: Sinfonia (Hirtenmusik)

Rechts: Leandro Bassano „Die Verkündigung an die Hirten“, um 1590

ZWEITER TEIL

AM ZWEITEN WEIHNACHTS-FEIERTAGE

10. SINFONIA (HIRTENMUSIK)

11. REZITATIV (EVANGELIST)

Und es waren Hirten in derselben Gegend auf dem Felde bei den Hürden, die hüteten des Nachts ihre Herde. Und siehe, des Herren Engel trat zu ihnen, und die Klarheit des Herrn leuchtet um sie, und sie furchten sich sehr.

12. CHORAL

Brich an, o schönes Morgenlicht,
Und lass den Himmel tagen!
Du Hirtenvolk, erschrecke nicht,
Weil dir die Engel sagen,
Dass dieses schwache Knäbelein
Soll unser Trost und Freude sein,
Dazu den Satan zwingen
Und letztlich Frieden bringen!

Giampietrino Birago „Die Verkündigung an die Hirten", um 1475/1500 (Ausschnitt)

13. REZITATIV
EVANGELIST
Und der Engel sprach zu ihnen:

ENGEL (SOPRAN)
Fürchtet euch nicht, siehe, ich verkündige euch große Freude, die allem Volk widerfahren wird. Denn euch ist heute der Heiland geboren, welcher ist Christus, der Herr, in der Stadt David.

14. REZITATIV (BASS)
Was Gott dem Abraham verheißen,
Das lässt er nun dem Hirtenchor
Erfüllt erweisen.
Ein Hirt hat alles das zuvor
Von Gott erfahren müssen,
Und nun muss auch ein Hirt die Tat,
Was er damals versprochen hat,
Zuerst erfüllet wissen.

15. ARIE (TENOR)
Frohe Hirten, eilt, ach eilet,
Eh' ihr euch zu lang verweilet,
Eilt, das holde Kind zu sehn!
Geht, die Freude heißt zu schön,
Sucht die Anmut zu gewinnen,
Geht und labet Herz und Sinnen!

Fra Tiburzio Baldini (tätig in Bologna 1611/14) „Christi Geburt mit Verkündigung an die Hirten", undatiert

16. REZITATIV (EVANGELIST)

Und das habt zum Zeichen: Ihr werdet finden das Kind in Windeln gewickelt und in einer Krippen liegen.

17. CHORAL

Schaut hin, dort liegt im finstern Stall,
Dess' Herrschaft gehet überall!
Da Speise vormals sucht ein Rind,
Da ruhet jetzt der Jungfrau'n Kind.

18. REZITATIV (BASS)

So geht denn hin, ihr Hirten, geht,
Dass ihr das Wunder seht;
Und findet ihr des Höchsten Sohn
In einer harten Krippe liegen,
So singet ihm bei seiner Wiegen
Aus einem süßen Ton
Und mit gesamtem Chor
Dies Lied zur Ruhe vor!

19. ARIE (ALT)

Schlafe, mein Liebster, genieße der Ruh',
Wache nach diesem vor Aller Gedeihen!
  Labe die Brust,
  Empfinde die Lust,
  Wo wir unser Herz erfreuen!

Meister von Raigern „Die Geburt Christi", um 1425 (Ausschnitt)

Hans Fries (um 1465 - um 1520) zugeschrieben „Maria, das Kind stillend, in einer Engelsglorie“

Gregorio di Cecco
„Madonna dell'Umiltà", 15. Jh.

20. REZITATIV (EVANGELIST)

Und alsobald war da bei dem Engel die Menge der himmlischen Heerscharen, die lobten Gott und sprachen:

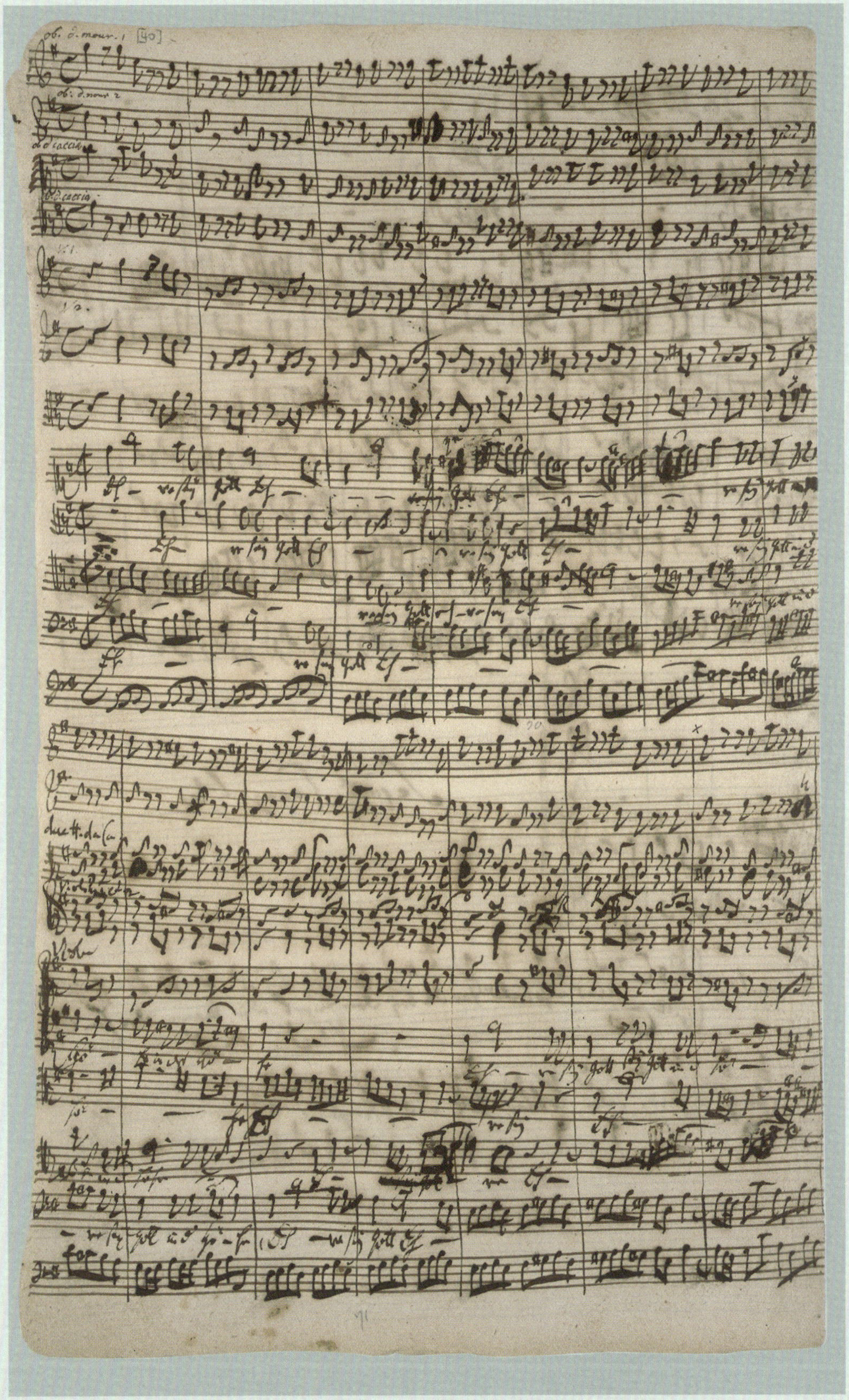

Johann Sebastian Bach: „Weihnachtsoratorium“ (BWV 248), Partiturautograph
Kantate II: Chor: „Ehre sei Gott“

Links: Giovanni Benedetto Castiglione „Anbetung der Hirten“, um 1645/50 (Ausschnitt: Engelsgruppe)

21. CHOR

Ehre sei Gott in der Höhe und
Friede auf Erden und den Menschen
ein Wohlgefallen.

Fra Angelico „Krönung Mariä mit Heiligen und Engeln", um 1434/35
(Ausschnitt: Rechte Gruppen der Heiligen musizierenden Engel)

22. REZITATIV (BASS)
So recht, ihr Engel, jauchzt und singet,
Dass es uns heut' so schön gelinget!
Auf denn! Wir stimmen mit euch ein,
Uns kann es so wie euch erfreun.

23. CHORAL
Wir singen dir in deinem Heer
Aus aller Kraft Lob, Preis und Ehr',
Dass du, o lang gewünschter Gast,
Dich nunmehr eingestellet hast.

Stefano de Zevio „Musizierende Engel", um 1440

Links: Melozzo da Forli „Musizierender Engel", 1480 (Ausschnitt)
Folgeseite: Hans Memling „Fünf musizierende Engel", um 1470

IHES
IHES

DRITTER TEIL

AM DRITTEN WEIHNACHTS-FEIERTAGE

24. CHOR

Herrscher des Himmels, erhöre das Lallen,
Lass dir die matten Gesänge gefallen,
Wenn dich dein Zion mit Psalmen erhöht!
Höre der Herzen frohlockendes Preisen,
Wenn wir dir jetzo die Ehrfurcht erweisen,
Weil unsre Wohlfahrt befestiget steht!

Michelangelo Buonarroti „Die Erschaffung Adams", 1511/12
(Ausschnitt: Gottvater)

Johann Sebastian Bach: „Weihnachtsoratorium“ (BWV 248), Partiturautograph
Kantate III: Rezitativ: „Und da die Engel von ihnen gen Himmel fuhren“

Links: Hans Multscher „Die Geburt Christi“, 1437 (Ausschnitt: Hirten)
Folgeseite: Octave Penguilly-L'Haridon „Die Hirten folgen dem Stern von Bethlehem“, 1863

25. REZITATIV (EVANGELIST)

Und da die Engel von ihnen gen Himmel
fuhren, sprachen die Hirten untereinander:

26. CHOR (HIRTEN)

Lasset uns nun gehen gen Bethlehem und die Geschichte sehen,
die da geschehen ist, die uns der Herr kundgetan hat.

27. REZITATIV (BASS)

Er hat sein Volk getröst',
Er hat sein Israel erlöst,
Die Hülf' aus Zion hergesendet
Und unser Leid geendet.
Seht, Hirten, dies hat er getan;
Geht, dieses trefft ihr an!

28. CHORAL

Dies hat er alles uns getan,
Sein groß Lieb zu zeigen an;
Dess' freu sich alle Christenheit
Und dank ihm dess' in Ewigkeit.
Kyrieleis!

29. DUETT (SOPRAN UND BASS)

Herr, dein Mitleid, dein Erbarmen
Tröstet uns und macht uns frei.
  Deine holde Gunst und Liebe,
  Deine wundersamen Triebe
  Machen deine Vatertreu
  Wieder neu.

30. REZITATIV (EVANGELIST)

Und sie kamen eilend und funden beide, Mariam und Joseph, dazu das Kind in der Krippe liegen. Da sie es aber gesehen hatten, breiteten sie das Wort aus, welches zu ihnen von diesem Kind gesaget war. Und alle, für die es kam, wunderten sich der Rede, die ihnen die Hirten gesaget hatten. Maria aber behielt alle diese Worte und bewegte sie in ihrem Herzen.

Gerard van Honthorst „Anbetung der Hirten", 1622

Hugo van der Goes „Anbetung der Hirten“, zwischen 1476 u. 1478 (Ausschnitt: Hirten)

Links: Martin Schongauer „Die Geburt Christi“, um 1480 (Ausschnitt)

Domenico di Bernardino Capriolo „Anbetung der Hirten", 1518

Rechts: Jacob van Oost, d.Ä. (1601-1671) „Die Anbetung der Hirten"
(Im Hintergrund der Hl. Franz von Assisi), undatiert (Ausschnitt)

MCCCC
LXXXV
MAGNO HIRCANVS
ENSE CADENS SOLYMO POMPEI FVLVIV
AVGVR
NVMEN AIT QVAE ME
VRNA DABIT

„Christi Geburt“, 15 Jh. (Ausschnitt: Ochs und Esel), Französische Wandmalerei

Links: Ghirlandaio (Domenico Bigordi) „Anbetung der Hirten“, 1485

31. ARIE (ALT)

Schließe, mein Herze, dies selige Wunder
Fest in deinem Glauben ein!
Lasse dies Wunder, die göttlichen Werke
Immer zur Stärke
Deines schwachen Glaubens sein!

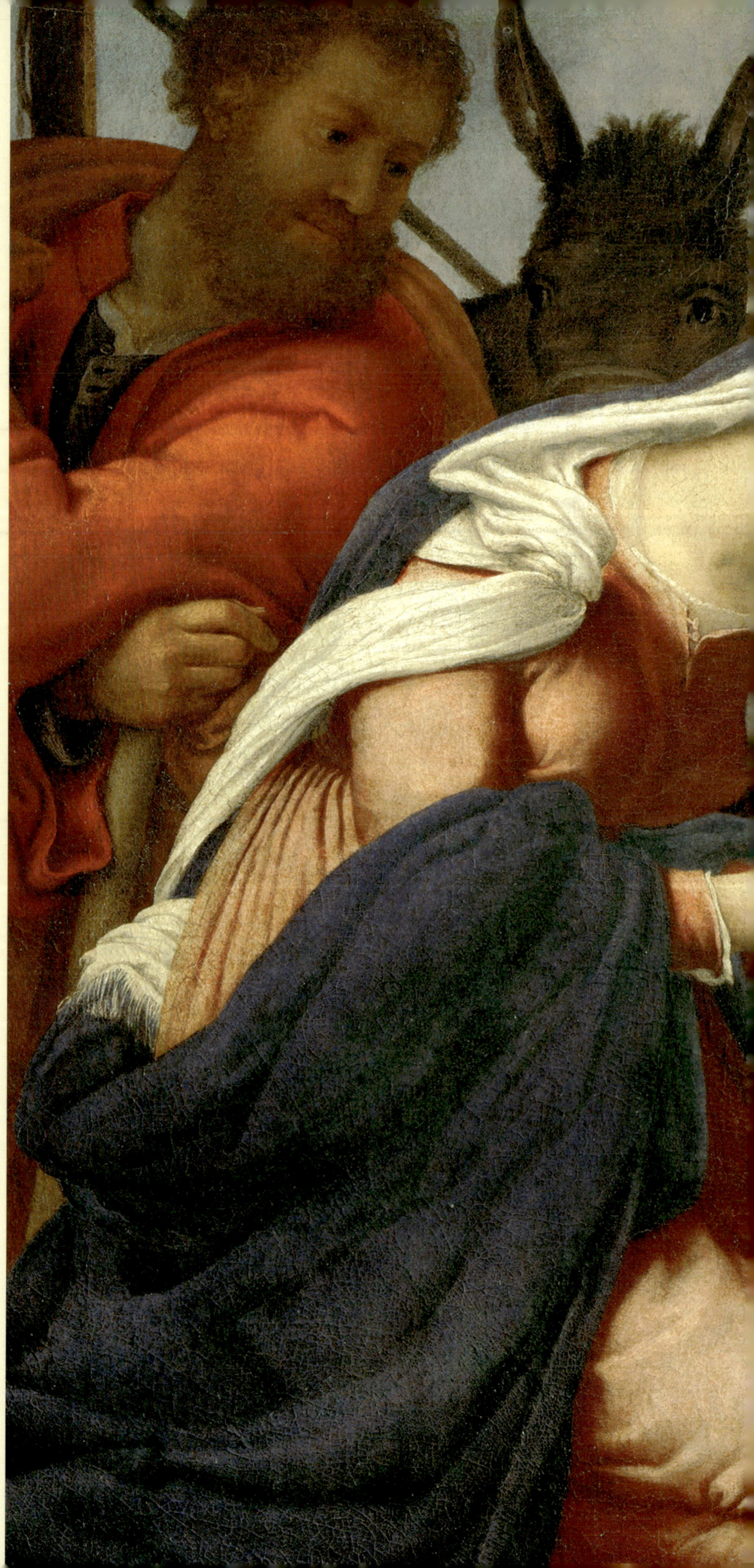

Lorenzo Lotto „Die Anbetung der Hirten", um 1534 (Ausschnitt)

32. REZITATIV (ALT)

Ja, ja, mein Herz soll es bewahren,
Was es an dieser holden Zeit
Zu seiner Seligkeit
Für sicheren Beweis erfahren.

33. CHORAL

Ich will dich mit Fleiß bewahren,
Ich will dir
Leben hier,
Dir will ich abfahren,
Mit dir will ich endlich schweben
Voller Freud'
Ohne Zeit
Dort im andern Leben.

Jan van Eyck (in Zusammenarbeit mit Hubert van Eyck) „Maria als Himmelskönigin" aus der Deesis-Gruppe, 1432 vollendet (Ausschnitt: Kopf Marias)

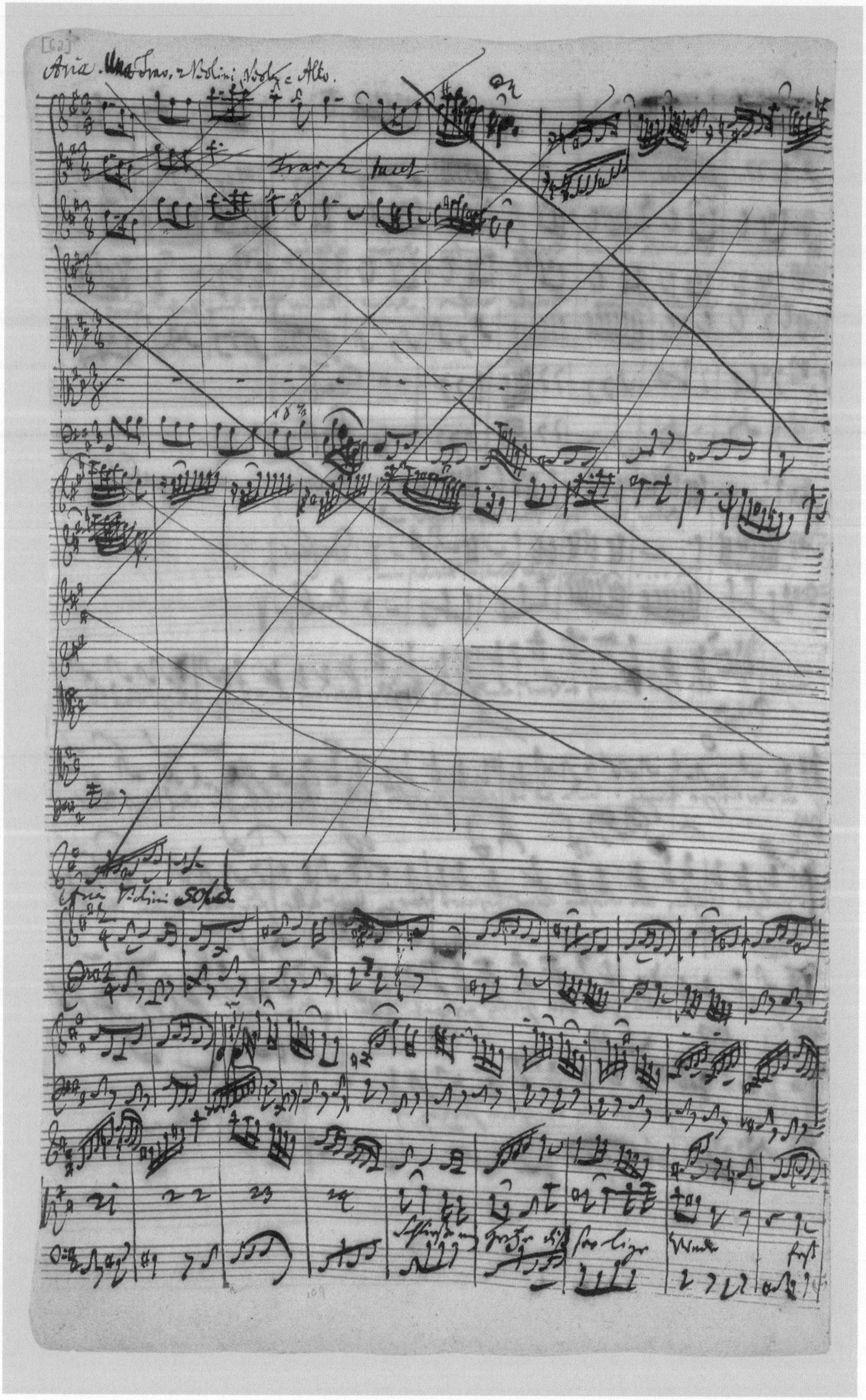

Johann Sebastian Bach: „Weihnachtsoratorium“ (BWV 248), Partiturautograph
Kantate III: Arie: „Schließe mein Herze“

34. REZITATIV (EVANGELIST)

Und die Hirten kehrten wieder um,
preiseten und lobten Gott um alles, das sie
gesehen und gehöret hatten, wie denn zu
ihnen gesaget war.

35. CHORAL

Seid froh dieweil,
Dass euer Heil
Ist hie ein Gott und auch ein Mensch geboren,
Der, welcher ist
Der Herr und Christ
In Davids Stadt, von vielen auserkoren.

24. CHOR (DA CAPO)

Herrscher des Himmels, erhöre das Lallen,
Lass dir die matten Gesänge gefallen,
Wenn dich dein Zion mit Psalmen erhöht!
Höre der Herzen frohlockendes Preisen,
Wenn wir dir jetzo die Ehrfurcht erweisen,
Weil unsre Wohlfahrt befestiget steht!

Pietro Perugino „Himmelfahrt Mariä“
(mit Jesus als Weltenherrscher), 1500

VIERTER TEIL

AM FESTE DER BESCHNEIDUNG CHRISTI

36. CHOR

Fallt mit Danken, fallt mit Loben
Vor des Höchsten Gnadenthron!
Gottes Sohn
Will der Erden
Heiland und Erlöser werden,
Gottes Sohn
Dämpft der Feinde Wut und Toben.

37. REZITATIV (EVANGELIST)

Und da acht Tage um waren, dass das Kind beschnitten würde, da ward sein Name genennet Jesus, welcher genennet war von dem Engel, ehe denn er im Mutterleibe empfangen ward.

Fra Angelico (1387-1455) Umkreis „Verkündigung an Maria"

Links: Simon Vouet „Darstellung im Tempel", 1640/41 (Ausschnitt)

Johann Sebastian Bach: „Weihnachtsoratorium“ (BWV 248), Partiturautograph
Kantate IV: Rezitativ: „Und da acht Tage um waren“

Rechts: Giovanni Bellini „Die Darstellung Christi im Tempel“, um 1490/1500

Garofalo (um 1481 - 1559) „Die Beschneidung“

Johann Sebastian Bach: „Weihnachtsoratorium" (BWV 248), Partiturautograph
Kantate IV: Rezitativ: „Immanuel, o süßes Wort" und Chor: „Fallt mit Danken, fallt mit Loben"

38. REZITATIV UND CHORAL (BASS UND SOPRAN)

Rezitativ (Bass)
Immanuel, o süßes Wort!
Mein Jesus heißt mein Hort,
Mein Jesus heißt mein Leben.
Mein Jesus hat sich mir ergeben,
Mein Jesus soll mir immerfort
Vor meinen Augen schweben.
Mein Jesus heißet meine Lust,
Mein Jesus labet Herz und Brust.

Arioso (Sopran)
Jesu, du mein liebstes Leben,
Meiner Seelen Bräutigam,
Der du dich vor mich gegeben
An des bittern Kreuzes Stamm!
(Bass)
Komm! Ich will dich mit Lust umfassen,
Mein Herze soll dich nimmer lassen,
Ach! So nimm mich zu dir!

Rezitativ (Bass)
Auch in dem Sterben sollst du mir
Das Allerliebste sein;
In Not, Gefahr und Ungemach
Seh ich dir sehnlichst nach.
Was jagte mir zuletzt der Tod für Grauen ein?
Mein Jesus! Wenn ich sterbe,
So weiß ich, dass ich nicht verderbe.
Dein Name steht in mir geschrieben,
Der hat des Todes Furcht vertrieben.

Stefan Lochner (1410 - 1452)
„Die Muttergottes in der Rosenlaube“

39. ARIE
(SOPRAN UND ECHO-SOPRAN)

Flößt, mein Heiland, flößt dein Namen
Auch den allerkleinsten Samen
Jenes strengen Schreckens ein?
Nein, du sagst ja selber: nein. (Nein!)
Sollt ich nun das Sterben scheuen?
Nein, dein süßes Wort ist da!
Oder sollt ich mich erfreuen?
Ja, du Heiland sprichst selbst: ja. (Ja!)

40. REZITATIV MIT CHORAL

Rezitativ (Bass)

Wohlan, dein Name soll allein
In meinem Herzen sein!
So will ich dich entzücket nennen,
Wenn Brust und Herz zu dir vor Liebe brennen.
Doch, Liebster, sage mir:
Wie rühm' ich dich? Wie dank' ich dir?

Arioso (Sopran)

Jesu, meine Freud' und Wonne,
Meine Hoffnung, Schatz und Teil,
Mein Erlösung, Schmuck und Heil,
Hirt und König, Licht und Sonne,
Ach, wie soll ich würdiglich,
Mein Herr Jesu, preisen dich?

41. ARIE (TENOR)

Ich will nur dir zu Ehren leben,
Mein Heiland, gib mir Kraft und Mut,
Dass es mein Herz recht eifrig tut!
Stärke mich,
Deine Gnade würdiglich
Und mit Danken zu erheben!

42. CHORAL

Jesus richte mein Beginnen,
Jesus bleibe stets bei mir,
Jesus zäume mir die Sinnen,
Jesus sei nur mein' Begier,
Jesus sei mir in Gedanken,
Jesu, lasse mich nicht wanken!

Sandro Botticelli Werkstatt „Maria mit Kind und Engeln", um 1483-85 (Ausschnitt)

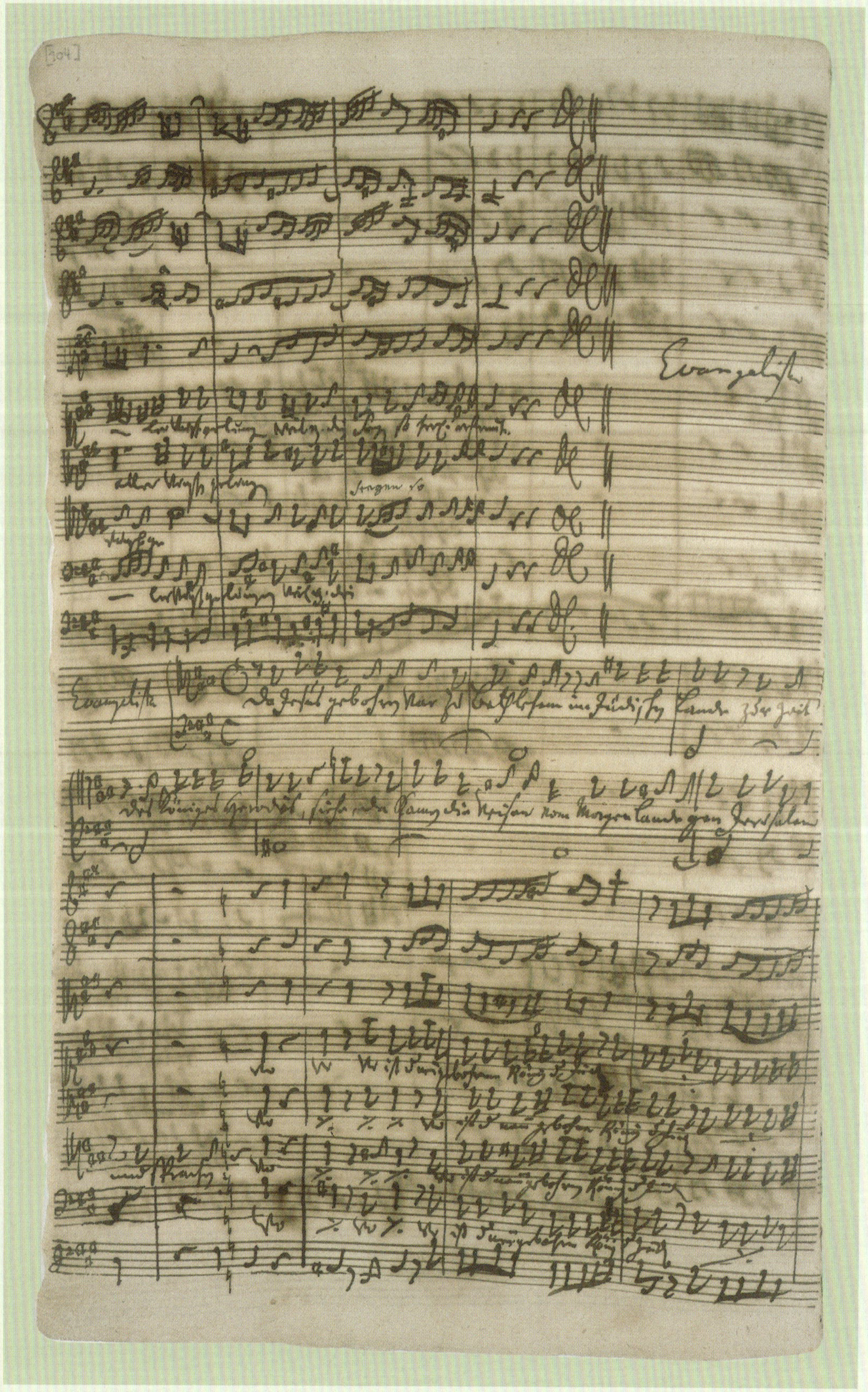

Johann Sebastian Bach: „Weihnachtsoratorium" (BWV 248), Partiturautograph
Kantate V: Rezitativ: „Da Jesus geboren war" und Chor: „Wo ist der neugeborne König der Jüden?"

Rogier van der Weyden
„Der Stern in Gestalt des Kindes erscheint den Heiligen Drei Königen", um 1445

FÜNFTER TEIL

AM SONNTAGE NACH NEUJAHR

43. CHOR

Ehre sei dir, Gott, gesungen,
Dir sei Lob und Dank bereit'.
Dich erhebet alle Welt,
Weil dir unser Wohl gefällt,
Weil anheut
Unser aller Wunsch gelungen,
Weil uns dein Segen so herrlich erfreut.

44. REZITATIV (EVANGELIST)

Da Jesus geboren war zu Bethlehem im jüdischen Lande, zur Zeit des Königes Herodes, siehe, da kamen die Weisen vom Morgenlande gen Jerusalem und sprachen:

45. CHOR UND REZITATIV (ALT)

Wo ist der neugeborne König der Jüden?
Sucht ihn in meiner Brust,
Hier wohnt er, mir und ihm zur Lust!
Wir haben seinen Stern gesehen im
Morgenlande und sind kommen, ihn anzubeten.
Wohl euch, die ihr dies Licht gesehen,
Es ist zu eurem Heil geschehen!
Mein Heiland, du, du bist das Licht,
Das auch den Heiden scheinen sollen,
Und sie, sie kennen dich noch nicht,
Als sie dich schon verehren wollen.
Wie hell, wie klar muss nicht dein Schein,
Geliebter Jesu, sein!

Benozzo Gozzoli „Zug der Heiligen Drei Könige",1459/60
(Ausschnitt: Reiterzug im Gefolge des Königs Balthasar)

Benozzo Gozzoli „Zug der Heiligen Drei Könige", 1459/60
(Ausschnitt: König Balthasar)

Benozzo Gozzoli
„Zug der Heiligen Drei Könige“, 1459/60

Links: Ausschnitt: König Melchior
(gedeutet als Bildnis des byzantinischen Kaisers Johannes VIII. Palaeologus)
Mitte: Ausschnitt: Kopf des Königs Balthasar
Rechts: Ausschnitt: Joseph, Patriarch von Konstantinopel, als einer der drei Könige

46. CHORAL

Dein Glanz all' Finsternis verzehrt,
Die trübe Nacht in Licht verkehrt.
Leit' uns auf deinen Wegen,
Dass dein Gesicht
Und herrlich's Licht
Wir ewig schauen mögen!

47. ARIE (BASS)

Erleucht' auch meine finstre Sinnen,
Erleuchte mein Herze
Durch der Strahlen klaren Schein!
Dein Wort soll mir die hellste Kerze
In allen meinen Werken sein;
Dies lässet die Seele nichts Böses beginnen.

48. REZITATIV (EVANGELIST)

Da das der König Herodes hörte, erschrak er,
und mit ihm das ganze Jerusalem.

49. ACCOMPAGNATO (ALT)

Warum wollt ihr erschrecken?
Kann meines Jesu Gegenwart euch solche Furcht erwecken?
O, solltet ihr euch nicht
Vielmehr darüber freuen,
Weil er dadurch verspricht,
Der Menschen Wohlfahrt zu verneuen.

50. REZITATIV (EVANGELIST)

Und ließ versammeln alle Hohepriester und Schriftgelehrten unter dem Volk und erforschete von ihnen, wo Christus sollte geboren werden. Und sie sagten ihm: Zu Bethlehem im jüdischen Lande; denn also stehet geschrieben durch den Propheten: Und du Bethlehem im jüdischen Lande bist mitnichten die kleineste unter den Fürsten Juda; denn aus dir soll mir kommen der Herzog, der über mein Volk Israel ein Herr sei.

51. TERZETT

(Sopran)
Ach, wenn wird die Zeit erscheinen?

(Tenor)
Ach, wenn kömmt der Trost der Seinen?

(Alt)
Schweigt, er ist schon wirklich hier!

(Sopran undTenor)
Jesu, ach so komm zu mir!

52. REZITATIV (ALT)

Mein Liebster herrschet schon.
Ein Herz, das seine Herrschaft liebet
Und sich ihm ganz zu eigen gibet,
Ist meines Jesu Thron.

53. CHORAL

Zwar ist solche Herzensstube
Wohl kein schöner Fürstensaal,
Sondern eine finstre Grube;
Doch, sobald dein Gnadenstrahl
In denselben nur wird blinken,
Wird es voller Sonnen dünken.

Cantarino Veneziano „Maria mit Kind", 1390

SECHSTER TEIL

AM FESTE DER ERSCHEINUNG CHRISTI

54. CHOR

Herr, wenn die stolzen Feinde schnauben,
So gib, dass wir im festen Glauben
Nach deiner Macht und Hülfe sehn!
Wir wollen dir allein vertrauen,
So können wir den scharfen Klauen
Des Feindes unversehrt entgehn.

55. REZITATIV

Evangelist

Da berief Herodes die Weisen heimlich und erlernte mit Fleiß von ihnen, wenn der Stern erschienen wäre. Und weiset sie gen Bethlehem und sprach:

Herodes (Bass)

Ziehet hin und forschet fleißig nach dem Kindlein, und wenn ihr's findet, sagt mir's wieder, dass ich auch komme und es anbete.

56. REZITATIV *(SOPRAN)*

Du Falscher, suche nur den Herrn zu fällen,
Nimm alle falsche List,
Dem Heiland nachzustellen;
Der, dessen Kraft kein Mensch ermisst,
Bleibt doch in sichrer Hand.
Dein Herz, dein falsches Herz ist schon,
Nebst aller seiner List, des Höchsten Sohn,
Den du zu stürzen suchst, sehr wohl bekannt.

57. ARIE *(SOPRAN)*

Nur ein Wink von seinen Händen
Stürzt ohnmächt'ger Menschen Macht.
Hier wird alle Kraft verlacht!
Spricht der Höchste nur ein Wort,
Seiner Feinde Stolz zu enden,
O, so müssen sich sofort
Sterblicher Gedanken wenden.

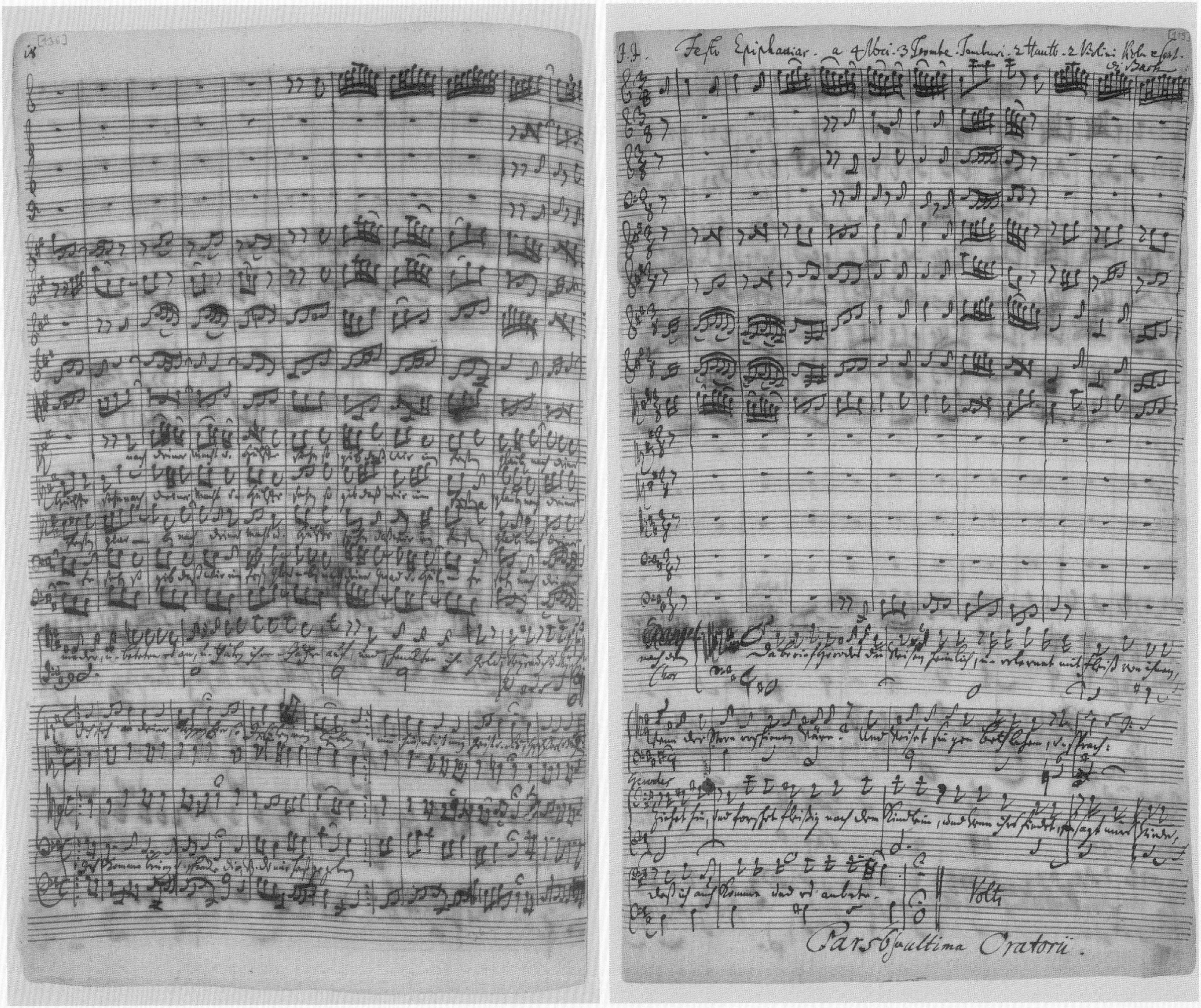

Johann Sebastian Bach: „Weihnachtsoratorium“ (BWV 248), Partiturautograph
Kantate VI: Chor: „Herr, wenn die stolzen Feinde schnauben“, Rezitativ: „…und beteten es an“ und Choral „Ich steh’ an deiner Krippen hier“

„Die Drei Könige bei Herodes“, undatiert, Mosaik

58. REZITATIV (EVANGELIST)

Als sie nun den König gehöret hatten, zogen sie hin. Und siehe, der Stern, den sie im Morgenlande gesehen hatten, ging für ihnen hin, bis dass er kam und stund oben über, da das Kindlein war. Da sie den Stern sahen, wurden sie hoch erfreuet und gingen in das Haus und funden das Kindlein mit Maria, seiner Mutter, und fielen nieder und beteten es an und täten ihre Schätze auf und schenkten ihm Gold, Weihrauch und Myrrhen.

Leopold Kupelwieser
„Die Heiligen Drei Könige bei ihrem Ritt nach Bethlehem", 1825

Folgeseite: Hans Memling „La Adoración de los magos/
Die Anbetung der Könige", um 1470 (Ausschnitt)

59. CHORAL

Ich steh an deiner Krippen hier,
O Jesulein, mein Leben;
Ich komme, bring und schenke dir,
Was du mir hast gegeben.
Nimm hin, es ist mein Geist und Sinn,
Herz, Seel' und Mut, nimm alles hin,
Und lass dir's wohlgefallen!

Hans Baldung „Anbetung der Heiligen Drei Könige", 1507 (Ausschnitt)

Folgeseite: Pieter Brueghel, d.J. „Anbetung der Heiligen Drei Könige", nach 1616

60. REZITATIV (EVANGELIST)

Und Gott befahl ihnen im Traum, dass sie sich nicht sollten wieder zu Herodes lenken, und zogen durch einen andern Weg wieder in ihr Land.

61. REZITATIV (TENOR)

So geht! Genug, mein Schatz geht nicht von hier,
Er bleibet da bei mir,
Ich will ihn auch nicht von mir lassen.
Sein Arm wird mich aus Lieb'
Mit sanftmutsvollem Trieb'
Und größter Zärtlichkeit umfassen.
Er soll mein Bräutigam verbleiben,
Ich will ihm Brust und Herz verschreiben.
Ich weiß gewiss, er liebet mich,
Mein Herz liebt ihn auch inniglich
Und wird ihn ewig ehren.
Was könnte mich nun für ein Feind
Bei solchem Glück versehren!
Du, Jesu, bist und bleibst mein Freund,
Und werd' ich ängstlich zu dir flehn:
Herr, hilf! So lass mich Hülfe sehn!

Anton Raphael Mengs „Der Traum des hl. Joseph"
(Joseph erhält den Befehl, mit Maria und dem Jesuskind nach Ägypten zu fliehen),
um 1773/74

Gentile da Fabriano „Die Flucht nach Ägypten“, 1423

Fra Angelico und Werkstatt „Flucht nach Ägypten“, um 1450

62. ARIE (TENOR)

Nun mögt ihr stolzen Feinde schrecken;
Was könnt ihr mir für Furcht erwecken?
Mein Schatz, mein Hort ist hier bei mir.
Ihr mögt euch noch so grimmig stellen,
Droht nur, mich ganz und gar zu fällen,
Doch seht, mein Heiland wohnet hier.

63. REZITATIV (SOPRAN, ALT, TENOR, BASS)

Was will der Hölle Schrecken nun,
Was will uns Welt und Sünde tun,
Da wir in Jesu Händen ruhn?

64. CHORAL

Nun seid ihr wohl gerochen
An eurer Feinde Schar,
Denn Christus hat zerbrochen,
Was euch zuwider war.
Tod, Teufel, Sünd' und Hölle
Sind ganz und gar geschwächt;
Bei Gott hat seine Stelle
Das menschliche Geschlecht.

Johann Sebastian Bach: „Weihnachtsoratorium" (BWV 248), Partiturautograph
Kantate VI: Rezitativ: „...was könnte mich nur für ein Feind" und Arie „Nun mögt ihr stolzen Feinde schrecken"

Rogier van der Weyden
„Das jüngste Gericht", um 1449

JOHANN SEBASTIAN BACH (1685-1750)

WEIHNACHTSORATORIUM BWV 248

Christmas Oratorio

CD 1

I. TEIL – PART 1
AM ERSTEN WEIHNACHTSTAGE
On the 1st Day of Christmas

1 1. Chor – *Chorus*
Jauchzet, frohlocket! 8:00
Rejoice, shout for joy!

2 2. Rezitativ – *Recitative* (Evangelist/*evangelist*)
Es begab sich aber zu der Zeit 1:17
And it came to pass in those days

3 3. Rezitativ – *Recitative* (Alt/*alto*)
Nun wird mein liebster Bräutigam 0:59
Now my beloved bridegroom

4 4. Arie – *Aria* (Alt/*alto*)
Bereite dich, Zion 5:53
Prepare yourself, Zion

5 5. Choral – *Chorale*
Wie soll ich dich empfangen 1:23
How should I receive you

6 6. Rezitativ – *Recitative* (Evangelist/*evangelist*)
Und sie gebar ihren ersten Sohn 0:23
And she brought forth her firstborn son

7 7. Choral – *Chorale*
Er ist auf Erden kommen arm
He came to earth poor

Rezitativ – *Recitative* (Bass/*bass*)
Wer kann die Liebe recht erhöh'n 3:41
Who will properly extol the love

8 8. Arie – *Aria* (Bass/*bass*)
Großer Herr und starker König 5:12
Great Lord, O strong king

9 9. Choral – *Chorale*
Ach mein herzliebes Jesulein 1:15
O, my beloved Christ child

II. TEIL – PART 2
AM ZWEITEN WEIHNACHTSTAGE
On the 2nd Day of Christmas

10 10. Sinfonia 6:38

11 11. Rezitativ – *Recitative* (Evangelist/*evangelist*)
Und es waren Hirten in derselben Gegend 0:51
And there were in the same country shepherds

12 12. Choral – *Chorale*
Brich an, o schönes Morgenlicht 1:22
Break forth, o beautiful morning light

13 13. Rezitativ – *Recitative*
(Evangelist & Engel/*evangelist & angel*)
Und der Engel sprach zu ihnen:
Fürchtet euch nicht 0:52
And the angel said unto them:
Fear not

14 14. Rezitativ – *Recitative*
(Bass/*bass*)
Was Gott dem Abraham verheißen 0:48
What God had promised to Abraham

15 15. Arie – *Aria*
(Tenor/*tenor*)
Frohe Hirten, eilt, ach eilet 3:28
Happy shepherds, hurry, oh hurry

16 16. Rezitativ – *Recitative* (Evangelist/*evangelist*)
Und das habt zum Zeichen 0:24
And this shall be a sign unto you

17 17. Choral – *Chorale*
Schaut hin, dort liegt im finstern Stall 0:46
Look, there in the dark stall lies

18 18. Rezitativ – *Recitative* (Bass/*bass*)
So geht denn hin, ihr Hirten, geht 0:58
So go there then, you shepherds, go

19 19. Arie – *Aria* (Alt/*alto*)
Schlafe, mein Liebster 9:55
Sleep, my Dearest

20 20. Rezitativ – *Recitative* (Evangelist/*evangelist*)
Und alsobald war da bei dem Engel 0:14
And suddenly there was with the angel

21 21. Chor – *Chorus*
Ehre sei Gott in der Höhe 3:02
Glory to God in the highest

22 22. Rezitativ – *Recitative* (Bass/*bass*)
So recht, ihr Engel, jauchzt und singet 0:28
It is right, you angels, to rejoice and sing

23 23. Choral – *Chorale*
Wir singen dir in deinem Heer 1:19
We sing to you among your hosts

CD 2

III. TEIL – PART 3
AM DRITTEN WEIHNACHTSTAGE
On the 3rd Day of Christmas

1 24. Chor – *Chorus*
Herrscher des Himmels – *Lord of Heaven* 2:17

2 25. Rezitativ – *Recitative* (Evangelist/*evangelist*)
Und da die Engel von ihnen gen Himmel fuhren 0:09
And it came to pass, as the angels were gone away from them into heaven

3 26. Chor – *Chorus*
Lasset uns nun gehen – *Let us now go* 0:54

4 27. Rezitativ – *Recitative* (Bass/*bass*)
Er hat sein Volk getröst' 0:45
He has comforted his people

5 28. Choral – *Chorale*
Dies hat er alles uns getan 0:54
All this he has done for us

6 29. Duett – *Duet* (Sopran & Bass/*soprano & bass*)
Herr, dein Mitleid 8:10
Lord, your sympathy, your mercy

7 30. Rezitativ – *Recitative* (Evangelist/*evangelist*)
Und sie kamen eilend – *And they came with haste* 1:35

8 31. Arie – *Aria* (Alt/*alto*)
Schließe, mein Herze, dies selige Wunder 5:19
Embrace, my heart, this blessed miracle

9 32. Rezitativ – *Recitative* (Alt/*alto*)
Ja, ja, mein Herz soll es bewahren 0:28
Yes, yes, my heart should guard this

10 33. Choral – *Chorale*
Ich will dich mit Fleiß bewahren 1:09
I will guard you with diligence

11 34. Rezitativ – *Recitative* (Evangelist/*evangelist*)
Und die Hirten kehrten wieder um 0:27
And the shepherds returned

12 35. Choral – *Chorale*
Seid froh dieweil – *Meanwhile be happy* 0:56

13 24. Chor – *Chorus* (da capo)
Herrscher des Himmels 2:16
Lord of Heaven

IV. TEIL – PART 4
AM FESTE DER BESCHNEIDUNG CHRISTI
For the Feast of the Circumcision of Jesus Christ

14 36. Chor – *Chorus*
Fallt mit Danken, fallt mit Loben 5:40
Fall with thanks, fall with praise

15 37. Rezitativ – *Recitative* (Evangelist/*evangelist*)
Und da acht Tage um waren 0:33
And when eight days were accomplished

16 38. Rezitativ mit Choral – *Recitative and chorale*
(Bass & Chor-Sopran/*bass & chorus: soprano*)
Immanuel, o süßes Wort
Immanuel, O sweet word,
Jesu, du mein liebstes Leben 2:40
You Jesus, my dearest life

17 39. Arie – *Aria*
(Sopran & Echo-Sopran/*soprano & echo soprano*)
Flößt, mein Heiland 5:53
My Savior, does your name impart

18 40. Rezitativ mit Choral – *Recitative and chorale*
(Bass & Chor-Sopran/*bass & chorus: soprano*)
Wohlan, dein Name soll allein
Indeed, your name alone
Jesu, meine Freud und Wonne 1:41
Jesu my joy and bliss

19 41. Arie – *Aria* (Tenor/*tenor*)
Ich will nur dir zu Ehren leben 5:38
I will live only to honor you

20 42. Choral – *Chorale*
Jesus richte mein Beginnen 2:35
Jesus arrange my beginning

CD 3

V. TEIL – PART 5
AM SONNTAGE NACH NEUJAHR
On the Sunday after New Year's Day

1 43. Chor – *Chorus*
Ehre sei dir, Gott, gesungen *7:01*
Glory be sung to you, God

2 44. Rezitativ – *Recitative* (Evangelist/*evangelist*)
Da Jesus geboren war zu Bethlehem *0:26*
Now when Jesus was born in Bethlehem

3 45. Chor und Rezitativ – *Chorus and recitative* (Alt/*alto*)
Wo ist der neugeborne König
Where is he that is born King
Sucht ihn in meiner Brust *2:15*
Look for him in my breast

4 46. Choral – *Chorale*
Dein Glanz all' Finsternis verzehrt *1:00*
Your radiance consumes all darkness

5 47. Arie – *Aria* (Bass/*bass*)
Erleucht auch meine finstre Sinnen *4:48*
Illuminate also my dark senses

6 48. Rezitativ – *Recitative* (Evangelist/*evangelist*)
Da das der König Herodes hörte *0:12*
When Herod the king had heard these things

7 49. Rezitativ – *Recitative* (Alt/*alto*)
Warum wollt ihr erschrecken *0:36*
Why should you be afraid?

8 50. Rezitativ – *Recitative* (Evangelist/*evangelist*)
Und ließ versammeln alle Hohepriester *1:28*
And when he had gathered all the chief priests

9 51. Terzett – *Trio*
(Sopran, Alt, Tenor/*soprano, alto, tenor*)
Ach, wenn wird die Zeit erscheinen *5:56*
O, when will the time appear?

10 52. Rezitativ – *Recitative* (Alt/*alto*)
Mein Liebster herrschet schon *0:31*
My Beloved rules already

11 53. Choral – *Chorale*
Zwar ist solche Herzensstube *1:04*
Indeed, such a heart's chamber

VI. TEIL - PART 6
AM FESTE DER ERSCHEINUNG CHRISTI
On Epiphany

12 54. Chor – *Chorus*
Herr, wenn die stolzen Feinde schnauben *5:23*
Lord, when the proud enemies rant

13 55. Rezitativ – *Recitative*
(Evangelist und Herodes/*Evangelist and Herod*)
Da berief Herodes die Weisen heimlich
Then Herod, when he had privily called the wise men
Ziehet hin und forschet fleißig *0:49*
Go and search diligently

14 56. Rezitativ – *Recitative* (Sopran/*soprano*)
Du Falscher, suche nur den Herrn zu fällen *1:03*
You liar, who only seeks the Lord to kill him

15 57. Arie – *Aria* (Sopran/*soprano*)
Nur ein Wink von seinen Händen *3:42*
A mere wave of his hands

16 58. Rezitativ – *Recitative* (Evangelist/*evangelist*)
Als sie nun den König gehöret hatten *1:22*
When they had heard the king

17 59. Choral – *Chorale*
Ich steh an deiner Krippen hier *1.18*
I stand here at your manger

18 60. Rezitativ – *Recitative* (Evangelist/*evangelist*)
Und Gott befahl ihnen im Traum *0:22*
And being warned of God in a dream

19 61. Rezitativ – *Recitative* (Evangelist/*evangelist*)
So geht! Genug, mein Schatz *2:08*
So go! Enough, my treasure

20 62. Arie – *Aria* (Tenor/*tenor*)
Nun mögt ihr stolzen Feinde schrecken *5:02*
Now you proud enemies can terrorize

21 63. Rezitativ – *Recitative*
(Sopran, Alt, Tenor, Bass/*soprano, alto, tenor, bass*)
Was will der Hölle Schrecken nun *0:54*
What now of the fear of Hell

22 64. Choral – *Chorale*
Nun seid ihr wohl gerochen *3:23*
Now you are well avenged

ARLEEN AUGÉR, Sopran · *soprano*
ANNELIES BURMEISTER, Alt · *alto*
PETER SCHREIER, Tenor · *tenor*
THEO ADAM, Bass · *bass*

MICHAEL WITTIG, Sopran · *soprano (No. 39)*
(Kruzianer)

KARL SUSKE, 1. Solo-Violine · *solo violin*
KLAUS PETERS, 2. Solo-Violine · *solo violin*
ECKART HAUPT, 1. Solo-Flöte · *solo flute*
WOLFGANG PESCHKE, 2. Solo-Flöte · *solo flute*
MANFRED BELLMANN, Solo-Oboe · *solo oboe*
GERD SCHNEIDER, 2. Oboe · *oboe*
GERHARD HAUPTMANN, 1. Oboe d'amore · *oboe d'amore*
WOLFGANG BEMMANN, 2. Oboe d'amore · *oboe d'amore*
GERD SCHNEIDER, 1. Oboe da caccia · *oboe da caccia*
HELMUT NITTEL, 2. Oboe da caccia · *oboe da caccia*
LUDWIG GÜTTLER, 1. Trompete · *trumpet*
HEINZ STIEFEL, 2. Trompete · *trumpet*
MICHAEL SCHWARZ, 3. Trompete · *trumpet*
LOTHAR BÖHM, 1. Corno da caccia · *corno da caccia*
KARL-HEINZ BRÜCKNER, 2. Corno da caccia · *corno da caccia*

Basso continuo
HERBERT COLLUM, Orgel · *organ*
MANFRED REICHELT, Violoncello · *violoncello*
HEINZ SCHMIDT, Kontrabass · *double bass*
GÜNTER KLIER, Fagott · *bassoon*

DRESDNER KREUZCHOR
DRESDNER PHILHARMONIE
MARTIN FLÄMIG

Recording: Lukaskirche, Dresden, 1,4,6,11/1974, 2/1975
Recording Producer: Heinz Wegner
Balance Engineers: Horst Kunze, Claus Strüben
Recording Engineer: Helgard Unger
Editing: Hildegard Miehe

JOHANN SEBASTIAN BACH (1685-1750)

WEIHNACHTSKANTATEN

Christmas Cantatas

CD 4

WACHET AUF, RUFT UNS DIE STIMME BWV 140

KANTATE AM 27. SONNTAG NACH TRINITATIS

Cantata for the 27th Sunday after Trinity

1 1. Choral – *Chorale*
Wachet auf, ruft uns die Stimme *7:27*
Wake, arise, calls the voice to us

2 2. Recitativ – *Recitative* (Tenor/*tenor*)
Er kommt, er kommt *0:53*
He comes, he comes

3 3. Arie – *Aria.* Duetto (Sopran, Bass/*soprano, bass*)
Wenn kömmst du, mein Heil? *6:08*
When will you come, my saviour?

4 4. Choral – *Chorale*
Zion hört die Wächter singen *4:03*
Zion hears the watchmen singing

5 5. Recitativ – *Recitative* (Bass/*bass*)
So geh herein zu mir *1:33*
So come within to me

6 6. Arie – *Aria.* Duetto (Sopran, Bass/*soprano, bass*)
Mein Freund ist mein *6:28*
My friend is mine

7 7. Choral – *Chorale*
Gloria sei dir gesungen *1:38*
Gloria be sung to you

NUN KOMM, DER HEIDEN HEILAND BWV 61

KANTATE AM ERSTEN ADVENT

Cantata for the first sunday after Advent

8 1. Chor – *Chorus*
Nun komm, der Heiden Heiland *3:13*
Now come, the heathens' saviour

9 2. Recitativ – *Recitative* (Tenor/*tenor*)
Der Heiland ist gekommen *1:42*
The saviour has come

10 3. Arie – *Aria* (Tenor/*tenor*)
Komm, Jesu, komm zu deiner Kirche *4:10*
Come, Jesus, come to your church

11 4. Recitativ – *Recitative* (Bass/*bass*)
Siehe, ich stehe vor der Tür *1:04*
Behold, I stand before the door

12 5. Arie – *Aria* (Sopran/*soprano*)
Öffne dich, mein ganzes Herze *4:22*
Open wide, my entire heart

13 6. Chor – *Chorus*
Amen! Komm, du schöne Freudenkrone *0:53*
Amen! Come, you lovely crown of joy

SCHWINGT FREUDIG EUCH EMPOR BWV 36

KANTATE AM ERSTEN ADVENT

Cantata for the first sunday after Advent

ERSTER TEIL – PART ONE

14 1. Chor – *Chorus*
Schwingt freudig euch empor *4:00*
Soar joyfully upwards

15 2. Choral – *Chorale*
Nun komm, der Heiden Heiland *4:23*
Now come, the heathens' saviour

16 3. Arie – *Aria* (Tenor/*tenor*)
Die Liebe zieht mit sanften Schritten *5:38*
Love approaches with gentle steps

17 4. Choral – *Chorale*
Zwingt die Saiten in Cythara *1:20*
Play the strings in Cythera

ZWEITER TEIL – PART TWO

18 5. Arie – *Aria* (Bass/*bass*)
Willkommen, werter Schatz *3:47*
Welcome, worthy treasure

19 6. Choral – *Chorale*
Der du bist dem Vater gleich *2:09*
You who are like the Father

20 7. Arie – *Aria* (Sopran/*soprano*)
Auch mit gedämpften, schwachen Stimmen *8:40*
Even with muted, weak voices

21 8. Choral – *Chorale*
Lob sei Gott, dem Vater *0:38*
Praise be to God, the Father

ARLEEN AUGÉR, Sopran · *soprano*
PETER SCHREIER, Tenor · *tenor*
SIEGFRIED LORENZ, Bass · *bass*

LUDWIG GÜTTLER, Diskanthorn · *soprano horn* (BWV 140)

GÜNTER HEIDRICH, Oboe · *oboe (BWV 140)*,
Oboe d'amore I · *oboe d'amore I* (BWV 61/36)

HANS-LUDWIG MÖRCHEN,
Oboe d'amore II · oboe d'amore II (BWV 61/36)

KARL SUSKE, Violino piccolo & Violine · *violin* (BWV 140, 61/36)

Basso continuo
BURKHARD SCHMIDT, Violoncello · *violoncello*
RAINER HUCKE (BWV 140), Kontrabass · *double-bass*
ACHIM BEYER (BWV 61/36), Kontrabass · *double-bass*
GERD SCHULZE, Fagott · *bassoon*
WALTER HEINZ BERNSTEIN, Orgel · *organ*

THOMANERCHOR LEIPZIG
NEUES BACHISCHES COLLEGIUM MUSICUM
HANS-JOACHIM ROTZSCH

Recording: Leipzig, Paul-Gerhardt-Kirche
02.1981, 02.1982, 02.1983 (BWV 140), 08.-11.10.1980, 13./
27.01./14.02.1981 (BWV 61/36)
Aufführungspraktische Einrichtung · Arrangement BWV 140:
Walter Heinz Bernstein
Recording Producer: Reimar Bluth
Balance Engineer: Eberhard Richter
Recording Engineer: Horst-Dieter Käppler
[BWV 140, Gerald Junge (BWV 61/36)]
Editing: Annelene Dziengel

BILDNACHWEIS

Titelseite
Matthias Stomer (um 1600 - um 1650) „Anbetung der Heiligen Drei Könige“ · Musée des Augustins, Toulouse · Photo: BPK/Félicien Faillet

Seite 2/3
Gerard van Honthorst „Die Anbetung des Kindes“, um 1620
Öl auf Leinwand, 95 x 131 cm · Galleria degli Uffizi, Florenz
Photo: akg-images/Rabatti – Domingie

Seite 4
Johann Sebastian Bach: „Weihnachtsoratorium“ (BWV 248), Partiturautograph (verkleinert), o.J. · Staatsbibliothek zu Berlin – Preußischer Kulturbesitz, Musikabteilung · Kantate I: Eingangschor und Alt-Accompagnato

Seite 5
Giotto-Schule, Engelgruppe aus dem Fresko „Der glorreiche Franziskus“ in der Unterkirche von San Francesco in Assisi, um 1320 (Ausschnitt) · Photo: BPK/Stefan Diller

Seite 6/7
Francesco d'Antonio „Engelskonzert“, 1429 (Ausschnitt) · Orgelflügel
Tempera auf Holz, 192 x 105 cm · Accademia di Belle Arti, Florenz
Photo: akg-images/Rabatti – Domingie

Seite 8/9
Joseph von Führich „Ankunft der Heiligen Familie vor der Herberge in Bethlehem“, 1838 (Ausschnitt) · Öl auf Leinwand, 36 x 44,2 cm Staatliche Museen zu Berlin – Preußischer Kulturbesitz, Nationalgalerie · Photo: BPK/Klaus Göken

Seite 10
Johann Sebastian Bach: „Weihnachtsoratorium“ (BWV 248), Partiturautograph (verkleinert), o.J. · Staatsbibliothek zu Berlin – Preußischer Kulturbesitz, Musikabteilung · Kantate I: Rezitativ: „Es begab sich aber zu der Zeit“

Seite 11
Johann Sebastian Bach: „Weihnachtsoratorium“ (BWV 248), Partiturautograph (verkleinert), o.J. · Staatsbibliothek zu Berlin – Preußischer Kulturbesitz, Musikabteilung · Kantate I: Rezitativ (Ende) und Alt-Accompagnato

Seite 12
Simone Martini (in Zusammenarbeit mit Lippo Memmi) „Verkündigung an Maria“, 1333 · Ausschnitt: Engel der Verkündigung Altartafel · Auf Holz, 265 x 305 cm · Galleria degli Uffizi, Florenz
Photo: akg-images/Erich Lessing

Seite 13
Johann Sebastian Bach: „Weihnachtsoratorium“ (BWV 248), Partiturautograph (verkleinert), o.J. · Staatsbibliothek zu Berlin – Preußischer Kulturbesitz, Musikabteilung · Kantate I: Eingangschor und Choral: „Wie soll ich Dich empfangen“

Seite 14
Sandro Botticelli, eigentl. Alessandro Filipepi, „Verkündigung von S. Martino“, 1481 · Ausschnitt: Engel der Verkündigung · Fresko (abgenommen), 243 x 550 cm · Aus der Loggia des Ospedale di S.Martino alla Scala (Foto nach der Restaurierung von 2000) · Galleria degli Uffizi, Florenz · Photo: akg-images/Rabatti – Domingie

Seite 15
Sandro Botticelli, eigentl. Alessandro Filipepi, „Verkündigung“, 1489/90 · Aus der Kirche S.Maria Maddalena de' Pazzi in Cestello Tempera auf Holz, 150 x 156 cm · Galleria degli Uffizi, Florenz
Photo: akg-images/Rabatti – Domingie

Seite 16/17
Leonardo Da Vinci „Annunciazione/Verkündigung“, um 1472/75
Öl auf Holz, 98 x 217 cm · Galleria degli Uffizi, Florenz · Photo: BPK/ Alfredo Dagli Orti, Florenz

Seite 18
Fra Angelico, eigentl. Fra Giovanni da Fiesole und Werkstatt „Die Geburt Christi mit den Heiligen Katharina von Alexandrien und Petrus Martyr“, zwischen 1437 und 1445 · Fresko, 193 x 164 cm S.Marco, Obergeschoss, Dormitorium, Zelle Nr.5 (Ostgang), Florenz
Foto: akg-images/Rabatti – Domingie

Seite 19
Fra Filippo Lippi „Anbetung des Kindes mit den Heiligen Hieronymus, Magdalena und Hilarion“, um 1453 · Tempera auf Holz, 137 x 134 cm Galleria degli Uffizi, Florenz · Photo: akg-images/Erich Lessing

Seite 20/21
Rogier van der Weyden „Die Geburt Christi mit dem Stifter Pieter Bladelin“, um 1445 (Ausschnitt) · Mittelbild des Middelburger Altars (Bladelin Altar) · Öl auf Eichenholz, 91 x 89 cm · Staatliche Museen zu Berlin, Preußischer Kulturbesitz, Gemäldegalerie
Photo: BPK/Jörg Anders

Seite 22/23
Hans Multscher „Die Geburt Christi“, 1437 (Ausschnitt)
Innenflügel des Wurzacher Altars · Öl auf Tannenholz, 150 x 140 cm Staatliche Museen zu Berlin, Preußischer Kulturbesitz, Gemäldegalerie · Photo: BPK/Jörg P. Anders

Seite 24/25
Fra Angelico „Madonna mit acht Heiligen“, sog. „Madonna delle ombre“, zwischen 1437 und 1445 · Ausschnitt: Jesusknabe mit Weltkugel · Fresko, Gesamtmaß 195 x 273 cm · Kloster S. Marco (Obergeschoss, Korridor des Dormitoriums, Westwand), Florenz
Photo: akg-images/Orsi Battaglini

Seite 26
Johann Sebastian Bach: „Weihnachtsoratorium“ (BWV 248), Partiturautograph (verkleinert), o.J. · Staatsbibliothek zu Berlin – Preußischer Kulturbesitz, Musikabteilung
Kantate I: Arie: „Großer Herr, o starker König“

Seite 27
Stefan Lochner "Geburt Christi", um 1440 (Ausschnitt) · Gemälde
Öl auf Eichenholz, 37,5 x 23,6 cm · Alte Pinakothek, München
Photo: BPK/H. Buresch

Seite 28
Johann Sebastian Bach: „Weihnachtsoratorium“ (BWV 248), Partiturautograph (verkleinert), o.J. · Staatsbibliothek zu Berlin – Preußischer Kulturbesitz, Musikabteilung · Kantate II: Sinfonia (Hirtenmusik)

Seite 29
Leandro Bassano, eigentl. Leandro da Ponte
„Die Verkündigung an die Hirten“, um 1590 · Gemälde
Musei Civici, Padua · Photo: akg-images/Cameraphoto

Seite 30
Giampietrino Birago „Die Verkündigung an die Hirten“, um 1475/1500 (Ausschnitt) · Aus dem Stundenbuch der Sforza, geschaffen für Bona von Savoyen, Gemahlin des Galeazzo Maria Sforza (1444-76) Buchmalerei, italienisch · 131 x 93 mm · British Library, London
Photo: akg-images/British Library

Seite 32
Fra Tiburzio Baldini (tätig in Bologna 1611/14) „Christi Geburt mit Verkündigung an die Hirten“, undatiert · Öl auf Leinwand, 172 x 135 cm · Photo: C Sotheby's/akg-images

Seite 34/35
Meister von Raigern „Die Geburt Christi“, um 1425 (Ausschnitt)
Altarflügel · Auf Fichtenholz, 81 x 75 cm
Kunsthistorisches Museum, Wien · Photo: akg-images/Erich Lessing

Seite 36
Hans Fries (um 1465 - um 1520) zugeschrieben „Maria, das Kind stillend, in einer Engelsglorie“ · Mittelbild eines Flügelaltars · Auf Holz Museo Civico Correr, Venedig · Photo: akg-images/Cameraphoto

Seite 37
Gregorio di Cecco „Madonna dell'Umiltà“, 15 Jh. · Polyptychon – Detail Museo dell'Opera Metropolitana, Siena
Photo: © 1998, Photo Opera · Metropolitana Siena/Scala, Florenz

Seite 38/39
Giovanni Benedetto Castiglione „Anbetung der Hirten“, um 1645/50
Ausschnitt: Engelsgruppe · Öl auf Kupfer, 68 x 52 cm
Musee du Louvre, Paris · Photo: akg-images/Erich Lessing

Seite 39
Johann Sebastian Bach: „Weihnachtsoratorium“ (BWV 248), Partiturautograph (verkleinert), o.J. · Staatsbibliothek zu Berlin – Preußischer Kulturbesitz, Musikabteilung
Kantate II: Chor: „Ehre sei Gott“

Seite 40/41
Fra Angelico, eigentl. Fra Giovanni da Fiesole „Krönung Mariä mit Heiligen und Engeln“, um 1434/35 · Ausschnitt: Rechte Gruppen der Heiligen musizierenden Engel · Tempera auf Holz, 112 x 114 cm Ehemals S. Maria Nuova, Florenz · Galleria degli Uffizi, Florenz
Photo: akg-images/Rabatti – Domingie

Seite 42
Melozzo da Forli „Musizierender Engel“, 1480 (Ausschnitt) · Fresko
Museo del Prado, Madrid · Photo: akg-images

Seite 43
Stefano de Zevio „Musizierende Engel“, um 1440 · Gemälde
Museo Correr, Venedig · Photo: BPK

Seite 44/45
Hans Memling „Fünf musizierende Engel“, um 1470 · Tafelgemälde
Öl auf Holz, 165 x 230 cm · Konklijk Museum voor Schoone Kunsten, Antwerpen · Photo: BPK/Joseph Martin

Seite 46/47
Michelangelo Buonarroti · „Die Erschaffung Adams“, 1511/12
Ausschnitt: Gottvater · Fresko, Gesamtmaß 280 x 570 cm
Cappella Sistina (4. Mittelfeld der Deckenfresken) Vatikan, Rom
Photo: akg-images

Seite 48
Hans Multscher „Die Geburt Christi“, 1437 · Ausschnitt: Hirten
Innenflügel des Wurzacher Altars · Öl auf Tannenholz, 150 x 140 cm Staatliche Museen zu Berlin, Preußischer Kulturbesitz, Gemäldegalerie · Photo: BPK/Jörg P. Anders

Seite 49
Johann Sebastian Bach: „Weihnachtsoratorium“ (BWV 248), Partiturautograph (verkleinert), o.J. · Staatsbibliothek zu Berlin – Preußischer Kulturbesitz, Musikabteilung · Kantate III: Rezitativ: „Und da die Engel von ihnen gen Himmel fuhren“

Seite 50/51
Octave Penguilly-L'Haridon „Les Bergers conduits par l'étoile se rendent a Bethlehem“ (Die Hirten folgen dem Stern von Bethlehem), 1863 · Öl auf Leinwand · Musee d'Orsay, Paris · Photo: akg-images/ Erich Lessing

Seite 52/53
Gerard van Honthorst „Anbetung der Hirten“, 1622
Öl auf Leinwand, 164 x 190 cm · Wallraf-Richartz-Museum, Köln
Photo: akg-images

Seite 54
Martin Schongauer „Die Geburt Christi“, um 1480 (Ausschnitt)
Öl auf Eichenholz, 37,5 x 28 cm · Staatliche Museen zu Berlin · Preußischer Kulturbesitz, Gemäldegalerie · Photo: BPK

Seite 55
Hugo van der Goes „Anbetung der Hirten“, zwischen 1476 u. 1478
Ausschnitt: Hirten · Mittelteil des Portinari-Altars
Tempera auf Holz, 243 x 304 cm · Galleria degli Uffizi, Florenz
Photo: akg-images/Erich Lessing

Seite 56
Domenico di Bernardino Capriolo „Anbetung der Hirten“, 1518
Gemälde · Museo Civico, Treviso · Foto: akg-images

Seite 57
Jacob van Oost, d.Ä. (1601-1671) „Die Anbetung der Hirten“
(Im Hintergrund der Hl. Franz von Assisi), undatiert (Ausschnitt)
Öl auf Leinwand, 258 x 189 cm · Original: Kunsthistorisches Museum, Wien · Photo: akg-images/Erich Lessing

Seite 58
Ghirlandaio, eigentl. Domenico Bigordi, „Anbetung der Hirten“, 1485
Öl auf Holz, 167 x 167 cm · S. Trìnita, Cappella Sassetti, Florenz
Photo: akg-images/Rabatti – Domingie

Seite 59
„Christi Geburt“, 15 Jh. · Ausschnitt: Ochs und Esel
Französische Wandmalerei · Oratoire du Bon Coeur, Luceram (Frankreich) · Photo: akg-images/Jean-Paul Dumontier

Seite 60/61
Lorenzo Lotto „Die Anbetung der Hirten“, um 1534 (Ausschnitt)
Öl auf Leinwand, 147 x 166 cm · Pinacoteca Civica T. Martinengo, Brescia · Photo: akg-images/Erich Lessing

Seite 62
Jan van Eyck (in Zusammenarbeit mit Hubert van Eyck) „Maria als Himmelskönigin“ aus der Deesis-Gruppe, 1432 vollendet
Ausschnitt: Kopf Marias · Genter Altar, Innenseite, Mitteltafel
Auf Holz · Gesamtmaße in geöffnetem Zustand ca. 350 x 450 cm
S. Bavo, Gent · Photo: akg-images

Seite 64
Johann Sebastian Bach: „Weihnachtsoratorium“ (BWV 248), Partiturautograph (verkleinert), o.J. · Staatsbibliothek zu Berlin – Preußischer Kulturbesitz, Musikabteilung · Kantate III: Arie: „Schließe mein Herze“

Seite 65
Pietro Perugino, eigentl. Pietro di Cristoforo Vanucci, „Himmelfahrt Mariä“ (mit Jesus als Weltenherrscher), 1500 · Öl auf Holz, 415 x 246 cm · Galleria dell' Accademia, Florenz
Photo: akg-images/ Erich Lessing

Seite 66
Simon Vouet „Darstellung im Tempel“, 1640/41 (Ausschnitt)
Öl auf Leinwand, 393 x 250 cm · Vom Hochaltar der Jesuitenkirche, jetzt Saint Paul et Saint Louis, Paris · Musee du Louvre, Paris
Photo: akg-images/Erich Lessing

Seite 67
Fra Angelico, eigentl. Fra Giovanni da Fiesole, (1387-1455) Umkreis „Verkündigung an Maria“ · Tempera auf Holz
Kirche S.Martino alla Palma bei Florenz (Toskana)
Photo: akg-images/Rabatti – Domingie

Seite 68
Johann Sebastian Bach: „Weihnachtsoratorium“ (BWV 248), Partiturautograph (verkleinert), o.J. · Staatsbibliothek zu Berlin – Preußischer Kulturbesitz, Musikabteilung · Kantate IV: Rezitativ: „Und da acht Tage um waren“

Seite 68/69
Giovanni Bellini „Die Darstellung Christi im Tempel“, um 1490/1500
Öl auf Pappelholz, 63,5 x 81,5 cm · Kunsthistorisches Museum, Wien
Photo: akg-images/Erich Lessing

Seite 70/71
Garofalo, eigentl. Benvenuto Tisi, (um 1481 – 1559)
„Die Beschneidung“ · Öl auf Holz, 37,5 x 50 cm
Musee du Louvre, Paris · Photo: akg-images/Erich Lessing

Seite 72
Johann Sebastian Bach: „Weihnachtsoratorium“ (BWV 248), Partiturautograph (verkleinert), o.J. · Staatsbibliothek zu Berlin – Preußischer Kulturbesitz, Musikabteilung · Kantate IV: Rezitativ: „Immanuel, o süßes Wort“ und Chor: „Fallt mit Danken, fallt mit Loben“

Seite 73
Stefan Lochner (1410 – 1452) „Die Muttergottes in der Rosenlaube“
Eichenholz, 122 x 171 cm · Wallraf-Richartz-Museum, Köln
Photo: akg-images

Seite 74/75
Sandro Botticelli, eigentl. Alessandro Filipepi, Werkstatt „Maria mit Kind und Engeln“, um 1483-85 (Ausschnitt) · Tempera auf Pappelholz, Tondo, Durchmesser 114,5 cm · Akademie der Bildenden Künste, Wien
Photo: akg-images/Nimatallah

Seite 76
Johann Sebastian Bach: „Weihnachtsoratorium“ (BWV 248), Partiturautograph (verkleinert), o.J. · Staatsbibliothek zu Berlin – Preußischer Kulturbesitz, Musikabteilung · Kantate V: Rezitativ: „Da Jesus geboren war“ und Chor: „Wo ist der neugeborne König der Jüden?“

Seite 77
Rogier van der Weyden „Der Stern in Gestalt des Kindes erscheint den Heiligen Drei Königen“, um 1445 · Linker Flügel des Middelburger Altars (Bladelin-Altar) · Öl auf Eichenholz, 91 x 40 cm · Staatliche Museen zu Berlin · Preußischer Kulturbesitz, Gemäldegalerie
Photo: BPK/Jörg Anders

Seite 78/79
Benozzo Gozzoli „Zug der Heiligen Drei Könige“, 1459/60
Ausschnitt: Reiterzug im Gefolge des Königs Balthasar · Fresko
Palazzo Medici-Riccardi, Cappella dei Magi, Ostwand (Zug des Königs Balthasar), Florenz · Photo: akg-images/Rabatti – Domingie

Seite 80/81
Benozzo Gozzoli „Zug der Heiligen Drei Könige“, 1459/60
Ausschnitt: König Balthasar (gedeutet als Bildnis des Lorenzo de' Medici, gen. il Magnifico) · Fresko · Palazzo Medici-Riccardi, Cappella dei Magi, Ostwand (Zug des Königs Balthasar), Florenz
Photo: akg-images/Orsi Battaglini

Seite 82, links
Benozzo Gozzoli „Zug der Heiligen Drei Könige", 1459/60
Ausschnitt: König Melchior (gedeutet als Bildnis des byzantinischen Kaisers Johannes VIII. Palaeologus) · Fresko · Palazzo Medici-Riccardi, Cappella dei Magi, Südwand (Zug des Königs Melchior), Florenz
Photo: akg-images/Orsi Battaglini

Seite 82, rechts
Benozzo Gozzoli „Zug der Heiligen Drei Könige", 1459/60
Ausschnitt: Kopf des Königs Balthasar (gedeutet als Bildnis des Lorenzo de' Medici, gen. il Magnifico) · Fresko · Palazzo Medici-Riccardi, Cappella dei Magi, Ostwand (Zug des Königs Balthasar), Florenz · Photo: akg-images/Erich Lessing

Seite 83
Benozzo Gozzoli „Zug der Heiligen Drei Könige“, 1459/60
Ausschnitt: Joseph, Patriarch von Konstantinopel, als einer der drei Könige · Wandgemälde · Fresko · Palazzo Medici-Riccardi, Cappella dei Magi, Florenz · Photo: akg-images/Erich Lessing

Seite 85
Cantarino Veneziano „Maria mit Kind“, 1390 · Auf Holz · Museo Naz. del Palazzo di Venezia, Rom · Photo: akg-images/Rabatti – Domingie

Seite 87
Johann Sebastian Bach: „Weihnachtsoratorium“ (BWV 248), Partiturautograph (verkleinert), o.J. · Staatsbibliothek zu Berlin – Preußischer Kulturbesitz, Musikabteilung · Kantate VI: Chor: „Herr, wenn die stolzen Feinde schnauben“, Rezitativ: „...und beteten es an“ und Choral „Ich steh' an deiner Krippen hier“

Seite 88/89
„Die Drei Könige bei Herodes“, undatiert · Mosaik in der ST. Markus Basilika, Venedig · Photo: © 1998, Photo Scala, Florenz

Seite 90/91
Leopold Kupelwieser „Die Heiligen Drei Könige bei ihrem Ritt nach Bethlehem“, 1825 · Öl auf Holz, 33 x 41,5 cm · Österr. Galerie im Belvedere, Wien · Photo: akg-images/Erich Lessing

Seite 92/93
Hans Memling „La Adoración de los magos/Die Anbetung der Könige“, um 1470 (Ausschnitt) · Mitteltafel eines Triptychons
Öl auf Holz, 95 x 145 cm · Museo del Prado, Madrid
Photo: BPK/Joseph Martin

Seite 94/95
Hans Baldung „Anbetung der Heiligen Drei Könige“, 1507 (Ausschnitt)
Mitteltafel des Dreikönigaltars · Öl auf Lindenholz, 121 x 70 cm
Staatliche Museen zu Berlin, Preußischer Kulturbesitz, Gemäldegalerie/603 A · Photo: BPK/Jörg Anders

Seite 96/97
Pieter Brueghel, d.J. „Anbetung der Hl. Drei Könige“, nach 1616
Kopie nach einem Gemälde, 1564, von Pieter Bruegel d.Ae.
Öl auf Holz, 35,5 x 53,5 cm · Kgl. Museum voor Schone Kunsten, Antwerpen · Photo: akg-images

Seite 98/99
Anton Raphael Mengs „Der Traum des hl. Joseph“ (Joseph erhält den Befehl, mit Maria und dem Jesuskind nach Ägypten zu fliehen), um 1773/74 · Öl auf Eichenholz, 114 x 86 cm · Kunsthistorisches Museum, Wien · Photo: akg-images/Erich Lessing

Seite 100/101
Gentile da Fabriano „Die Flucht nach Ägypten“, 1423
Predella, mittlere Tafel, von der „Anbetung der Könige“
Tempera auf Holz, Gesamtmaße 300 x 282 cm
Galleria degli Uffizi, Florenz · Photo: © 1990, Photo Scala, Florenz
Mit freundlicher Genehmigung des Ministero Beni e Att. Culturali

Seite 102
Fra Angelico, eigentlich. Fra Giovanni da Fiesole, und Werkstatt „Flucht nach Ägypten“, um 1450 · Siebtes Bild aus der Serie neutestamentlicher Szenen des Silberschranks (Armadio degli Argenti) · Tempera auf Holz, 38,5 x 37 cm · Museo di San Marco, Florenz · Photo: © 1990, Photo Scala, Florenz – mit freundlicher Genehmigung des Ministero Beni e Att. Culturali

Seite 103
Johann Sebastian Bach: „Weihnachtsoratorium“ (BWV 248), Partiturautograph (verkleinert), o.J. · Staatsbibliothek zu Berlin – Preußischer Kulturbesitz, Musikabteilung · Kantate VI: Rezitativ: „...was könnte mich nur für ein Feind“ und Arie „Nun mögt ihr stolzen Feinde schrecken“

Seite 104/105
Rogier van der Weyden „Das jüngste Gericht“, um 1449
Öl auf Holz, teilweise auf Leinwand, 215 cm hoch · Hotel-Dieu, Beaune
Photo: BPK/ Félicien Faillet

CHRISTMAS ORATORIO BWV 248

PART 1
ON THE 1ST DAY OF CHRISTMAS

1. CHORUS
Rejoice, shout for joy, rise, praise the days,
Extol what the Highest has done today!
Forget fear, shut out lamentation,
Sing forth full of rejoicing and gladness!
Serve the Highest with wonderful choruses,
Let us worship the name of the Lord!

2. RECITATIVE (EVANGELIST)
And it came to pass in those days, that there went out a decree from Caesar Augustus that all the world should be taxed. And all went to be taxed, every one into his own city. And Joseph also went up from Galilee, out of the city of Nazareth, into Judaea, unto the city of David, which is called Bethlehem; because he was of the house and lineage of David: To be taxed with Mary his espoused wife, being great with child. And so it was, that, while they were there, the days were accomplished that she should be delivered.

3. ACCOMPAGNATO (ALTO)
Now my beloved bridegroom,
Now the hero of David's race
For the consolation, for the salvation of the earth,
Will finally be born.
Now the star of Jacob will shine,
Its ray bursts forth already;
Rise, Zion, and end now your tears,
Your well-being is on the rise!

4. ARIA (ALTO)
Prepare yourself, Zion, with tender emotion,
To see the Most Beautiful, the Most Lovely, soon to be with you.
Your cheeks must shine much fairer today,
Hurry, to love the bridegroom ardently.

5. CHORALE
How should I receive you
How should I meet you?
O desire of the whole world,
O ornament of my soul!
O Jesu, Jesu place
The torch for me yourself,
So that which pleases you,
May be apparent and made known to me!

6. RECITATIVE (EVANGELIST)
And she brought forth her firstborn son, and wrapped him in swaddling clothes, and laid him in a manger; because there was no room for them in the inn.

7. CHORALE AND RECITATIVE (SOPRANO AND BASS)
He came to earth poor,
  Who will properly extol the love,
  That our Redeemer tends for us,
That he would have mercy on us
  Yea, who can perceive,
  How deeply human misery moved him?
And make us rich in heaven
  The son of the Highest comes to earth,
  Because its salvation so delights him,
And make us equal with his beloved angels,
  That he will be born a man himself.
Kyrie eleison!

8. ARIA (BASS)
Great Lord, O strong king,
Dearest Savior, oh how little
Do you pay attention to earthly glitter!
He who sustains the entire world,
Who created its magnificence and splendor,
Must sleep in a hard manger.

9. CHORALE
O, my beloved Christ child,
Make yourself a pure soft little bed,
To rest in the shrine of my heart,
That I never forget you!

PART 2
ON THE 2ND DAY OF CHRISTMAS

10. SINFONIA (SHEPHERD'S MUSIC)

11. RECITATIVE (EVANGELIST)
And there were in the same country shepherds abding in the field, keeping watch over their flock by night. And, lo, the angel of the Lord came upon them, and the glory of the Lord shone round about them, and they were sore afraid.

12. CHORALE
Break forth, o beautiful morning light,
And let heaven dawn!
You shepherds, have no fear,
Because the angels tell you,
That this weak little boy
Will be our comfort and joy,
He will conquer Satan,
And finally bring peace!

13. RECITATIVE
EVANGELIST
And the angel said unto them:

ANGEL (SOPRANO)
Fear not, for, behold, I bring you good tidings of great joy, which shall be to all people. For unto you is born this day in the city of David a Savior, which is Christ the Lord.

14. RECITATIVE (BASS)
What God had promised to Abraham,
He now lets the shepherd's choir
See fulfilled.
A shepherd, had to learn
All this from God before,
And now a shepherd must also be,
The first to see the deed come to pass,
That he had promised in those days.

15. ARIA (TENOR)
Happy shepherds, hurry, oh hurry,
Before you wait too long,
Hurry, to see the lovely child!
Go, joy bids you too beautifully,
Seek to gain grace,
Go and refresh your heart and senses.

16. RECITATIVE (EVANGELIST)
And this shall be a sign unto you: Ye shall find the babe wrapped in swaddling clothes, lying in a manger.

17. CHORALE
Look, there in the dark stall lies,
He whose sovereignty is over everything.
Where an ox used to look for food,
There rests now the virgin's child.

18. RECITATIVE (BASS)
So go there then, you shepherds, go,
That you see the miracle:
And when you find the son of the Highest
Lying in a hard manger,
Then sing for him at his cradle
With a sweet tone,
And with the whole choir,
A song for his rest.

19. ARIA (ALTO)
Sleep, may Dearest, savor your rest,
Afterwards watch over the flourishing of all!
Comfort your breast, feel the pleasure,
Where we gladden our heart.

20. RECITATIVE (EVANGELIST)
And suddenly there was with the angel a multitude of the heavenly host praising God, and saying:

21. CHORUS
Glory to God in the highest, and on earth peace, good will toward men.

22. RECITATIVE (BASS)
It is right, you angels, to rejoice and sing,
Because ours has turned out so well!
Rise then, we will join in with you,
For it can gladden us as well as you.

23. CHORALE
We sing to you among your hosts
With all our strength: praise, glory and honor,
That you, O long-awaited guest,
Have now presented yourself.

PART 3
ON THE 3RD DAY OF CHRISTMAS

24. CHORUS
Lord of Heaven, listen to the babbling,
Let the feeble songs please you,
When your Zion extols you with Psalms!
Hear the praise of the rejoicing heart,
When we now show you our respect,
Because our welfare stands secure!

25. RECITATIVE (EVANGELIST)
And it came to pass, as the angels were gone away from them into heaven, the shepherds said one to another:

26. CHORUS (SHEPHERDS)
Let us now go even unto Bethlehem, and see this thing which is come to pass, which the Lord hath made known unto us.

27. RECITATIVE (BASS)
He has comforted his people,
He has redeemed his Israel,
From Zion he has sent help
And ended our suffering.
Behold, shepherds, this he has done,
Go, this will you encounter.

28. CHORALE
All this he has done for us,
To show his great love;
Therefore all Christendom rejoices
And thanks him for eternity.
Kyrie eleison!

29. DUET (SOPRANO AND BASS)
Lord, your sympathy, your mercy
Comfort us and make us free.
Your gracious kindness and love,
Your wonderful concern
Renew again you paternal faithfulness.

30. RECITATIVE (EVANGELIST)
And they came with haste, and found Mary, and Joseph, and the babe lying in a manger.
And when they had seen it, they made known abroad the saying which was told them concerning this child. And all they that heard it wondered at those things which were told them by the shepherds. But Mary kept all these things, and pondered them in her heart.

31. ARIA (ALTO)
Embrace, my heart, this blessed miracle
Firmly in your faith!
Let this miracle, the divine works
Always be a strength
For your weak belief!

32. RECITATIVE (ALTO)
Yes, yes, my heart should guard this,
What it has learned in this propitious time
For its happiness
For proof positive.

33. CHORALE
I will guard you with diligence,
I will live
For you here,
To you will I sent off,
With you I will finally soar
Full of joy
Timeless
There in the other life.

34. RECITATIVE (EVANGELIST)
And the shepherds returned, glorifying and praising God for all the things that they had heard and seen, as it was told unto them.

35. CHORALE
Meanwhile be happy
That your salvation
Is born here a God and also a man,
He, who is Lord and Christ
In the city of David, is chosen from many.

24. CHORUS
Lord of Heaven, listen to the babbling,
Let the feeble songs please you,
When your Zion extols you with Psalms!
Hear the praise of the rejoicing heart,
When we now show you our respect,
Because our welfare stands secure!

PART 4
FOR THE FEAST OF THE CIRCUMCISION OF JESUS CHRIST

36. CHORUS
Fall with thanks, fall with praise
Before the Highest's throne of mercy!
God's Son
Will become
Savior and Redeemer of the world,
God's Son
Subdues the enemy's rage and fury.

37. RECITATIVE (EVANGELIST)
And when eight days were accomplished for the circumcising of the child, his name was called Jesus, which was so named of the angel before he was conceived in the womb.

38. RECITATIVE WITH CHORALE
(BASS AND SOPRANO)

RECITATIVE (BASS)
Immanuel, O sweet word,
My Jesus is my shepherd,
My Jesus is my life.
My Jesus has surrendered himself to me,
My Jesus should always
Float before my eyes.
My Jesus is my pleasure
My Jesus delights heart and breast.

ARIOSO
(SOPRANO)
You Jesus, my dearest life,
Bridegroom of my Soul,
You gave yourself for me
On the cross' bitter stem.
(BASS)
Come! I will embrace you with joy,
My heart shall never leave you,
O! Take me thus to you!

RECITATIVE (BASS)
Even in death you shall be
My Most Beloved;
In need, danger, and adversity
I look to you with longing.
What horrors
Did death hold for me?
My Jesus, when I die,
I know, that I will not perish.
Your name is written in me,
It has driven away the fear of death.

39. ARIA (SOPRANO WITH ECHO SOPRANO)
My Savior, does your name impart
Even the tiniest seed
Of that harsh fear?
No, you yourself say no! (No!)
Should I now be afraid of death?
No, your sweet word is there!
Or should I rejoice?
Yes, Savior, you yourself say yes! (Yes!)

40. RECITATIVE WITH CHORALE
(BASS AND SOPRANO)

RECITATIVE (BASS)
Indeed, your name alone
Shall be in my heart!
So I will call you overjoyed,
When my breast and heart are burning with love for you.
Still, Beloved, tell me:
How should I praise you? How should I thank you?

ARIOSO (SOPRANO)
Jesu my joy and bliss
My hope, treasure, and portion,
My redeemer, refuge and salvation,
Shepherd and King, light and sun,
Oh! How should I worthily
Praise you, my Lord Jesu?

41. ARIA (TENOR)
I will live only to honor you,
My Savior, give me strength and courage,
That my heart may do it very eagerly!
Strengthen me,
To extol your mercy
Worthily and with thanks.

42. CHORALE
Jesus arrange my beginning,
Jesus always stay with me,
Jesus restrain my senses,
Jesus be my only desire,
Jesus be in my thoughts,
Jesu, let me not waver!

PART 5
ON THE SUNDAY AFTER NEW YEAR'S DAY

43. CHORUS
Glory be sung to you, God,
Praise and thanks be prepared for you.
The whole world extols you,
Because our well-being pleases you,
Because today
Our greatest wish is fulfilled,
Because your blessing has so wonderfully delighted us.

44. RECITATIVE (EVANGELIST)
Now when Jesus was born in Bethlehem of Judaea in the days of Herod the king, behold, there came wise men from the east to Jerusalem, saying:

45. CHORUS AND RECITATIVE (ALTO)
Where is he that is born King of the Jews?
Look for him in my breast,
He lives here, to my joy and to his!
For we have seen his star in the east,
And are come to worship him.
Happy you, who have seen this light,
It has happened for your salvation!
My Savior, you, you are the light
That also will shine for the heathen,
And they, they do not yet know you
And they already wish to honor you.
How bright, how clear must not your radiance be,
Dear Jesu!

46. CHORALE
Your radiance consumes all darkness,
Change the gloomy night to light.
Lead us upon your paths,
That we may always be able to see
Your countenance and wonderful light!

47. ARIA (BASS)
Illuminate also my dark senses,
Illuminate my heart
By the beams of clear light!
Your word shall be to me the brightest candle
In all of my works;
This keeps my soul from beginning anything evil.

48. RECITATIVE (EVANGELIST)
When Herod the king had heard these things, he was troubled, and all Jerusalem with him.

49. ACCOMPAGNATO (ALTO)
Why should you be afraid?
Can the presence of my Jesu
Wake in you such fear?
Oh! Should you not rather
Rejoice over it,
Because he promises thereby,
To restore the welfare of man!

50. RECITATIVE (EVANGELIST)
And when he had gathered all the chief priests and scribes of the people together, he demanded of them where Christ should be born. And they said unto him, in Bethlehem of Judaea: for thus it is written by the prophet, and thou Bethlehem, in the land of Juda, art not the least among the princes of Juda: for out of thee shall come a Governor, that shall rule my people Israel.

51. TRIO
(SOPRANO)
O, when will the time appear?
(TENOR)
O, when will the Comforter of his people come?
(ALTO)
Silence, he is really already here!
(SOPRANO AND TENOR)
Jesu, oh, so come to me.

52. RECITATIVE (ALTO)
My Beloved rules already.
A heart that loves his authority
And gives itself entirely to him,
Is the throne of my Jesu.

53. CHORALE
Indeed, such a heart's chamber
Is hardly a splendid prince's hall,
Rather a dark hole;
But, as soon as your ray of mercy
Shines in it,
It will appear full of sunlight.

PART 6
ON EPIPHANY

54. CHORUS
Lord, when the proud enemies rant,
Grant, that we in firm faith,
Look to you power and help.
We will trust only you,
Thus can we escape uninjured
From the enemy's sharp claws.

55. RECITATIVE
EVANGELIST
Then Herod, when he had privily called the wise men, enquired of the, diligently what time the star appeared. And he sent them to Bethlehem, and said:

HEROD (BASS)
Go and search diligently for the young child; and when ye have found him, bring me word again, that I may come and worship him also.

56. RECITATIVE (SOPRANO)
You liar, who only seeks the Lord to kill him,
Use all of your false cunning,
To set a trap for the Savior;
He, whose strength no man can fathom,
Will still remain in sure hands.
Your heart, your false heart,
With all of its cunning is already well known
To the son of the Highest, whom you seek to overthrow.

57. ARIA (SOPRANO)
A mere wave of his hands
Knocks the might of man senseless.
Here all strength is derided!
If the Highest speaks only one word,
To end his enemy's pride,
Oh, the thoughts of mortals
Must change immediately.

58. RECITATIVE (EVANGELIST)
When they had heard the king, they departed; and, look, the star, which they saw in the east, went before them, till it came and stood over where the young child was. When they saw the star, they rejoiced with exceeding great joy. And when they were come into the house, they saw the young child with Mary his mother, and fell down, and worshipped him: and when they has opened their treasures, they presented unto him gifts; gold, and frankincense and myrrh.

59. CHORALE
I stand here at your manger,
O little Jesus, my life;
I come, bring, and bestow on you,
What you have given me.
Take it! It is my mind and spirit,
Heart, soul, and courage, take it all,
And let it please you well!

60. RECITATIVE (EVANGELIST)
And being warned of God in a dream that they should not return to Herod, they departed into their own country another way

61. RECITATIVE (TENOR)
So go! Enough, my treasure will not go from here,
He remains here by me,
I will also not let him from me.
His arm will embrace me out of love,
With a motion full of gentleness
And great tenderness;
He will remain my bridegroom,
I will pledge my breast and heart to him.
I know for certain, he loves me,
My heart also loves him dearly,
And will eternally honor him.
What kind of enemy could hurt me now,
By such happiness!
You, Jesu, are and will remain my friend;
And if I should anxiously flee from you:
Lord help! Then let me see help!

62. ARIA (TENOR)
Now you proud enemies can terrorize;
What sort of fear can you awaken in me?
My Treasure, my Refuge is here with me;
You can feign your fury,
Even threaten to completely destroy me,
But look, my Savior lives here!

63. RECITATIVE (SOPRANO, ALTO, TENOR, BASS)
What now of the fear of Hell,
What will the world and sin do to us,
Now that we rest in Jesu's hands?

64. CHORALE
Now you are well avenged
On your band of enemies,
Because Christ has shattered,
That, which was repugnant to you.
Death, satan, sin and hell
Are completely enfeebled;
With God the human race
Has its place.

Translation: Mark Knoll

PICTURE CREDITS

Cover page
Matthias Stomer (c. 1600 - c.1650) "The Adoration of the Magi"
Musée des Augustins, Toulouse · Photo: BPK/Félicien Faillet

Page 2/3
Gerard van Honthorst "Adoration of the Child", c. 1620
Oil on canvas, 95 x 131 cm · Galleria degli Uffizi, Florence
Photo: akg-images/Rabatti – Domingie

Page 4
Johann Sebastian Bach: "Christmas Oratorio" (BWV 248),
score autograph (reduced), n.d. · National Museums in Berlin –
Prussian Cultural Heritage Foundation, Music Division
Cantata I: Chorus and Alto-Acccompagnato

Page 5
Giotto-School "St Francis in Glory", c.1320
Detail "Group of Angels" · Fresco, in the lower church of
San Francesco, Assisi · Photo: BPK/Stefan Diller

Page 6/7
Francesco d'Antonio "Concert of Angels", 1429 (Detail)
Organ win · Tempera on wood, 192 x 105 cm
Accademia di Belle Arti, Florence · Photo: akg-images/
Rabatti – Domingie

Page 8/9
Joseph von Führich "The Way to Bethlehem", 1838 (Detail)
Oil on canvas, 36 x 44.2 cm · National Museums in Berlin –
Prussian Cultural Heritage Foundation, National Gallery
Photo: BPK/Klaus Göken

Page 10
Johann Sebastian Bach: "Christmas Oratorio" (BWV 248),
score autograph (reduced), n.d. · National Museums in Berlin –
Prussian Cultural Heritage Foundation, Music Division
Cantata I: Recitative: "And it came to pass in those days"

Page 11
Johann Sebastian Bach: "Christmas Oratorio" (BWV 248),
score autograph (reduced), n.d. · National Museums in Berlin –
Prussian Cultural Heritage Foundation, Music Division
Cantata I: Recitative (End) and Alto-Accompagnato

Page 12
Simone Martini (in collaboration with Lippo Memmi)
"Annunciation to Mary", 1333 · Detail: Angel of the Annunciation
Altar panel · On wood, 265 x 305 cm · Galleria degli Uffizi, Florence
Photo: akg-images/Erich Lessing

Page 13
Johann Sebastian Bach: "Christmas Oratorio" (BWV 248),
score autograph (reduced), n.d. · National Museums in Berlin –
Prussian Cultural Heritage Foundation, Music Division
Cantata I: Chorus and Chorale: "How should I receive you"

Page 14
Sandro Botticelli, orig. Alessandro Filipepi, "Annunciation from
S.Martino", 1481 · Detail: Angel of the Annunciation · Fresco,
243 x 550 cm · From the Ospedale di S.Martino alla Scala
(Photo after restoration in 2000) · Galleria degli Uffizi, Florence
Photo: akg-images/Rabatti – Domingie

Page 15
Sandro Botticelli, orig. Alessandro Filipepi "The Annunciation",
1489/90 · Tempera on wood, 150 x 156 cm · From the church of
S.Maria Maddalena de' Pazzi in Cestello · Galleria degli Uffizi, Florence
Photo: akg-images/Rabatti – Domingie

Page 16/17
Leonardo da Vinci "Annunciation", c.1472/75 · Oil on wood, 98 x 217 cm
Galleria degli Uffizi, Florence · Photo: BPK/Alfredo Dagli Orti, Florence

Page 18
Fra Angelico, orig. Fra Giovanni da Fiesole, and workshop
"Birth of Christ, with the Saints Catherine of Alexandria and Peter the
Martyr", between 1437 and 1445 · Fresco, 193 x 164 cm
S.Marco, upper storey, dormitory, cell No.5 (east corridor), Florence
Photo: akg-images/Rabatti – Domingie

Page 19
Fra Filippo Lippi "Adoration of the Child with the Saints Jerome,
Magdalene and Hilarion", c.1453 · Tempera on wood, 137 x 134 cm
Galleria degli Uffizi, Florence · Photo: akg-images/Erich Lessing

Page 20/21
Rogier van der Weyden "The Birth of Christ with the Donor Pieter
Bladelin", c.1445 (Detail) · Central panel of the Middelburg Altarpiece
(Bladelin Altarpiece) · Oil on oak wood, 91 x 89 cm
National Museums in Berlin – Prussian Cultural Heritage Foundation,
Picture Gallery · Photo: BPK/Jörg Anders

Page 22/23
Hans Multscher "The Birth of Christ", 1437 (Detail)
Wings of the Wurzach Altar (inner side) · Oil on fir wood, 150 x 140 cm
National Museums in Berlin – Prussian Cultural Heritage Foundation,
Picture Gallery · Photo: BPK/Jörg P. Anders

Page 24/25
Fra Angelico "Madonna with Eight Saints", socalled "Madonna delle
ombre", between 1437 and 1445 · Detail: Christ Child holding globe
Fresco, 195 x 273 cm in total · San Marco Monastery, dormitory
corridor, west wall between cells 25 and 26, Florence.
Photo: akg-images/Orsi Battaglini

Page 26
Johann Sebastian Bach: "Christmas Oratorio" (BWV 248),
score autograph (reduced), n.d. · National Museums in Berlin –
Prussian Cultural Heritage Foundation, Music Division
Cantata I: Aria: "Great Lord, O strong king"

Page 27
Stefan Lochner "The Birth of Christ", c.1440 (Detail) · Painting
Oil on oak wood, 37.5 x 23.6 cm · Alte Pinakothek, Munich
Photo: BPK/H. Buresch

Page 28
Johann Sebastian Bach: "Christmas Oratorio" (BWV 248),
score autograph (reduced), n.d. · National Museums in Berlin –
Prussian Cultural Heritage Foundation, Music Division
Cantata II: Sinfonia (Shepherd's Music)

Page 29
Leandro Bassano, orig. Leandro da Ponte
"The Annunciation to the Shepherds", c.1590
Painting · Musei Civici, Padua · Photo: akg-images/Cameraphoto

Page 30
Giampietrino Birago "The Proclamation to the Shepherds",
c. 1475/1500 · Illumination, Italian · From the Sforza Book of Hours,
created for Bona of Savoy, wife of Galeazzo Maria Sforza (1444-76)
131 x 93 mm · British Library, London · Photo: akg-images/British Library

Page 32
Fra Tiburzio Baldini (active in Bologna 1611-14) "The Nativity, with the
Annunciation to the Shepherds", n.d. · Oil on canvas, 172 x 135 cm
c Sotheby's/akg-images

Page 34/35
Meister von Raigern "Birth of Christ", c.1425 (Detail) · Altar wing
On pine wood, 81 x 75 cm · Kunsthistorisches Museum, Vienna
Photo: akg-images/Erich Lessing

Page 36
Hans Fries (c.1465 - c.1520), ascribed to, "Mary, Nursing the Child, in a
Halo of Angels" · Middle panel of a winged altar · On wood
Museo Civico Correr, Venice · Photo: akg-images/Cameraphoto

Page 37
Gregorio di Cecco "Madonna of Humility", 15th. cent.
Polyptych – Detail · Museo dell'Opera · Metropolitana, Siena
Photo: © 1998, Photo Opera · Metropolitana Siena/Scala, Florence

Page 38/39
Giovanni Benedetto Castiglione "Adoration of the Shepherds",
c.1645/50 · Detail: group of angels · Oil on copper, 68 x 52 cm
Musee du Louvre, Paris · Photo: akg-images/Erich Lessing

Page 39
Johann Sebastian Bach: "Christmas Oratorio" (BWV 248),
score autograph (reduced), n.d. · National Museums in Berlin –
Prussian Cultural Heritage Foundation, Music Division
Cantata II: Chorus "Glory to God in the highest"

Page 40/41
Fra Angelico; orig. Fra Giovanni da Fiesole, "Coronation of the
Virgin Mary with Saints and Angels", c.1434/35 · Detail: Right Group of
saints and angels playing musical instruments · Tempera on wood,
112 x 114 cm · Formerly at S.Maria Nuova, Florence · Galleria degli
Uffizi, Florence · Photo: akg-images/Rabatti – Domingie

Page 42
Melozzo da Forli "Angel Making Music", 1480 (Detail)
Fresco · Museo del Prado, Madrid · Photo: akg-images

Page 43
Stefano de Zevio "Angels Making music", c. 1440
Painting · Museo Correr, Venice · Photo: BPK

Page 44/45
Hans Memling "Five Angels Making Music", c.1470 · Panel
Oil on wood, 165 x 230 cm · Konklijk Museum voor Schoone
Kunsten, Antwerp · Photo: BPK/Joseph Martin

Page 46/47
Michelangelo Buonarroti "Creation of Adam", 1511/12
Detail: God the Father · Fresco, total size 280 x 570 cm
Cappella Sistina (4th middle panel of the frescoes), Vatican, Rome
Photo: akg-images

Page 48
Hans Multscher "The Birth of Christ", 1437 · Detail: Shepherds
Wings of the Wurzach Altar (inner side) · Oil on fir wood, 150 x 140 cm
National Museums in Berlin – Prussian Cultural Heritage Foundation,
Picture Gallery · Photo: BPK/Jörg P. Anders

Page 49
Johann Sebastian Bach: "Christmas Oratorio" (BWV 248),
score autograph (reduced), n.d. · National Museums in Berlin –
Prussian Cultural Heritage Foundation, Music Division
Cantata II: Recitative: "And it came to pass, as the angels
were gone away"

Page 50/51
Octave Penguilly-L'Haridon "Les bergers conduits par l'étoile se
rendent a Bethlehem" (The Shepherds Follow the Star of
Bethlehem), 1863 · Oil on canvas · Musee d'Orsay, Paris
Photo: akg-images/Erich Lessing

Page 52/53
Gerard van Honthorst "Adoration of the Shepherds", 1622
Oil on canvas, 164 x 190 cm · Wallraf-Richartz Museum, Cologne
Photo: akg-images

Page 54
Martin Schongauer "The Birth of Christ", c. 1480 (Detail)
Oil on oak wood, 37.5 x 28 cm · National Museums in Berlin – Prussian Cultural Heritage Foundation, Picture Gallery
Photo: BPK

Page 55
Hugo van der Goes "Adoration of the Shepherds", between 1476 and 1478 · Detail: Shepherds · Middle panel of the Portinari Altar · Tempera on wood, 243 x 304 cm
Galleria degli Uffizi, Florence · Photo: akg-images/Erich Lessing

Page 56
Domenico di Bernardino Capriolo "Adoration of the Shepherds", 1518
Painting · Museo Civico, Treviso · Photo: akg-images

Page 57
Jacob van Oost, The Elder (1601-1671) "The Adoration of the Shepherds" (St.Francis of Assisi in the background), n.d.
Oil on canvas, 258 x 189 cm · Kunsthistorisches Museum, Vienna
Photo: akg-images/Erich Lessing

Page 58
Ghirlandaio, byname for Domenico Bigordi
"Adoration of the Shepherds", 1485 · Oil on wood, 167 x 167 cm
S.Trinita, Cappella Sassetti, Florence
Photo: akg-images/Rabatti – Domingie

Page 59
"Birth of Christ", 15th century · Detail: Ox and donkey
Wall painting, French · Oratoire du Bon-Coeur, Luceram (France)
Photo: akg-images/Jean-Paul Dumontier

Page 60/61
Lorenzo Lotto "Adoration of the Shepherds", c.1534 (Detail)
Oil on canvas, 147 x 166 cm · Pinacoteca Civica T. Martinengo, Brescia
Photo: akg-images/Erich Lessing

Page 62
Jan van Eyck (in collaboration with Hubert van Eyck)
"Mary, Queen of Heaven" from the Deesis group, completed 1432
Detail: Head of Mary · Ghent Altar, inside, middle panel
On wood; overall dimensions when opened c.350 x 450 cm
S.Bavo, Ghent · Photo: akg-images

Page 64
Johann Sebastian Bach: "Christmas Oratorio" (BWV 248), score autograph (reduced), n.d. · National Museums in Berlin – Prussian Cultural Heritage Foundation, Music Division.
Cantata III: Aria: "Embrace my heart"

Page 65
Pietro Perugino, orig. Pietro di Cristoforo Vanucci, "The Assumption of the Virgin Mary" (with Jesus as Lord of Heaven), 1500 · Oil on wood, 415 x 246 cm · Galleria dell'Accademia, Florence
Photo: akg-images/ Erich Lessing

Page 66
Simon Vouet "Presentation in the Temple", 1640/41 (Detail)
Oil on canvas, 393 x 250 cm · From the high altar of the Jesuit church, now Saint Paul et Saint Louis, Paris · Musee du Louvre, Paris
Photo: akg-images/Erich Lessing

Page 67
Fra Angelico, orig. Fra Giovanni da Fiesole, (1387-1455), Circle "The Annunciation" · Tempera on wood
S.Martino church alla Palma near Florence (Tuscany)
Photo: akg-images/Rabatti – Domingie

Page 68
Johann Sebastian Bach: "Christmas Oratorio" (BWV 248), score autograph (reduced), n.d. · National Museums in Berlin – Prussian Cultural Heritage Foundation, Music Division
Cantata IV: Recitative: "And when eight days were accomplished"

Page 68/69
Giovanni Bellini "Presentation of Christ in the Temple", c.1490/1500
Oil on poplar, 63.5 x 81.5 cm · Kunsthistorisches Museum, Vienna
Photo: akg-images/Erich Lessing

Page 70/71
Garofalo, orig. Benvenuto Tisi (c.1481 – 1559), "The Circumcision"
Oil on wood, 37.5 x 50 cm · Musee du Louvre, Paris
Photo: akg-images/Erich Lessing

Page 72
Johann Sebastian Bach: "Christmas Oratorio" (BWV 248), score autograph (reduced), n.d. · National Museums in Berlin – Prussian Cultural Heritage Foundation, Music Division
Cantata IV: Recitative: "Immanuel, O sweet word" and Chorus: "Fall with thanks, fall with praise"

Page 73
Stefan Lochner (1410 – 1452) "The Virgin in the Rosebower"
Oak panel, 122 x 171 cm · Wallraf-Richartz-Museum, Cologne
Photo: akg-images

Page 74/75
Sandro Botticelli, orig. Alessandro Filipepi, Workshop "Mary with the Child and Angels", c.1483-85 (Detail) · Tempera on poplar, tondo, diameter 114.5 cm · Akademie der Bildenden Künste, Vienna
Photo: akg-images/Nimatallah

Page 76
Johann Sebastian Bach: "Christmas Oratorio" (BWV 248), score autograph (reduced), n.d. · National Museums in Berlin – Prussian Cultural Heritage Foundation, Music Division
Cantata V: Recitative: "Now when Jesus was born in Bethlehem" and Chorus: "Where is he that is born King of Jews?"

Page 77
Rogier van der Weyden "The Star of Bethlehem with the Embodiment of the Child Appears to the Three Kings", c. 1445
Left wing of the Middelburg Altarpiece (Bladelin Altarpiece)
Oil on oak wood, 91 x 40 cm · National Museums in Berlin – Prussian Cultural Heritage Foundation, Picture Gallery
Photo: BPK/Jörg Anders

Page 78/79
Benozzo Gozzoli "Procession of the Magi", 1459/60
Detail: Cavalcade in King Balthasar's entourage · Fresco
Palazzo Medici-Riccardi, Cappella dei Magi, east wall (Procession of King Balthasar), Florence · Photo: akg-images/Rabatti – Domingie

Page 80/81
Benozzo Gozzoli "Procession of the Magi", 1459/60
Detail: King Balthasar (interpreted as portrait of Lorenzo de' Medici (il Magnifico) · Fresco · Palazzo Medici-Riccardi, Capella dei Magi, east wall (Procession of King Balthasar), Florence
Photo: akg-images/Orsi Battaglini

Page 82, left
Benozzo Gozzoli "Procession of the Magi", 1459/60
Detail: King Melchior (interpreted as portrait of the Byzantine emperor John VIII Palaeologus) · Fresco · Palazzo Medici-Riccardi, Capella dei Magi, south wall (Procession of King Melchior), Florence
Photo: akg-images/Orsi Battaglini

Page 82, right
Benozzo Gozzoli "Procession of the Magi", 1459/60
Detail: Head of King Balthasar (interpreted as portrait of Lorenzo de' Medici, (il Magnifico) · Fresco · Palazzo Medici-Riccardi, Cappella dei Magi, east wall (Procession of King Balthasar), Florence
Photo: akg-images/Erich Lessing

Page 83
Benozzo Gozzoli "Procession of the Magi", 1459-60
Detail: Joseph, patriarch of Constantinople, as one of the three kings
Wall painting · Palazzo Medici-Riccardi, Capella dei Magi, Florence
Photo: akg-images/Erich Lessing

Page 85
Cantarino Veneziano "Madonna and Child", 1390
On wood · Museo Naz. del Palazzo di Venezia, Rome
Photo: akg-images/Rabatti – Domingie

Page 87
Johann Sebastian Bach: "Christmas Oratorio" (BWV 248), score autograph (reduced), n.d. · National Museums in Berlin – Prussian Cultural Heritage Foundation, Music Division
Cantata VI: Chorus: "Lord, when the proud enemies rant", Recitative: "...and worshipped him" and Choral: "I stand here at your manger"

Page 88/89
Mosaic of the Baptistery with the "Visit of the Magi to Herod", n.d.
St. Mark's Basilica, Venice · Photo: © 1998, Photo Scala, Florence

Page 90/91
Leopold Kupelwieser "The Three Kings Riding to Bethlehem", 1825
Oil on wood, 33 x 41.5 cm · Austrian Gallery Belvedere, Vienna
Photo: akg-images/Erich Lessing

Page 92/93
Hans Memling "Adoration of the Magi", c. 1470 (Detail)
Central panel of a triptych · Oil on wood, 95 x 145 cm
Museo del Prado, Madrid · Photo: BPK/Joseph Martin

Page 94/95
Hans Baldung "Adoration of the Magi", 1507 (Detail)
Central panel of the "Three Kings Altarpiece"
Oil on wood, 121 x 70 cm · National Museums in Berlin – Prussian Cultural Heritage Foundation, Picture Gallery/603 A
Photo: BPK/Jörg Anders

Page 96/97
Pieter Brueghel the Younger "The Adoration of the Three Kings", after 1616 (Copy after a painting, 1564, by Pieter Bruegel the Elder, 1520/25-1569) · Oil on wood, 35.5 x 53.5 cm · Kgl. Museum voor Schone Kunsten, Antwerpen · Photo: akg-images

Page 98/99
Anton Raphael Mengs "Saint Joseph's Dream"
(Joseph is ordered to flee to Egypt with Mary and the child Jesus), c. 1773/74 · Oil on oak wood, 114 x 86 cm · Kunsthistorisches Museum, Vienna · Photo: akg-images/Erich Lessing

Page 100/101
Gentile da Fabriano "The Flight to Egypt", 1423 · Predella, central panel, of the "Adoration of the Kings" · Tempera on wood, overall dimensions 300 x 282 cm · Galleria degli Uffizi, Florence
Photo: © 1990, Photo Scala, Florence – courtesy of the Ministero Beni e Att. Culturali

Page 102
Fra Angelico, orig. Fra Giovanni da Fiesole, and workshop "Flight into Egypt", c. 1450 · Silverware Cabinet
Tempera on wood, 38.5 x 37 cm · Museo di San Marco, Florence
Photo: © 1990, Photo Scala, Florence – courtesy of the Ministero Beni e Att. Culturali

Page 103
Johann Sebastian Bach: "Christmas Oratorio" (BWV 248), score autograph (reduced), n.d. · National Museums in Berlin – Prussian Cultural Heritage Foundation, Music Division
Cantata VI: Recitative: "What kind of enemy could hurt me now" and Aria: "Now you proud enemies can terrorize"

Page 104/105
Rogier van der Weyden "The Last Judgement", c.1449
Oil on wood, partly on canvas · Overall dimensions 215 x 560 cm
Hôtel-Dieu, Beaune · Photo: BPK/Félicien Faillet